陝西師大學中國語言文學『世界一流學科建設』成果

先秦兩漢韻部演變專題研究

中國社會科學出版社

圖書在版編目（CIP）數據

先秦兩漢韻部演變專題研究／劉琨著 . —北京：中國社會科學出版社，2021.5
ISBN 978-7-5203-8492-6

Ⅰ.①先… Ⅱ.①劉… Ⅲ.①漢語—音韻學—研究—先秦時代②漢語—音韻學—研究—漢代 Ⅳ.①H111

中國版本圖書館 CIP 數據核字（2021）第 098102 號

出 版 人	趙劍英
責任編輯	任　明
責任校對	朱妍洁
責任印製	郝美娜

出　　版	中國社會科學出版社
社　　址	北京鼓樓西大街甲 158 號
郵　　編	100720
網　　址	http：//www.csspw.cn
發 行 部	010-84083685
門 市 部	010-84029450
經　　銷	新華書店及其他書店

印刷裝訂	北京君昇印刷有限公司
版　　次	2021 年 5 月第 1 版
印　　次	2021 年 5 月第 1 次印刷

開　　本	710×1000　1/16
印　　張	18.75
插　　頁	2
字　　數	308 千字
定　　價	95.00 元

凡購買中國社會科學出版社圖書，如有質量問題請與本社營銷中心聯繫調換
電話：010-84083683
版權所有　侵權必究

序

胡安順

王國維云："古韻之學，自崑山顧氏，而婺源江氏，而休寧戴氏，而金壇段氏，而曲阜孔氏，而高郵王氏，而歙縣江氏，作者不過七人，然古音廿二部之目，遂令後世無可增損。故訓故名物文字之學有待於將來者甚多，至古韻之學，謂之前無古人後無來者可也。"① 先生所論，固爲精闢，所斷則未免絕對矣。陳寅恪曰："先生之著述，或有時而不章，先生之學説，或有時而可商。"就先生以上數語而論，所謂"至古韻之學，謂之前無古人後無來者可也"一語即有可商者，王力關於古韻"微""物"之分即是明証。非唯"微""物"之分，其餘廿一部之目亦未必皆成定論。倘若古人復起，則王氏未必盡信江氏，孔氏未必盡信王氏，段氏未必盡信孔氏，戴氏未必盡信段氏，江氏未必盡信戴氏，顧氏未必盡信江氏。戴氏爲段氏之師，而段氏之分部先成，戴氏於段氏分部或可或否，是學界之所共知也。

世間事物，或是似而非，或似非而是。真理之求，首在質疑，而功在爭鳴。假若哥白尼於"地心説"深信而不疑，則其"日心説"不行於世矣；假若閻若璩於《古文尚書》深信而不疑，則該書之僞莫明於時矣；假若顧炎武於宋人"叶音"之説深信而不疑，則其古韻十部之説無所成矣；假若後人於顧氏十部之説深信而不疑，則江永以往諸説無以興矣。故知絕對相信定論，難有突破之舉；一味迷信權威，必無超越之功；缺失反思精神，毋望學術之發展。前修未密，後出轉精。反覆辯難，方得大道。

劉琨同志《先秦兩漢韻部演變專題研究》一文，以事實爲繩墨，踵

---

① 王國維：《觀堂集林·卷八·周代金石文韻讀序》。

武前賢，伐柯取則，剖析毫氂，分別黍累，尊重成説而不爲成説所囿。於古韻分部提出"東"與"冬"、"脂"與"微"宜分別合而爲一之异説，於上古聲調提出其時大量存在去、入兩讀字之新見，主張中古陰聲去聲字上古應歸入陰聲韻，上古去、入兩讀字應同時歸進陰聲、入聲韻。這些觀點或有可商，然其質疑反思争鳴之精神可喜可嘉。以筆者之拙見，古韻之分部，聲母之考訂，均宜粗不宜細。

分部過細，按之《詩》《騷》，合韻必然太多；析紐過細，考之《説文》，準聲豈能不少？過猶不及，過少所謂未密，太多何如契合？是故餘於該文之選題認可而勉之，於其寫作鼓勵而成之，旨在循前賢之考據尋繹之道，而驗证其説証成之究竟也。或勞無所獲，唯可證明前賢成説之精確，果然後無來者；或有千慮之一得，則是大望之所歸，豈不快哉！

立論難，駁論亦不易。駁論所涉材料立論或未用，所用方法立論或未及。《先秦兩漢韻部演變專題研究》一文於此二項亦各有所突破者，讀者開卷便知。是爲序。

2021 年 5 月上旬於陝西師範大學菊香齋

目　　录

第一章　緒論 ……………………………………………………（1）
　第一節　本課題的研究意義 ………………………………………（1）
　第二節　本課題的研究現狀 ………………………………………（4）
　　一　古韻部系統研究 ………………………………………………（4）
　　二　鄰近韻部之間關係的研究 ……………………………………（7）
　　三　《詩經》音系性質的研究 ……………………………………（11）
　第三節　本書的研究材料及研究方法 ……………………………（15）
第二章　上古東、冬、侵三部的分合問題 ………………………（18）
　第一節　上古東、冬、侵諸部分合關係的研究現狀 ……………（18）
　　一　前人觀點 ………………………………………………………（18）
　　二　本專題的研究思路 ……………………………………………（21）
　第二節　上古東、冬二部的分合問題 ……………………………（22）
　　一　從先秦詩文用韻情況看東、冬二部應合爲一部 ……………（22）
　　二　從兩漢詩文用韻情況看東、冬二部應合爲一部 ……………（36）
　　三　兩漢以後東、冬二部之關係 …………………………………（44）
　　四　從通假、異文等材料看東、冬二部應合爲一部 ……………（47）
　　五　從《説文》諧聲字等材料看東、冬二部應合爲一部 ………（55）
　　六　從今方音看上古東、冬部的分合 ……………………………（60）
　第三節　上古冬、侵二部的分合問題 ……………………………（62）
　　一　上古冬、侵合韻屬於方言現象 ………………………………（62）
　　二　從通假、異文等材料看冬、侵二部應分開 …………………（67）
　第四節　本章結論 …………………………………………………（68）

第三章　上古脂、微二部的分合問題 ……………………（71）
第一節　上古脂、微諸部分合問題的研究現狀 …………（71）
一　前人觀點 …………………………………………（71）
二　本專題的研究思路 ………………………………（72）
第二節　從先秦詩文用韻情況看脂、微二部關係 ………（73）
一　金文脂、微諸部用韻情況 ………………………（73）
二　《詩經》脂、微諸部用韻情況 …………………（76）
三　《楚辭》脂、微諸部用韻情況 …………………（80）
四　周秦其他韻文中脂、微諸部用韻情況 …………（81）
五　先秦脂微合韻等不屬於方言現象 ………………（83）
第三節　從兩漢詩文用韻情況看脂、微二部關係 ………（89）
一　兩漢脂、微諸部用韻情況 ………………………（89）
二　兩漢脂微合韻等不屬於方言現象 ………………（96）
第四節　從通假字看脂、微諸部關係 ……………………（100）
一　脂、微諸部通假字統計 …………………………（100）
二　脂、微諸部通假字字例 …………………………（101）
第五節　本章結論 …………………………………………（109）

第四章　上古陰、入聲韻關係考 …………………………（112）
第一節　上古陰、入聲韻諸部關係研究現狀 ……………（112）
一　前人觀點 …………………………………………（112）
二　本專題研究的相關說明 …………………………（115）
第二節　從先秦詩文用韻情況看陰、入聲韻關係 ………（117）
一　金文陰、入聲韻諸部用韻情況 …………………（117）
二　《詩經》陰、入聲韻諸部用韻情況 ……………（119）
三　《楚辭》陰、入聲韻諸部用韻情況 ……………（128）
四　周秦其他韻文中陰、入聲韻諸部用韻情況 ……（131）
五　先秦陰、入聲韻合韻關係中的方言特點 ………（136）
第三節　從兩漢詩文用韻情況看陰、入聲韻的關係 ……（142）
一　兩漢陰、入聲韻諸部用韻情況 …………………（142）
二　兩漢陰、入聲韻合韻關係中的方言特點 ………（143）

第四節	從現代民歌看陰、入聲韻的關係	（146）
第五節	從通假字看陰、入聲韻的關係	（148）
第六節	本章結論	（151）

結語 （153）

參考文獻 （155）

附錄 （164）

  附錄一　上古東、冬、侵諸部的分合問題附錄材料 （164）

    一　金文東、冬、侵諸部用韻表 （164）

    二　《詩經》東、冬、侵諸部用韻表 （169）

    三　《楚辞》東、冬、侵諸部用韻表 （171）

    四　周秦群經諸子韻文東、冬、侵諸部合韻表 （171）

    五　西漢詩文東、冬、侵諸部合韻表 （173）

    六　東漢詩文東、冬、侵諸部合韻表 （177）

    七　魏晉宋詩文東、冬、侵諸部合韻表 （179）

    八　歷代詩文東、冬、侵等合韻入韻字詳表 （181）

    九　歷代詩文東冬合韻、冬侵合韻入韻字詳表 （186）

    十　東、冬、侵諸部字通假材料 （187）

    十一　《說文通訓定聲》東、冬、侵諸部通轉材料 （200）

  附錄二　上古脂、微諸部的分合問題附錄材料 （205）

    一　金文脂、微諸部用韻表 （205）

    二　《詩經》脂、微諸部用韻表 （206）

    三　《楚辞》脂、微諸部用韻表 （209）

    四　周秦群經諸子韻文脂、微諸部合韻表 （210）

    五　西漢詩文脂、微諸部合韻表 （213）

    六　東漢詩文脂、微諸部合韻表 （217）

    七　《詩經》入韻脂、微諸部字中古音表 （223）

  附錄三　上古陰、入聲韻諸部關係考材料附錄 （229）

    一　上古陰、入聲韻歸字表 （229）

    二　金文陰、入聲韻諸部用韻表 （231）

    三　《詩經》陰、入聲韻諸部用韻表 （235）

四 《楚辞》陰、入聲韻諸部用韻表 …………………………（242）

五 周秦群經諸子韻文陰、入聲韻諸部合韻表 ……………（245）

六 西漢詩文陰、入聲韻諸部合韻表 …………………………（250）

七 東漢詩文陰、入聲韻諸部合韻表 …………………………（254）

八 廣州廣府民歌押韻統計表 …………………………………（261）

九 陰、入聲韻通假字材料 ……………………………………（278）

第一章　緒論

第一節　本課題的研究意義

先秦韻部經過有清幾代學者艱苦卓絕的相繼努力，取得不少成果。音韻學界也從主要注重音類的區分進而比較重視音值的構擬。但這並不表明研究古韻部已經失去了意義，相反，構擬上古韻母系統所帶來的一些問題使我們覺得對古韻部的許多具體問題有重新探討的必要。

首先，韻母系統的構擬建立在韻部劃分的基礎之上，韻部之間的界限是否清楚，決定了韻母的構擬是否準確。然而，先秦韻部中一些鄰近韻部的分合問題至今還有爭論，如：東冬、冬侵、之幽、幽宵、侯魚、支脂之、脂微等韻部的分合。我們有必要對有爭議的韻部進行深入研究。

以脂微分部為例。王力先生的脂微分部說得到了學界的普遍認同，但反對意見也還是存在，反對者的主要理由是《詩經》中大量的脂微合韻例。脂微部不僅在《詩經》中脂微合韻數量多，據羅江文統計[1]，在317條金文韻文中，脂微部字共出現18次，其中脂部獨用8次，與微部合用4次；微部獨用3次，與脂部合用3次；二部合用共7次，占總出現次數的38.9%。從《詩經》和金文的押韻情況看，脂微二分值得商榷。

再如，先秦冬部是否是一個獨立的韻部？如果冬部獨立，因冬和東、侵都有合韻現象，那麼冬部的韻尾是擬作 ŋ，還是 -m？

其次，在上古陰聲韻韻尾的構擬問題上，學界存在很大的分歧。而

---

[1]　羅江文：《從金文看上古鄰近韻的分立》，《古漢語研究》1996年第3期。

分歧的緣起就是對上古陰聲韻和入聲韻關係的看法不同。如何確定陰入互叶現象的性質，是值得探討的重要問題。

詩韻中陰聲和入聲互押的情形較多。據王力先生《詩經韻讀》統計，陰入通韻共有 71 例，其中之幽宵侯魚支六部與相應的入聲韻的通韻就有 67 例。因爲詩歌押韻的基本規則就是韻腹和韻尾相同，如果只要求韻腹相同，將諸如-a 和-ak 韻母的字放在一起押韻，在音感上來説是讓人無法接受的。因此一派學者將陰聲韻的韻尾構擬成-g、-d、-b，分別與收-k、-t、-p 尾的入聲韻相配①，這種做法受到了主張陰聲韻無塞音韻尾的另一派學者的強烈反對。他們認爲陰入互叶現象畢竟是少數，不能因少數的變例而構擬出一種不可能存在的語音系統。

有學者用《詩經》的音樂性來解釋陰入通押現象：歌曲允許有拖腔，延長了元音的發音，塞音韻尾在音節中的地位便相對削弱了，與入聲韻與陰聲韻的可諧程度就會增加。因此，陰入相押完全是有可能的②。然而諧聲字、通假字中也多有陰入互諧的情況，這又如何解釋呢？

最後，由於《詩經》中有着紛繁複雜的通韻合韻現象，學者據此構擬出來的韻母系統非常複雜。那麽，合韻通韻現象是歷時音變的反映，還是共時異域的反映，抑或僅是音近相協呢？我們所據的《詩經》語音系統，是一個統一的語音系統還是一個包含有方音在内的綜合音系呢？這些都是研究古韻分部無法回避的問題。

其實我們上述的前兩點就分別屬於合韻和通韻的問題。"凡元音相近，或元音相同而不屬於對轉，或韻尾相同，叫做合韻。……按照傳統音韻學的説法，韻部可以分爲陰陽入三聲，而且在元音相同的情況下，可以互相對轉，這就是通韻。"③《詩經》中的這些異部相叶的情況對古音擬測產生了很大的影響，如上述爲陰聲韻擬測塞音韻尾即是，再如對上古歌部字音的擬測，有學者認爲"歌部在上古漢語裏應該是兼收-g 或-d 兩種韻尾的。凡是與支部-g，或錫部-k 合用的歌部字，應該是

---

① 如高本漢、李方桂、董同龢、陸志韋等，詳見第四章第一節。
② 麥耘：《〈詩經〉韻系》，《音韻與方言研究》，廣東人民出版社 1995 年版，第 1—25 頁。
③ 王力：《〈詩經〉韻讀》，上海古籍出版社 1980 年版，第 29、31 頁。

收-g尾的；凡是與脂微祭諸部-d，或月部-t，或寒部-n相通的歌部字，應該是收-d尾的"①。可見若要兼顧到合韻通韻現象，擬測出的古音就會越來越複雜。

先秦時並沒有什麼韻書，詩歌作者並不會依韻書韻部取字，《詩經》押韻完全是當時自然語音的表現。自後人劃分韻部之後，才有通韻合韻之説。《詩經》三百篇包含西周初年到春秋中期五百年間的作品，詩歌產生的區域東至齊（今山東臨淄）、南至周南召南（今江漢流域）、西至秦（今陝西、甘肅之間）、北至唐（今山西太原附近）。很多學者提出，《詩經》音系是一個含有古今音變和方言色彩等因素在内的綜合系統。"《詩經》裹所謂的通韻合韻現象，實際上是時空語音特點也即上古語音既有歷史層次的重迭又有方音差異的影響所造成的同韻字而和諧押韻。"②

可見，通韻合韻現象反映的也可能是方言對應，或是古今變化，或是音系内部的讀音近似。因此在擬音時，就不一定非要用一個同時同地的語音系統來兼顧通韻合韻的出韻現象。

"上古韻部專題研究"擬對上述"古韻冬、東、侵部的分合問題""古韻脂、微兩部的分合問題""上古陰聲韻和入聲韻的關係"等幾個專題進行深入探討，該課題的研究具有重要的學術意義：

一、可以充實漢語語音史的研究。傳統古音學研究上古時期漢語的聲、韻、調系統，是漢語音韻學的重要組成部分。考察清楚上古韻部的分合情況，才可以完整地描述漢語韻部系統發展演變的情況，從而探求语音演变的線索和規律。

二、爲上古韻母系統的構擬提供堅實的基礎。如上所述，對古韻部一些重要問題的深入探討，可以解決上古韻母擬測所面臨的一些分歧和爭議，使古音擬測更加科學合理。

三、爲古文字研究、訓詁研究、古文獻考證乃至於現代方言研究提供參考。

---

① 馬重奇：《試論上古音歌部的輔音韻尾問題》，《古漢語研究》1993年第3期。
② 周長楫：《〈詩經〉通韻合韻説疑釋》，《廈門大學學報》（哲學社會科學版）1995年第3期。

第二節　本課題的研究現狀

一　古韻部系統研究

科學的古韻分類研究是從清初顧炎武開始的。顧炎武受到明末陳第語言發展觀的啟發，最先打破中古韻書韻部的界限（即"離析唐韻"），客觀地歸納先秦韻文韻字，分古韻爲十部，即東、支、魚、真、蕭、歌、陽、耕、蒸、侵，並將入聲韻附入相對的陰聲韻。江永在顧氏十部的基礎上，將真元分部、侵談分部、宵幽分部、侯魚分部、侯又轉入幽部，共十三部。入聲分爲八部，與陰聲韻或陽聲韻相配。段玉裁又將支脂之分爲三部，真文分部、侯部獨立、得古韻十七部。戴震分爲九類二十五部，首倡陰、陽、入三聲相配，將入聲韻獨立分爲九部，侯、尤不分，真、文不分，脂、祭分部。孔廣森明確提出陰陽對轉理論，分陰、陽聲各九部，首創東、冬分立。王念孫分古韻二十一部，與段氏十七部不同在於從真部分出質（至）部，從脂部分出月（祭）部，從談部分出葉（盍）部，從侵部分出緝部。晚年認同東冬分部，分部增爲二十二部。江有誥分古韻二十一部，與王念孫基本相同，只是質部未獨立。夏炘以江有誥的二十一部爲基礎，取王念孫的質部，定古韻二十二部。章炳麟以王念孫二十一部爲基礎，參以孔廣森東、冬分部，又從脂部分出隊部，成二十三部。黃侃分爲二十八部，即在章氏基礎上，將支、魚、侯、宵、之五部中的入聲獨立出來。

王力先生在《上古韻母系統研究》（1937）[①]一文中，分古韻爲十一系二十三部：之蒸、幽、宵、侯東、魚陽、歌曷寒、支耕、脂質真、微術諄、侵緝、談盍。並指出"凡同系者其主要元音即相同"。二十年後，王力先生在《漢語史稿》（1980）上册中，將原來分別歸入相應陰聲的入聲六部獨立，形成一個十一類二十九部陰、陽、入三聲嚴格對應的古韻系統。後來，王力先生在《漢語語音史》（1985）等著作中又增加了一個冬部（認爲在戰國時期才出現），共爲三十部。目前多數教

[①]　該文收入《王力文集（第十七卷）》，山東教育出版社1989年版，第116—196頁。

材、辭書、專著都採用的是王力先生的古韻三十部。

董同龢《上古音韻表稿》(1948) 分上古音二十二部，冬部、祭部獨立，取王力先生脂微分部說。如果分出入聲九部，即爲三十一部。

羅常培、周祖謨在《漢魏晉南北朝韻部演變研究》(1958) 中分古韻爲三十一部。與王力三十部不同在於：羅、周二人祭部獨立，且以祭、月、元相配；而王力先生祭部入月部，以歌、月、元相配。

李方桂《上古音研究》(1980) 分古韻爲二十二部，如果分出入聲九部，即爲三十一部。

李新魁的《古音概說》(1979) 和《漢語音韻學》(1986) 中一方面將歌部分爲歌戈兩部，月部分爲曷月兩部，寒部分爲寒桓兩部，即開合口分韻（而所謂合口，是主要元音的不同）。另一方面分出一組"次入韻"祭、廢、至、隊四部，它們收喉塞音尾。一共增加了六部，共三十六部。

史存直《漢語語音史綱要》(1981) 一書中提出周秦古韻的舒聲韻分"之、脂、歌、魚、幽、宵；陽、耕、蒸、東、侵、談、元、真"及"支、侯"的十四個獨立韻部與兩個非獨立韻部；入聲韻分"鐸、錫、職、屋、緝、葉、月、質"八部。

祝敏徹 (1984) 選用《詩經》毛傳、《詩經》鄭箋、《禮記》鄭玄注、《釋名》《孟子》趙岐注五種注釋中同韻部或同韻類爲訓的 2689 條聲訓材料來考察古韻分部的情況。結論爲：漢儒聲訓所反映出的古韻部分部情況與三十部相符[①]。

另外，有的學者將上古音的時間範圍進一步分期，分別考察各期的古韻分部。

余迺永《上古音系研究》(1985) 一書以金文爲主要材料研究上古音，認爲要分諧聲、《詩經》兩個時期。《詩經》分三十一部而諧聲爲四十一部，即盍、談要分出"帖、添"，廢、月、元要分出"介、薛、仙"，宵、藥要改爲"宵、豪、卓、沃"，陰聲韻再增析收唇的"隸、荔、蓋"，共增十部。

[①] 祝敏徹：《從漢儒聲訓看上古韻部——兼論陰、陽、入三聲分立》（上）、（下），《蘭州大學學報》（社會科學版）1984 年第 2—3 期。

金穎若（1993）將《詩經》部分篇章按產生年代大略分爲西周前期和東周初期兩個斷面來考察韻部的演變①。截取這兩個斷面的根據是：東周而後，整個社會面貌發生了大的變化，語音不可能不受影響，間隔了西周晚期百餘年的時間，語音的差別應比較明顯。考察的結論是《詩經》韻系可分爲西周前期二十七部（脂微合爲一部；侵、冬、蒸合爲一部）和東周初期三十部。

楊端志《周易古經韻考韻讀》（1994）② 一文探討了《周易》古經的協韻情況，總結出古經韻部系統爲 26 部，較王力先生 29 部少支、藥、葉三部，另外微、文、緝、侵 4 部只有合韻而沒有同部相協的例子，如果再去掉它們，則只有 22 部。通過與甲骨文、《詩經》《楚辭》的韻部系統相對比，確定了《周易》古經協韻系統所反映的當是殷末周初的語音實際。

師玉梅《西周金文音韻考察》（2004）③ 利用西周金文中的諧聲字和通假字對西周金文的聲韻系統進行了考察，其中韻部考察的結果是：侵部獨立、冬東兩部合併，即西周時期韻部有二十九部。

學者們還利用商代甲骨文材料來探討殷商時代的音系特點，其結論對考察周秦韻部亦有重要的參考作用。

趙誠《商代音系探索》（1984）④ 一文利用商代甲骨文所反映的同音借代字和諧聲關係來探索商代音系，發現韻部的特點是無入聲韻，陽聲韻不如後代典型，似僅爲元音的鼻化。韻部劃分比周秦古音少，如東、冬二部當合，之、脂二部亦難分立等。

陳振寰《音韻學》（1986）考察利用甲骨文和早期金文考察上古前期（殷代、西周階段）的韻部特點爲：此時期與上古後期（東周、戰國階段）的韻部劃分基本一致；且陰、入兩類差別明顯；甲骨文中存在某些超越周秦韻部界線之諧聲現象。

---

① 金穎若：《〈詩經〉韻系的時代分野》，《古漢語研究》1993 年第 4 期。
② 楊端志：《周易古經韻考韻讀》，《山東大學學報》（社會科學版）1994 年第 3 期。
③ 師玉梅：《西周金文音韻考察》，博士學位論文，中山大學，2004 年。
④ 趙誠：《商代音系探索》，《音韻學研究（一）》，中華書局 1984 年版，第 259—265 頁。

郭錫良《殷商時代音系初探》（1988）① 一文把商代甲骨金文中已識的千餘字拿來擺進周秦的框架裏，考察其分佈特點，從而上推殷商音系，初步得出十九聲母和二十九韻部的結論。

　　陳代興《殷墟甲骨刻辭音系研究》（1993）② 一文將已識的九百餘甲骨文字置於中古四十一聲類，王力上古三十韻部的框架中，觀察其分佈情況，得出殷商時代有單聲母十七個，複聲母十個，韻部分：之、幽、侯、魚、歌；月、緝葉；蒸、東、陽、耕、元、真、文、侵談共十五部。

　　以上是上古韻部系統的大致研究現狀。下面是學界關於古韻分部的一些具體問題的討論情況。

二　鄰近韻部之間關係的研究③

（一）支脂之及其相關韻部

　　段玉裁提出支、脂、之三分說，一直被認為是古音學上的一個重大發明。後代學者大多讚揚段氏的卓識，並且承認他的判斷。但也有學者對段氏三部之分提出異議，黃綺先生的反對似最為激烈，他在《論古韻分部及支、脂、之是否應分為三》一文中列舉了《詩經》《楚辭》、群經用韻、金文、《說文》讀若等材料中許多支、脂、之不分的例證，從而得出結論：周秦以來一直到兩漢較長的一段時間裏，漢語方言以及逐漸在通語裏，已經有了一個共同固有的特點——支、脂、之不分④。

　　楊劍橋則認為，黃氏所列舉的材料多有可商之處，其結論必不堅實。且從《說文》讀若、《詩經》異文等材料說明，即使在東漢，支、脂、之三部的區分也是很清楚的⑤。

---

　　① 郭錫良：《殷商時代音系初探》，《漢語史論集》，商務印書館1997年版，第161—199頁。

　　② 陳代興：《殷墟甲骨刻辭音系研究》，《甲骨語言研討會論文集》，華中師範大學出版社1993年版。

　　③ 涉及本論文專題的研究現狀在分章討論專題時詳述。

　　④ 黃綺：《論古韻分部及支、脂、之是否應分為三》，《河北大學學報》（哲學社會科學版）1980年第2期。

　　⑤ 楊劍橋：《漢語現代音韻學》，復旦大學出版社1996年版，第193—197頁。

李新魁則認爲"從漢代以前的語音材料看來，之部確與脂、支部有别。在先秦以至漢代的韻文中，這三部字基本上各不相同，各韻所經常交舆的、可以在一起押韻形成合韻現象的其他韻部也各不相同，之與幽時有通押，支則多與歌部相通，脂則與微甚有瓜葛。這三者之間的此疆彼屆，相當明顯"①。

李先生所説之與幽、支與歌、脂與微之間常有交涉，是從韻部之間的關係來輔證支、脂、之三分。然而黃綺先生又在《之、魚不分，魚讀入之》一文中提出自商周時代起就存在之、魚不分的語音實際。在討論之與魚不分的同時，亦發現支與魚、脂與魚也不分，足以説明之、支、脂三部不分②。

除了支、脂、之三部多有交涉以外，之與幽、支與歌、脂與微、幽與魚侯等諸部之間也多有交涉，學者們對這些韻部之間的關係也進行了討論。

有的學者用上古存在方言差别來解釋這些韻部之間的關係：

董同龢先生認爲東陽、之幽、魚侯、真耕合韻是楚方音的四個特色③。

史存直先生認爲："之幽兩部之間有那麽多的線索牽連，可是從來也没有那個人把它們合併爲一部，道理何在呢？難道不正是因爲在後代的通語中這兩部是截然分開的嗎！""就古音之幽兩部之間的關係來説，既不能把它們合併，不用方音來作解釋，還有什麽更好的解釋呢？""我們不妨推測在古代方言中，有的方言根本之幽不分或基本不分。"④

史先生又認爲支部並不是一個獨立的韻部，而是脂部和歌部的交叉地帶。即支部字在某一方言中屬於脂部，而在另一種方言中屬於歌部⑤。同樣，侯部也不是獨立的韻部，是擺動於魚、幽兩部之間的一群

---

① 李新魁：《上古"之"部及其發展》，《廣東社會科學》1991年第3期。
② 黃綺：《之、魚不分，魚讀入之》，《河北學刊》1992年第2期。
③ 董同龢：《與高本漢先生商榷"自由押韻"説兼論上古楚方音特色》，《史語所集刊》第七本第四分册，1939年，第533—543頁。
④ 史存直：《古韻"之""幽"兩部之間的交涉》，《音韻學研究（一）》，中華書局1984年版，第296—313頁。
⑤ 史存直：《漢語音韻學論文集》，華東師範大學出版社1997年版，第115—130頁。

字，在不同的方言裏分屬魚、幽兩部①。

虞萬里運用了大量的韻文、文字材料，探討了歌支兩韻部的古方音音讀以及從《詩經》到《切韻》的歌支演變途徑。其中"在研究上古音歌支兩個韻部時，可將地域分爲周鄭音系和楚辭音系。周秦之時，周鄭音系歌部音和支部音絶然分讀，而楚地則將歌部音讀成支部音"②。

王健庵研究《詩經》用韻發現：之幽合韻在西土之詩中合韻6次，東土之詩中没有出現。由此得出之幽合韻應該是西土的語音特點這一結論③。

也有學者反對之幽、支歌、魚侯等合韻方式反映上古方言特點這一觀點。

喻遂生前後著《〈老子〉用韻研究》和《兩周金文和先秦"楚音"》兩文，分别從《老子》與《詩經》《楚辭》的用韻比較；兩周金文用韻的角度對"楚音"説提出反證，指出把東陽、之幽、魚侯、真耕、真文、支歌等六種合韻關係看成是方言現象是不能够成立的④。

羅江文統計兩周有韻銘文發現：之幽合韻現象大多數出現在西周王朝器中，東周列國器只占總數的21.5%，而且出現在多個地區。因此，之、幽合韻不能被看作是楚音特色。同樣，東陽、東冬、冬陽、真文、真耕合韻關係亦不能被看作是楚音特色。而收集到的金文韻文中，侯魚和支歌合韻都没有出現，無法進一步考察⑤。

師玉梅認爲西周時期的金文應是當時雅言的代表，之幽兩部分立以及之間存在部分相諧現象應是西周雅言狀況的反映⑥。

（二）祭部的地位

在上古韻部的劃分中，祭部是否獨立也是爭議最多的一個難題。王

---

① 史存直：《漢語音韻學論文集》，華東師範大學出版社1997年版，第85—114頁。
② 虞萬里：《從古方音看歌支的關係及其演變》，《音韻學研究（三）》，中華書局1994年版，第265—291頁。
③ 王健庵：《〈詩經〉用韻的兩大方言韻系》，《中國語文》1992年第3期。
④ 喻遂生：《〈老子〉用韻研究》，《西南師範大學學報》1995年第1期；喻遂生：《兩周金文韻文和先秦"楚音"》，《西南師範大學學報》1993年第2期。
⑤ 羅江文：《談兩周金文合韻的性質——兼及上古"楚音"》，《楚雄師專學報》1999年第4期。
⑥ 師玉梅：《西周金文音韻考察》，博士學位論文，中山大學，2004年。

力先生認爲祭部不能獨立，應與月部合併。凡從王力先生古韻三十部者皆從此說。董同龢、周祖謨、羅常培、李方桂等主古韻三十一部者都主張祭部獨立。

李毅夫分階段地統計和分析了西周直至北朝的祭月用韻情況，認爲祭月是兩個韻部。"在遠古韻時代没有祭月之分，只有入聲韻月部。隨着歲月的推移，遠古韻月部的一部分字發生了變化。變化快的成爲了純陰聲字，變化慢的就是陰入兩讀字。"所謂祭月通協韻段，實際上原是入聲字與陰入兩讀字相押的韻段，也就是說那些通協韻段實際上是入聲韻段①。

何九盈先生則認爲，中古的祭部字來自月部，這没有問題，但《詩經》時代還没有完成這種變化。況且李毅夫先生主張月部既配歌部又配祭部，就無法構擬祭部的音值。另外，何先生贊同王力先生的古無去聲說，而祭部所包括的字在中古全歸去聲，陰聲韻中的去聲字原則上大都應歸到入聲韻部中。從這幾點原因看，祭月應合爲一部②。

關於古無去聲說，周祖謨先生是反對的③。胡安順師曾著《長入說質疑》一文，提出王力先生"長入說"難以成立，並且上古時期即有平上去入四個調類。文中亦認爲祭、月二部的獨立性是非常清楚的④。

(三) 侵緝談葉四部的地位

自江永以來，閉口韻只分侵緝談葉兩組四部。黃侃後來提出閉口韻應當像收舌音一樣分三組六部。他說："覃、談、添、合、盍、帖，與痕、寒、先、没、曷、屑六部相配，彼六部收舌，此六部收唇。"⑤

潘悟雲引據重紐對立、諧聲系統和藏漢對音等資料，把舊有的談、葉二部細分爲談、盍、添、帖、覃、合六部。是對黃侃所分的覃、談、

---

① 李毅夫：《上古韻祭月是一個還是兩個韻部》，《音韻學研究（一）》，中華書局 1984 年版，第 286—295 頁。
② 何九盈：《上古音》，商務印書館 1991 年版，第 85—86 頁。
③ 周祖謨：《古音有無上去二聲辨》，《問學集》，中華書局 1966 年版，第 32—80 頁。
④ 胡安順：《長入說質疑》，《陝西師範大學學報》1991 年第 4 期。
⑤ 黃侃：《談添盍帖分四部說》，《黃侃論學雜著》，上海古籍出版社 1980 年版，第 290—299 頁。

添、合、盍、帖六部的補充論證①。

有學者認爲，古韻三十部中，幽宵部無相應的陽聲韻部，侵緝談盍部無相應的陰聲韻部，這種結構有缺陷。

李新魁根據諧聲、通假、古籍異文等材料證明幽與侵、宵與談幾部字多有交涉，認爲幽韻應是與侵、緝相配的陰聲韻，宵應是與談、葉相配的陰聲韻②。

施向東從上古文獻、漢藏比較及發音機理諸方面論證了幽宵部跟侵緝談盍部的通轉。結論是：幽部、宵部是上古與侵緝、談盍部相配合的陰聲韻部。因爲這三類韻的韻尾都有雙唇的特徵。幽部、宵部同時也是覺部、沃部的陰聲韻部，因爲它們的韻尾都具有舌根的特徵。這樣就可以避免上古漢語韻部的構擬中結構性的缺陷③。

黃易青則認爲先秦前期閉口韻陽聲爲三部：侵、冬、談，其相配的陰聲，分別是幽、宵、魚④。

除了以上問題以外，如幽宵、真文、真耕等韻部之間的的關係也引起了學者們的討論。同時，學者們對各韻部的擬音也都有自己的意見，在這裏就不一一敍述了。

三 《詩經》音系性質的研究

上古韻部主要是從以《詩經》爲代表的先秦韻文中歸納出來的，所以有些書中也把上古韻部稱作《詩經》的韻部。《詩經》押韻有出韻的現象，即合韻（包括合韻通韻）的問題。從上述學者們關於韻部分合的一些具體討論中我們可以看出，合韻問題是古音研究中分部多少的癥結；又是解決古音研究中分部糾紛的關鍵。那麽，造成合韻的主要原因又是什麽呢？這又牽扯到了一個非常重要的問題，即《詩經》音系的性質如何界定。對此問題，學界有兩種看法：1. 認爲《詩經》音系是

---

① 潘悟雲：《上古收-p-m諸部》，《溫州師範學院學報》1992年第1期。
② 李新魁：《漢語音韻學》，北京出版社1986年版，第343—344頁。
③ 施向東：《試論上古音幽宵兩部與侵緝談盍四部的通轉》，《天津大學學報》1999年第1期。
④ 黃易青：《論上侯宵幽的元音及侵冬談的陰聲——兼論冬部尾輔音的變化及其在上古音系中的地位演變》，《北京師範大學學報》（社會科學版）2005年第6期。

帶有方音特點的綜合音系，合韻現象即是方音特點的體現。2. 認爲《詩經》音系代表的是雅言、是統一的語音系統，合韻現象大多屬於是音近通押。

（一）《詩經》代表的是綜合音系

清代顧炎武、江永、戴震等人對於古音通轉涉及方音就已經有了充分的認識。如戴震《聲類表》卷首《答段若膺論韻書》中說："僕謂審音本一類，而古人之文偶有相涉，有不相涉，不得舍其相涉者而以不相涉者爲斷。審音非一類，而古人之文偶有相涉，始可以五方之音不同，斷爲合韻。"

方孝岳提出："無論把先秦韻部分得多麼簡單，合韻現象還是會有，這當然都是方音的反應。"方氏認爲《詩經》代表的是綜合音系，是"上古時代古今南北的總匯，我們應該從切韻的綜合古今南北的規模上來瞭解《詩經》。"而"合韻不是一兩個字的偶然亂合，而實在是代表一系列的音變。整個詩經音系不是幾個正韻可以解決的。""我們一定要否定段氏古合韻如唐宋人用通韻的說法，而認定這些合韻是方音自然的流變。"①

郭雲生認爲"那種認爲《詩經》韻部系統代表了單一的上古通語或洛陽音系的說法是自相矛盾、漏洞百出的"②。

史存直也認爲古音通轉"往往表示方言間的語音轉變關係，是不能拿來和同一語音體系的內部關係混爲一談的"③。

古方音說中的楚音說影響較大。

董同龢指出："《老子》與《楚辭》用韻的四個共同的特色（按：指東陽合韻、之幽合韻、侯魚合韻、真耕合韻），就是我們從這些材料中所能尋出的上古楚方音的特色。"④

---

① 方孝岳：《關於先秦韻部的"合韻"問題》，《中山大學學報》（社會科學版）1956年第4期。

② 郭雲生：《論〈詩經〉韻部系統的性質》，《安徽大學學報》（哲學社會科學版）1983年第4期。

③ 史存直：《漢語語音史綱要》，商務印書館1981年版，第88頁。

④ 董同龢：《與高本漢先生商榷"自由押韻"說兼論上古楚方音特色》，《史語所集刊》第七本第四分冊，1939年，第533—543頁。

羅常培、周祖謨提出："陽東押韻，《詩經》中没有例子，耕真相押《詩經》中例子也不多。這兩種現象，從戰國以後才多起來。《老子》中陽東相押的較多，《莊子》《楚辭》中耕真相押的較多。這都説明了陽東相押、耕真相押這兩種現象是楚方言的特點。"①

劉寳俊《冬部歸向的時代和地域特點與上古楚方音》一文亦探討了楚方言的一些特點。（詳見前文）

還有將《詩經》音系分爲東土、西土兩大區域。

郭雲生認爲《詩經》的合韻具有方音的色彩，如東部詩中的陰陽對轉就是一個明顯的地方特徵，而東（冬）蒸侵的通押爲上古西部方音中的特殊現象②。

王健庵以三百餘年來古音研究成果爲基礎材料，採用統計方法，對《詩經》用音進行定性和定量的分析和推斷，發現《詩經》"西土與東土兩大韻系，劃然分明。……精確的説，東土韻系應分三十部，冬和侵應分，西土韻系應爲二十五部，冬侵二部應合，脂微應合，真文、質物、幽宵諸部亦應分別合二爲一"；東西兩大方言都有"四聲"分別，西土方言陰聲韻去聲字歸屬入聲，而東土方言不混③。

張民權也提出"西土方音以陽聲韻旁轉爲多，而東土方音以陰陽對轉爲多。如鄭玄《詩》箋和《禮記》注，常言齊人鮮讀如思、獻讀如莎、殷讀如衣等，皆陰陽對轉之類。若以《詩經》地域之别求之於合韻，其方音之跡歷歷可見"④。

（二）《詩經》是統一的語音系統

王力先生説："我曾經把《詩經》的十五國風分别研究過，没有發現方言的痕跡。我曾經把《楚辭》和《詩經》對比，想找出華北方言和荆楚方言的異同。我雖然發現了《楚辭》用韻的一些特點，但也難

---

① 羅常培、周祖謨：《漢魏晋南北朝韻部演變研究》，科學出版社 1958 年版，第 81 頁。
② 郭雲生：《論〈詩經〉韻部系統的性質》，《安徽大學學報》（哲學社會科學版）1983 年第 4 期。
③ 王健庵：《〈詩經〉用韻的兩大方言韻系》，《中國語文》1992 年第 3 期。
④ 張民權：《論顧炎武〈詩本音〉通韻合韻關係處理之得失》，《語文研究》1999 年第 2 期。

斷定那是方言的特點，還是時代的特點。"①

　　何九盈先生在《上古音》（1991）中引用了張琨先生的看法，"《詩經》的押韻代表周朝雅言的語音系統，以黃河中游地區的北方方言爲基礎。""《詩經》就整體來説是一種統一的語音系統，代表黃河中游地區人民所説的周王朝的標準語。它的異質的來源只有偶然的痕跡。"②

　　向熹通過考查《詩經》的用韻和它所使用的方言辭彙來探討其語言的性質，以大量材料證明《詩經》用韻與上古三十韻部大體一致，無論西土、東土詩合韻都只占全部韻例中的少數。合韻可以用音近通押、傳寫致誤或有意改動來解釋，不能一概委之方言。因有少數合韻而否定三十部的存在是不正確的；認爲《詩經》中包含東西兩個不同的音系也缺乏充分根據。文章還進一步證明，《詩經》辭彙中的"方言成分"多數不能確指爲某地方言，故不能代表《詩經》語言的性質。最終結論是：《詩經》語言統一，其語言性質當屬於雅言，即以洛邑方言爲基礎形成的周代共同語③。

　　持"楚音説"的學者認爲東陽合韻、之幽合韻、侯魚合韻、真耕合韻、真文合韻和支歌合韻等反映了先秦楚方言的韻文用韻的特點。喻遂生從兩周194件銅器金文用韻提出反證，認爲春秋各方國金文用韻有很大的一致性，除侯魚、支歌兩種合韻入韻字少外，其他四項特點在金文中表現區域很廣、時間延續甚長，因而不能作爲楚音的標誌。喻先生指出："古代的方言方音肯定是存在的，但古代的通語也肯定存在而且影響是巨大的。金文作爲一種用於莊嚴場合的語言，應該是一種典雅的通語。不然，金文韻文'中有杞鄀許邾徐楚諸國之文，出商魯二頌與十五國風之外，其時亦上起宗周，下迄戰國，亙五六百年，然其用韻與三百篇無乎不合。（王國維《兩周金石文韻讀序》）'就無法得到合理的解釋。如果以上推論不錯，那麼我們就可以認定：東陽、之幽、真耕、真文合韻，是通語的特點，而不是方音。"④

----

① 王力：《漢語語音史》，中國社會科學出版社1998年版，第11頁。
② 何九盈：《上古音》，商務印書館1991年版，第89頁。
③ 向熹：《論〈詩經〉語言的性質》，《中國韻文學刊》1998年第1期。
④ 喻遂生：《兩周金文韻文和先秦"楚音"》，《西南師範大學學報》1993年第2期。

羅江文也發現，代表楚音特點的幾種合韻方式，在東西周銘文中都有出現，而且西周多於東周；東周列國器中，不僅楚音地區出現，其他地區也有出現。它們並非爲某一時、某一地所獨有①。

　　綜合上述對上古韻部的研究情況來看，學者們雖多有討論，可對以上幾個突出問題還是沒有達到共識。在臨近韻部的分立問題上，脂微是否兩分、冬部的性質、支脂之三部及其相關韻部的關係等都有待進一步探討；而如何構擬上古陰聲韻的韻尾則要期待對上古陰入關係這一問題的解決；在上古韻部的方言因素問題上，學者們進行了積極的探索，取得了一定的成果，但研究還未全面展開。即使同樣持方言説的學者們，對上古用韻特點所表現出來的地域劃分也有不同的意見。上古漢語有方音，並且可以劃分方言區，這毋庸置疑。但如何區分，區分的依據是什麽，都還缺少合理的答案；古韻部通轉所體現出來的古今音變規律更是期待着學者們進一步的研究。

第三節　本書的研究材料及研究方法

　　本書使用的材料包括上古時期的詩文用韻材料和文字材料。詩文用韻材料包括兩周金文、《詩經》《楚辭》、周秦群經諸子、兩漢韻文詩文等。其中"周秦群經諸子"的材料主要指江有誥《群經韻讀》《先秦韻讀》所包括的文獻材料；"兩漢韻文詩文"材料以羅常培、周祖謨《漢魏晋南北朝韻部演變研究》（第一分册）、于安瀾《漢魏六朝韻譜》中收録的韻讀材料爲主。本書使用的文字材料包括諧聲字、通假字等。其中諧聲字的材料取自《説文解字》《説文通訓定聲》；通假字的材料取自《通假字彙釋》《古漢語通假字字典》《古字通假會典》等通假字字典。

　　研究採取的研究方法主要有：

　　一、韻脚字歸納法。漢語詩歌的基本押韻規律，是把韻腹相同或相近、韻尾相同的字，放在詩句的末尾，朗讀吟誦時産生韻律和諧的美

---

① 羅江文：《談兩周金文合韻的性質——兼及上古"楚音"》，《楚雄師專學報》1999年第4期。

感。一般情況下，能夠在一起押韻的就是同一韻部的字。先秦時期並沒有韻書，歸納先秦韻文的韻腳字，就成爲研究上古韻部最基礎、最重要的方法。運用此法要格外注意的是正確分析韻文韻例。

　　韻例就是押韻的格式。只有正確的識別韻例，才能摘出押韻字，排除非韻字，歸納出合理的韻部。對韻例的不同解釋往往決定了韻部的分合。而韻例的確定往往容易受到主觀因素的影響。例如，王力先生在《上古韻母系統研究》（1937）一文中提出脂微分部，他以段玉裁《六書音均表》爲根據，將一部分可歸爲脂微押韻的韻例以"不入韻"、"轉韻"爲由列爲脂微分用例，統計的結果爲脂微分用84個，脂微合韻26個。而王力先生《詩經韻讀》（1980）一書中所標注的脂、微用韻情況則爲：脂微分用80次，脂微合用36次。像《詩·葛覃》1章、《詩·巧言》6章、《詩·四月》2章、《詩·桑柔》2章、3章等這些篇章中的韻例，《上古韻母系統研究》中被視作脂微分用例，而《詩經韻讀》中却被歸爲脂微合用例。王力先生處理韻例時出現了前後不一致的情況，這就使統計的數字有所差異，降低了結論的可信度。我們在統計詩韻時，一定會注重對韻腳字的辨析，多參考相關材料，使韻例的統計更爲準確。

　　二、諧聲推演法和通假集證法。段玉裁提出"同諧聲者必同部"，明確肯定了諧聲關係對研究上古韻部的重要價值。韻文中的韻腳字本身很有限，由此歸納出的韻部含字太少，運用諧聲推演法可以擴大韻部歸字範圍，同時，諧聲系統對《詩經》歸部的正確性還起着印證的重要作用。

　　但運用此法也要注意到諧聲關係的複雜性。諧聲時代與《詩經》時代並不平行，且諧聲關係也有地域方言的痕跡，故用諧聲關係來印證先秦韻部也須謹慎。好在已有不少學者對諧聲關係進行梳理，專門利用時代和地域明確的諧聲字來研究特定時代和地域的語音狀況，並取得了不少的成果。如以西周諧聲字來探求西周音系、以戰國諧聲來探求戰國音系等，這些成果都可以供我們參考。

　　參證古韻分部，除了用諧聲推演法，我們還要運用傳世文獻和出土文獻中的通假字。段玉裁亦有"古假借必同部説"，同樣肯定了假借字對研究古音的重要作用。值得一提的是，通假字中多數與本字擁有共同的聲旁並且形體相近，這些字的價值等同於諧聲字，主要用於擴大韻部歸字。而通假字與本字形體差別大的情況對研究古音有着格外重要的意義，可以以此爲紐帶，將兩個諧聲組聯結在同一個韻部中。通假字雖然散見在各種文獻典籍之中，可如今已有多部通假字字典問世，如《古漢語通假字字典》《古字通假會典》《通假字彙釋》等，此類工具書爲我們節省不少搜集整理材料的時間。另外，異文、聲訓等材料的運用亦歸入此法。

　　三、統計法。以上方法主要用於古韻部研究材料的積累，而運用統計法則是對這些材料進行分析。確定韻部分合，必須有翔實的語言材料爲憑。統計的材料必須在時間、空間上有一致性，統計的結果才可靠。在統計時，我們會將不同材料的統計數據分別列出，力求使統計的方法更科學、全面。我們在統計各種材料之前，會儘量劃清材料的時間、地域範圍。另外，我們還會擴大統計的範圍。如考察脂、微兩部關係時，我們不僅會統計各種材料中脂、微兩部的疏密關係，也會統計脂、微與相關陰聲韻部的相互關係，并進行比較，以強化對該問題的論證。

　　四、鄰部合韻推證法。鄰部合韻推證法是研究詩文韻部時用到的方法。清代學者研究上古韻部時就用了這種方法。如江有誥提出東、冬分部時就指出"東每與陽通，冬每與蒸、侵合，此東、冬之界限也"[①]。近代學者如羅常培、周祖謨也指出"再從這兩部（東、冬）跟其他部分合韻的情形看，東部跟陽部叶韻的很多，冬部跟蒸部叶韻的也很多，但是冬部很少跟陽部通押，東部很少跟蒸部、侵部通押，這是很大的區別"[②]。當相鄰兩部的分合問題不易解決的時候，可以把合韻的趨勢作爲分部的參考條件。

　　除了以上幾種方法，我們還會運用審音法、内部擬測法等音韻學研究方法。在考察各專題時，各種方法並不是截然分開使用，而是根據實際情況綜合運用的。

[①] （清）江有誥：《音學十書》，《續修四庫全書》第 248 册，上海古籍出版社 2002 年版，第 6 頁。

[②] 周祖謨：《漢魏晋南北朝韻部演變研究（第一分册）》，科學出版社 1958 年版，第 33 頁。

第二章　上古東、冬、侵三部的分合問題

第一節　上古東、冬、侵諸部分合關係的研究現狀

一　前人觀點

有清以來，關於先秦冬部是否獨立及其相關問題的爭論就没有停止過，總結起來，諸學者觀點有以下幾種：

（一）東、冬部合并論

清代學者中，顧炎武、江永、段玉裁（早年）、戴震、王念孫（早年）、朱駿聲等，都認爲先秦東、冬二部不分。

近代于省吾《釋甶、畠兼論古韻東冬的分合》（1962）一文提出，孔廣森把"雕、廱、饔"三字列入東部，"宫、躬、窮"三字列入冬部，但是這六個字均以甶爲聲，上古當同爲一部。其後陳秉新《古音東冬不分續考》（1987）、曾憲通《從"蚩"符之音讀再論古韻東冬的分合》（1997）等文均以古文字資料證明古韻東冬不分。

史存直從韻文、諧聲字、語音的歷史繼承性等方面考察，認爲"東、冬"兩部不該分，而"冬"部更不該併入"侵"部[①]。

師玉梅認爲在西周有韻銘文中東冬兩部多有合韻現象，而冬侵兩部却未見合韻例，則西周時期冬、東兩部當合[②]。

（二）冬部獨立論

孔廣森始分東、冬爲二部，"（冬類）古音與東、鐘大殊，而與侵

[①] 史存直：《古音"東、冬"兩部的分合問題》，《漢語音韻學論文集》，華東師範大學出版社1997年版，第57—71頁。

[②] 師玉梅：《西周金文音韻考察》，博士學位論文，中山大學，2004年。

第二章　上古東、冬、侵三部的分合問題

聲最近，與蒸聲稍遠。" "蓋東爲侯之陽聲，冬爲幽之陽聲。今人之混冬於東，猶其並侯於幽也。蒸、侵又之、宵之陽聲，故幽、宵、之三部同條，冬、侵、蒸三音共貫也。"①（《詩聲類·陽聲五上》）

江有誥贊同孔廣森的觀點，並提出"東每與陽通，冬每與蒸侵合，此東冬之界限也"②。張惠言、章炳麟、黃侃等人也都贊成孔氏的主張，段玉裁、王念孫早年主張"東、冬"不分，可是到晚年也贊成分開了。

近代羅常培、周祖謨認爲先秦東、冬分立，且在兩漢的韻文中，東、冬兩部分用明顯，也應是相互獨立的兩部③。

李毅夫從冬與東侵的通協、冬部的歷史變化、冬與東侵的通假三個方面，得出東冬的音最近而冬侵的音稍遠的結論④。他在《先秦中部的獨立性及其在西漢北朝之間的變化》一文中又進一步強調了西周、春秋時中（冬）部的獨立性。論文兼用了一般統計法和排列法，數理地證明了中（冬）部早在西周、春秋時便已存在，至西漢雖仍維持着上古的局面，但已開始變化⑤。

羅江文認爲金文中東、冬、侵分立，其統計有韻銘文發現，東冬二部合用率是35.7%，冬侵二部合用率3.9%，可見東冬關係更近，此可證李毅夫先生的結論⑥。

黃易青則認爲，冬部在先秦前期是獨立的閉口韻，收[-m]，與侵談爲一類；後期發生了轉爲收[-ŋ]的演變，逐漸合流於東，到漢代更大程度上與東部合流⑦。

---

①　（清）孔廣森：《詩聲類》，中華書局1983年版，第16—17頁。
②　（清）江有誥：《音學十書》，《續修四庫全書》第248册，上海古籍出版社2002年版，第6頁。
③　羅常培、周祖謨：《漢魏晋南北朝韻部演變研究（第一分册）》，科學出版社1958年版，第33頁。
④　李毅夫：《上古韻是否有個獨立的冬部——冬侵的音是否最近》，《語文研究》1982年第2期。
⑤　李毅夫：《先秦中部的獨立性及其在西漢北朝之間的變化》，《齊魯學刊》1986年第6期。
⑥　羅江文：《從金文看上古鄰近韻的分立》，《古漢語研究》1996年第3期。
⑦　黃易青：《論上侯宵幽的元音及侵冬談的陰聲——兼論冬部尾輔音的變化及其在上古音系中的地位演變》，《北京師範大學學報》（社會科學版）2005年第6期。

趙彤認爲《詩經》中冬部應獨立，戰國楚方言中冬部獨立，它與侵部的關係較遠，而更接近與東部①。

（三）冬部歸侵部論

嚴可均《説文聲類》首倡"冬、侵"合併説，章炳麟晚年也主張"冬、侵"合併。王力先生則認爲《詩經》時代冬、侵爲一部，戰國時代侵部分化爲侵、冬兩部，開口呼屬侵，合口呼屬冬②。

金穎若將《詩經》部分篇章按產生年代大略分爲西周前期和東周初期兩個斷面來考察韻部的演變。西周前期侵、冬、蒸合爲一部，東周初期各自分開③。

（四）東、冬、侵諸部分合與方言相關論

郭雲生認爲冬、蒸、侵通押是上古西部方言的特殊現象，與《詩經》系統有所不同，西部方言中冬部是蒸部的合口呼而不是侵部的合口呼，侵收 ng 尾而與蒸部相混④。

王健庵認爲《詩經》用韻有東土方言與西土方言之別，東土韻系應分三十部，冬和侵應分，西土韻系應爲二十五部，其中冬侵二部應合⑤。

劉寶俊認爲：上古冬部因時期和地域的不同而有不同的歸向，先秦時期在西北方言中近於侵部，在東南楚方言中近於東部；戰國以後東、冬、陽三部互通成爲楚方言的一大特色；幽部兼通東、冬、陽三部，是上古楚方言的又一特點⑥。

羅江文則通過對東、冬、陽三部在金文中合韻關係的考察，認爲東、冬合韻並非限於楚地，東、冬、陽三部互通亦不是方音現象，此與劉寶俊先生異⑦。

---

① 趙彤：《戰國楚方言音系》，中國戲劇出版社 2006 年版，第 86—87 頁。
② 王力：《漢語語音史》，中國社會科學出版社 1998 年版，第 67 頁。
③ 金穎若：《〈詩經〉韻系的時代分野》，《古漢語研究》1993 年第 4 期。
④ 郭雲生：《論〈詩經〉韻部系統的性質》，《安徽大學學報》（哲學社會科學版）1983 年第 4 期。
⑤ 王健庵：《〈詩經〉用韻的兩大方言韻系》，《中國語文》1992 年第 3 期。
⑥ 劉寶俊：《冬部歸向的時代和地域特點與上古楚方音》，《中南民族學院學報》（哲學社會科學版）1990 年第 5 期。
⑦ 羅江文：《談兩周金文合韻的性質——兼及上古"楚音"》，《楚雄師專學報》1999 年第 4 期。

另外，《詩經》中還有蒸侵合韻 6 例，關於此二部的韻尾，陸志韋先生認爲周之前以及在周代的西北方言都是收 -m 尾①。劉寶俊亦認爲《詩經》中 -m、-ng 相通現象都發生在西北地方，而且這種方音特點一直保存至西漢②。然而據李玉考察秦漢時期簡牘帛書中通假現象的結果看，"蒸、侵二部'常常'通假很可能不是方言現象"③。

二　本專題的研究思路

從以上諸學者對東、冬、侵諸部的研究來看，早期學者將《詩經》音系作爲單一系統來看待，冬部要麼獨立，要麼與東部合，要麼與侵部合。而近代學者的研究更爲細緻，他們越來越強調上古韻部劃分的時間、空間背景，即冬部的地位隨時間和地域的變化而動態化。然而由於各位學者選取的研究角度、研究材料的不同，有關上古冬部地位的問題仍難有一個統一的、明確的答案。

結合以往學者的研究成果，我們試圖對這一問題進行更全面、深入的研究。虞萬里指出"研究古音，應該從時空觀念出發，既要考慮方音音差，也要考慮歷史音變"④。我們亦希望貫徹這一原則，在全面搜集研究材料的基礎上，對材料進行科學、細緻地劃分，從中探求東、冬、侵諸部之間的關係源流及其地域走向，從而爲東、冬、侵諸部的關係尋求一個科學合理的解釋。

我們的研究表明：從周秦到東漢，東、冬不分，冬部不應歸入侵部。爲證明我們的觀點，首先我們先假定在上古，東、冬、侵三部是分開的，再從先秦、兩漢詩文用韻；《説文》諧聲字；通假、異文等多方面材料來考察東、冬、侵諸部之間的關係。我們的考察分兩步進行，先討論上古東、冬兩部的分合問題，再探討冬、侵兩部的分合問題。

本書的考察以王力主編《古代漢語》第二册所附《上古韻部及常

---

① 陸志韋：《陸志韋語言學著作集（一）》，中華書局 1985 年版，第 190—194 頁。
② 劉寶俊：《冬部歸向的時代和地域特點與上古楚方音》，《中南民族學院學報》（哲學社會科學版）1990 年第 5 期。
③ 李玉：《秦漢簡牘帛書音韻研究》，當代中國出版社 1994 年版，第 103—104 頁。
④ 虞萬里：《從古方音看歌支的關係及其演變變》，《音韻學研究（三）》，中華書局 1994 年版，第 267 頁。

用字歸部表》爲基礎①，以下是上古東、冬、侵部常用字：

東部：

蒙濛朦矇東凍楝同銅桐筒洞峒恫童瞳僮鐘撞幢龍龑瀧籠聾瓏朧龐隴壟寵攏封葑幫容溶熔蓉工攻功空紅項鴻虹江腔邛茲恐鞏貢共烘洪恭供拱閧公翁螉松鬆頌訟凶兇訩丰蚌邦奉棒捧俸峰蜂鋒烽逢蓬篷縫庸傭鏞墉从從縱聳慫厖龙重種踵腫鍾動慟衝董懂用甬勇湧俑踴桶捅通痛誦雍臃擁甕塕饔邕雝廱囪窗總驄講耩舂茸顒雙孔送巷

冬部：

風楓諷鳳冬佟終螽蟲融豐鄷灃中衷忠仲沖忡衆㴋充統銃躬（躳）宮窮戎絨狨隆窿降洚桻絳農儂膿襛濃醲穠宗琮淙踪綜粽（糉）鬷崇彤芃嵩宋

侵部：

凡帆梵汎耽眈眊酖沈忱枕鴆探深琛覃潭譚撢簟南楠諵喃參驂慘摻滲
篸蠶憯僭潛譖杉衫咸鹹感喊撼憾緘減鹼甚湛堪勘戡諶葚函涵菡今衿黔鈐貪念衾琴吟芩岑涔稔含頷琀音歆暗瘖諳黯暗闇窨忝添舚梣壬荏飪任妊絍衽賃淫霪林淋琳霖廩凜懍浸侵綅祲寢禁襟欽嶔飲禽擒心沁陰廕蔭尋潯品臨禀男婪三森朕郴審金錦

第二節　上古東、冬二部的分合問題

一　從先秦詩文用韻情況看東、冬二部應合爲一部

（一）金文東、冬部用韻情況

我們將金文中東、冬、侵諸部用韻情況分爲西周、東周兩個時期進行分析，原因是西周與東周兩個時期之間不同的時代特點不容忽視。西周時期周王室采取分封制，統轄範圍廣，政治相對穩定。周王室東遷後，王權漸衰。隨着春秋五霸、戰國七雄的紛爭，天子一統的局面被打破。政治格局變化了，有銘銅器的特點也有了改變，"西周的（銅器）多是王室及王臣之器，諸侯國別之器極其罕見，到了東周則王室王

---

① 王力主編：《古代漢語》（第二册），中華書局1981年版，第671頁。

第二章　上古東、冬、侵三部的分合問題　　　　　　　　　　23

臣之器匿跡，而諸侯國別之器及其盛行"①。故此，我們有必要分西周、東周兩個時期對東、冬部用韻的數量進行統計，並對統計結果進行分析。爲了便於比較，同時列出對侵、蒸、陽部等的用韻統計。關於金文中東、冬、侵諸部用韻情況依據以下材料統計②：

王國維《兩周金石文韻讀》，收于《王國維遺書》第四册，上海書店出版社 1983 年版。

郭沫若《金文韻讀補遺》，收于《郭沫若全集》（考古篇）第五卷《金文叢考》，科學出版社 2002 年版。

陳世輝《金文韻讀續輯》，《古文字研究》第 5 輯，中華書局 1981 年版。

陳邦懷《兩周金文韻讀輯遺》，《古文字研究》第 9 輯，中華書局 1984 年版。

羅江文《金文韻讀續補》，《玉溪師範高等專科學校學報》1999 年第 1 期。

1. 西周金文東、冬、侵諸部用韻考察

西周時期東部獨用 5 例，冬部、侵部皆無獨用例，東冬合韻 5 例，冬侵沒有合韻例，東陽合韻 5 例，冬陽合韻 2 例。我們將合韻段摘錄如下：

東冬合韻：5 例

用宗 _{召伯虎簋}　　冬用 _{追簋}　　公戎 _{班簋}　　冬用 _{小克鼎}　　公戎戎 _{戎鼎}

東陽合韻：5 例

王邦競鐘蔥雝王上甏 _{宗周鐘}　　疆邦方 _{大克鼎}　　慶封 _{召伯虎簋}

競長用 _{俟卣}　　孟邦 _{寡子卣}

冬陽合韻：2 例

冬疆享 _{蔡姞作尹叔簋}　　方王王上相唐房降饎慶享 _{大豐簋}

從以上合韻情況看，東、冬部存在着密切的關係。而且在與陽部的

---

① 郭沫若：《古代研究的自我批判》，《中國古代社會研究（外二種）下》，河北教育出版社 2000 年版，第 606 頁。

② 銅器材料時代的確定參考師玉梅（《西周金文音韻考察》，博士學位論文，中山大學，2004 年）論文，其對於銅器時代的確定基本上以《殷周金文集成》一書標注的時代爲準。

關係上，東、冬也體現出相同的特點，皆與之有合韻。以上銘文中，蔡姑作尹叔簋中冬陽合韻的銘文是這樣的："霝冬_冬_，其萬年無疆_陽_，子子孫孫永寶用享_陽_。"請再看以下三段銘文：

微綝鼎："永命霝冬_冬_，其萬年無疆_陽_，綝子子孫孫永保用言_陽_。"——郭沫若《金文韻讀補遺》收。

不嬰簋："用匃多福，眉壽無疆_陽_，永屯（純）霝冬（令終）_冬_。子子孫孫，永寶用享_陽_。"——陳世輝《金文韻讀續輯》收

曾仲大父螾簋："黃耈霝（令）終_冬_。其萬年子子孫孫，永寶用享_陽_。"——陳世輝《金文韻讀續輯》收

這三器的銘文没有劃出韻脚，然其和蔡姑作尹叔簋的銘文從内容和形式上看，都是相同的，故也應認定爲冬陽合韻例，則冬陽合韻又添3例。即：

冬疆言_微綝鼎_　疆冬享_不嬰簋_　終享_曾仲大父螾簋_

重新統計的話，東陽合韻5例，冬陽合韻5例，詳見表2-1。

表2-1　　　　　西周東、冬、侵諸部獨用合用統計表

獨用或合韻次數＼上古韻部＼金文材料	東	冬	侵	蒸	陽	東冬	東侵	東陽	冬侵	冬陽	侵陽	其他
兩周金石文韻讀	1	—	—	—	8	—	—	1	—	—	—	—
金文韻讀補遺	—	—	—	—	6	2	—	4	—	2	—	—
金文韻讀續輯	—	—	—	—	7	—	—	—	—	2	—	1①
兩周金文韻讀輯遺	3	—	—	—	2	2	—	—	—	1	—	2②
金文韻讀續補	1	—	—	—	3	1	—	—	—	—	—	1③
合　計	5	—	—	—	36	5	—	5	—	5	—	4

從上表看：東部獨用5例，冬部獨用0例，東冬合用5例，合計10例。東冬合用占全數的50%；東部獨用5例，陽部獨用36例，東陽合用5例，合計46例，東陽合用占全數的10.87%；冬部獨用0例，陽部

---

① 此處爲陽東耕合韻1例。
② 此處爲陽耕合韻1例，陽東耕合韻1例。
③ 此處爲陽耕合韻1例。

第二章　上古東、冬、侵三部的分合問題

獨用 36 例，冬陽合用 5 例，合計 41 例。冬陽合用占全數的 12.46%。東冬合用的比例明顯高於東陽合用和冬陽合用的比例。西周時期東冬合用的情況，反映出東冬二部的界限是很模糊的。從與其韻部之關係來看，東部與陽部有合用例，冬部與陽部亦有合用例，説明東、冬部具有相同或相似的語音特點。而侵部字因并未出現，故不作討論。

2. 東周金文東、冬、侵諸部用韻考察

東周時期東部獨用 10 例，冬部獨用 1 例，侵部無獨用例，東冬合用 1 例，東陽合用 12 例，冬侵無合用例。具體用韻情況見表 2-2，我們將合韻段摘録如下：

東冬合韻：1 例

宗公_{𩰚羌鐘}

東陽合韻：12 例

邦煌享疆慶方_{秦盄和鐘}　　　嘗邦忘_{陳侯午敦}
邦忘_{陳侯午敦}　　　　　　嘗邦尚_{陳侯因育鐔}
王方王邦疆上邦王邦覭_{晉公盦}　旁邦_{中山王鼎}
尚王荒工王_{中山王方壺}　　　鐘雕東鐘㫐_{莒叔之仲子平編鐘}
工章邦_{大夫始鼎}　　　　　　江陽江江湘陽_{鄂君启舟节}
喪王邦_{師𠫑篹}　　　　　　疆用_{尌①仲篹}

表 2-2　　東周東、冬、侵諸部獨用合用統計表

獨用或合韻次數\金文材料	東	冬	侵	蒸	陽	東冬	東侵	東陽	冬侵	冬陽	侵陽	其他
兩周金石文韻讀	1	—	—	—	11	—	—	2	—	—	—	—
金文韻讀補遺	2	—	—	—	6	—	—	2	—	—	—	1②
金文韻讀續輯	3	—	—	—	15	—	—	3	—	—	—	—
兩周金文韻讀輯遺	1	1	—	1	11	1	—	—	—	—	2	2③
金文韻讀續補	3	—	—	—	7	—	—	5	—	—	—	10④

---

① 羅氏引該字爲"彭"，有誤。據師玉梅（2004）依《殷周金文集成》隸定爲"尌"。
② 此處爲陽耕合韻 1 例。
③ 此處爲陽耕合韻 1 例，陽歌合韻 1 例。
④ 此處爲魚陽合韻 4 例，耕陽合韻 5 例，東耕合韻 1 例。

續表

獨用或合韻次數　上古韻部　金文材料	東	冬	侵	蒸	陽	東冬	東侵	東陽	冬侵	冬陽	侵陽	其他
合　計	10	1	—	1	50	1	—	12	—	—	2	13

與西周相同，東周東陽合用的次數仍然較多，然而從獨用與合用的比例來看，東部獨用 10 例，冬部獨用 1 例，東冬合用 1 例，合計 12 例。東冬合用占全數的 8.33%；東部獨用 10 例，陽部獨用 50 例，東陽合用 12 例，合計 72 例，東陽合用占全數的 16.67%。東周時期東陽合韻的比例要高於東冬合韻的比例。

與西周相比，東周東冬合用的次數相對較少，僅有 1 例，即：宗公鼉羌鐘，此例與冬部獨韻 1 例"戎宗鼉羌鐘"皆出于一器。東冬合用例太少，我們無法深入討論。而從東、西周整體看，都沒有出現冬侵合用例，而東冬共有 6 次合用例，冬部與東部的關係還是更緊密些。

東周侵部還是沒有獨韻例，但與陽韻有 2 例合用例：

侵陽合韻：陰京鼉羌鐘　金金兵鏐金戈

侵陽合用的現象在其他材料中很少出現。從金文中的 2 例材料來看，與侵部"陰""金"合韻的陽韻字"京""兵"字，秦漢時多與耕韻合韻，在《廣韻》中屬庚韻。而在歷代與東、冬合用的陽部字中，很少有"京""兵"這類字。常與東、冬合用的陽部字如"疆""享""王"等，在《廣韻》中屬唐、陽韻。"京""兵"等陽部字東漢時轉入耕韻①，與"疆""享""王"等字不再屬於同一個韻部。也就是説，與東、冬部合用的陽韻字和與侵部合用的陽韻字在後代分化爲兩類，説明侵部與東、冬部的韻母結構亦有差別。但金文材料有限，不能斷言，僅作參考。

（二）《詩經》東、冬部用韻情況

前文我們將金文銘文分西周、東周兩個時期來考察，《詩經》產生的年代，從公元前 11 世紀的西周初年一直到公元前 5 世紀的春秋中葉，

---

① 羅常培、周祖謨：《漢魏晉南北朝韻部演變研究（第一分册）》，科學出版社 1958 年版，第 34 頁。

第二章　上古東、冬、侵三部的分合問題

時間跨度大概有五六百年，還是較長的。參考金穎若（1993）[①] 的做法，我們也將《詩經》篇章按產生年代大略分爲西周前期和東周初期兩個斷面。

西周前期之詩包括：周頌 31 篇，大雅中的 18 篇：《文王》《大明》《綿》《棫樸》《旱麓》《思齊》《皇矣》《靈臺》《下武》《文王有聲》《生民》《行葦》《既醉》《鳧鷖》《假樂》《公劉》《泂酌》《卷阿》，共 49 篇。

東周初期之詩：《魯頌》《商頌》，除豳風、檜風之外的 13 國風，共 158 篇。

另外，《大雅》13 篇，《小雅》，豳風、檜風，因爲時代難以稽考，或因爲處於兩斷面之間，故不予采用。

西周前期與東周初期都出現了東冬、冬侵、侵蒸的合韻例，我們先將合韻的韻段抄録如下：

西周前期：

東冬合韻 2 例：功崇豐 大雅·文王有聲2章　蜂蟲 周頌·小毖1章

冬侵合韻 2 例：宮臨 大雅·思齊3章　飲宗 大雅·公劉4章

侵蒸合韻 3 例：林興心 大雅·大明7章　登升歆今 大雅·生民8章　林林冰 大雅·生民3章

東周初期：

東冬合韻 3 例：襛襛 召南·何彼襛矣1章　戎東同 邶風·旄丘3章　松龍充童 鄭風·山有扶蘇2章

冬侵合韻 1 例：中驂 秦風·小戎2章

侵蒸合韻 2 例：膺弓縢興音 秦風·小戎3章　乘縢弓綅增膺懲承 魯頌·閟宮5章

其他：

東冬合韻 1 例：濃沖雝同 小雅·蓼蕭4章

冬侵合韻 3 例：沖陰 豳風·七月8章　諶終 大雅·蕩1章　甚蟲宮宗臨躬 大雅·云漢2章

雖然出現的合韻例較少，然而與前一節我們對金文材料的統計相參考，我們可以發現：

[①] 金穎若：《〈詩經〉韻系的時代分野》，《古漢語研究》1993 年第 4 期。

①無論是兩周金文材料，還是《詩經》材料，東、冬部均有合韻例，説明兩韻部關係密切。

②金文材料中没有冬侵合韻、侵蒸合韻例，而《詩經》材料中却有。王力先生認爲《詩經》時代冬、侵爲一部，戰國時代侵部分化爲侵、冬兩部①。這一觀點從我們考察的材料來看難以成立，原因之一：兩周金文有韻銘文的材料并不支持這一觀點；之二：冬、侵部合韻的次數與東冬合韻、侵蒸合韻次數相比，并無數量上的優勢。如果説冬、侵應合爲一部，則東、冬；侵、蒸亦應合爲一部。

金穎若認爲西周初期冬、侵、蒸是作爲一個韻部押韻的，到了東周呈現出分的趨勢②。這一觀點注意到了冬侵、侵蒸部的合韻例，却忽視了東、冬部的合韻例。無論是分兩個時期，還是從《詩經》通篇的用韻情況來看，冬侵、侵蒸、東冬這三種合韻的情況相當，并無明顯的差異（詳細用韻情況見表 2-3）。

表 2-3　　　　《詩經》東、冬、侵諸部獨用合用統計表

獨用或合用次數＼上古韻部　時　期	東	冬	侵	蒸	東冬	冬侵	冬蒸	侵蒸
西周前期	11	3	3	1	2	2	—	3
東周初期	17	7	14	6	3	1	—	2
《詩經》全篇	49	11	35	20	6	6	1	5

③金文材料中東陽合韻例較多，而《詩經》却只有1例——《周頌·烈文》："烈文辟公_東，錫茲祉福，惠我無疆_陽，子孫保之。無封靡于爾邦_東，維王其崇_冬之。念茲戎功_東，繼序其皇_陽之。"此例爲東冬陽合韻③，這与西周金文中東、冬部字多與陽部字相協的情況相印證。

總之，金文材料和《詩經》材料在用韻情況上存在一些不同的特點，然而兩種材料中所出現東冬合韻的情況却并無二致，説明兩周東冬

---

① 王力：《漢語語音史》，中國社會科學出版社 1998 年版，第 67 頁。
② 金穎若：《〈詩經〉韻系的時代分野》，《古漢語研究》1993 年第 4 期。
③ 江有誥言陽東中合韻，王力言"崇"不入韻，爲陽東合韻。此處采江説。

第二章 上古東、冬、侵三部的分合問題

的關係是較爲緊密的。

（三）《楚辭》東、冬部用韻情況

《楚辭》是以屈原作品爲代表的辭賦總集。從時代看，略晚於《詩經》二三百年。鑒於舊題宋玉的作品的作者歸屬及成文時代有爭議，我們將屈賦、宋賦的用韻情況分開統計①，其中的合韻段如下：

屈賦：

東冬合韻 2 例：庸降《楚辭·離騷》　豐容②《楚辭·九章》
冬侵合韻 1 例：中湛豐③《楚辭·九辨》
東侵合韻 1 例：沈封《楚辭·天問》
陽東合韻 1 例：明通《楚辭·卜居》

宋賦：

東冬合韻 1 例：容窮《楚辭·高唐賦》
東蒸合韻 1 例：動憑《楚辭·登徒子好色賦》

屈原是戰國楚國人，宋玉相傳是屈原的學生，《楚辭》中的作品大致反映了戰國時期郢都及其周圍一帶的語音。現今學者大多將《楚辭》視爲先秦楚方言的代表材料，從《楚辭》的用韻情況看（詳情見表 2-4），韻部之間所表現出的交涉關係如東冬合韻、冬侵合韻、東陽合韻等，與我們之前統計的西周時期《詩經》用韻情況並無明顯的不同。說這些合韻反映出的就是楚地方言的特點，似乎難以立論。

表 2-4　　《楚辭》東、冬、侵諸部獨用合用統計表

作品 \ 獨用或合用次數 \ 上古韻部	東	冬	侵	蒸	陽	東冬	東侵	東蒸	東陽	冬侵	冬蒸	冬陽	蒸侵	蒸陽	合計
屈賦	11	6	6	3	66	2	1	—	1	1	—	—	—	—	97④

---

①　據江永誥《音學十書》中《楚辭韻讀》統計，見《續修四庫全書》第 248 册。今人所言冬部字江有誥原名"中部"，爲求統一，此處及下文統一稱爲"冬部"。

②　該合韻江有誥、王力《楚辭韻讀》均劃爲東部獨韻，然王力《漢語語音史》言"豐"戰國時入冬部（P.67），則此韻段應爲東冬合韻。

③　該合韻江有誥、王力《楚辭韻讀》均劃爲東冬侵合韻，然王力《漢語語音史》言"豐"戰國時入冬部（P.67），則此韻段應爲冬侵合韻。

④　還有耕陽通韻 1 例，瓊光張瑝《楚辭·招魂》；真陽通韻 1 例，明真《楚辭·九章》，這樣算 99 例。

續表

獨用或合用次數 \ 上古韻部 \ 作品	東	冬	侵	蒸	陽	東冬	東侵	東蒸	東陽	冬侵	冬蒸	冬陽	蒸侵	蒸陽	合計
宋 賦	2	1	—	—	8	1	—	1	—	—	—	—	—	—	13①
合 計	13	7	6	3	74	3	1	1	1	1	—	—	—	—	110

可以肯定的是：在《楚辭》中，較之冬侵兩部，東冬兩部的關係還是要更近一些。且東、冬部又分別與侵部都有合韻關係，更說明東、冬部應具有相同的語音特徵。

（四）周秦其他韻文中東、冬部用韻情況

考察周秦東、冬、侵諸部，自然也應對群經、諸子及其他先秦韻文中東、冬、侵諸部的用韻情況進行統計分析。我們根據江有誥《音學十書》中的《群經韻讀》《先秦韻讀》進行了統計②，鑒於其中所含文獻許多難以追溯其準確的成書年代和作者的籍貫，故我們先將所有材料放在一起分析，如有特殊，再作具體說明。

下面將東部、冬部、侵部相關的合韻段摘錄如下：

東冬合韻 19 例：

1 窮中功《易·需》　　　　2 訟訟中《易·訟》
3 凶中《易·豫》　　　　　4 中功《易·習坎》
5 凶中功《易·習坎》　　　6 中功《易·解》
7 中窮功中窮凶《易·巽》　8 窮同中功《易·渙》
9 中窮通《易·節》　　　　10 中邦《易·中孚》
11 中庸《書·大禹謨》　　　12 衆邦《書·大禹謨》
13 功戎《逸周書·柔武解》　14 訟衆容功庸同通《逸周書·六韜》
15 功終《逸周書·六韜》　　16 中從《荀子·天論》
17 衷從凶江《荀子·成相》　18 戎幢《韓非子·大體》

① 還有耕陽通韻 1 例，橫并輕《楚辭·舞賦》，這樣算 14 例。
② 江有誥《群經韻讀》《先秦韻讀》見《續修四庫全書》第 248 冊。《鶡冠子》《論語》《爾雅》《孫武子》《晏子春秋》《家語》《山海經》《穆天子傳》《戰國策》《墨子》等因韻次太少，參考價值不大，故沒有列出。

19 窮容《鬼谷子》

冬侵合韻 7 例：

1 禽窮《易·屯》　　　　　　2 中禽中終《易·比》

3 心躬中終《易·艮》　　　　4 心中《管子·內業》

5 心中《文子·精誠》　　　　6 陰中《素問·調經論》

7 今窮《靈樞·官能第七十三》

東侵合韻 1 例：

1 陰通同從《素問·生氣通天論》

東冬侵合韻 1 例：

1 深侵中容禽侵終凶功《易·恆》

冬蒸合韻 4 例：

1 中中終應《易·未濟》　　　2 雄窮《逸周書·六韜》

3 蒸降窮《文子·道原》　　　4 弓中《呂氏春秋·孟春紀》

東蒸合韻 1 例：

1 應動《文子·守樸》

東冬蒸合韻 5 例：

1 蒙蒙中應蒸中蒙功《易·蒙》　2 從中應蒸窮《易·比》

3 降騰蒸同動《儀禮·月令》　　4 騰蒸降通冬《儀禮·月令》

5 窮宗雄蒸雙《文子·符言》

冬陽合韻 5 例：

1 洋彰常祥殃慶宗《書·伊訓》　2 陽蟲《文子·九守》

3 窮行《文子·自然》　　　　4 行宗窮望終《呂氏春秋·慎大覽》

5 降當《呂氏春秋·離俗覽》

東冬陽合韻 4 例①：

1 明陽聰忠《逸周書·六韜》　　2 疆陽宗公饗陽《逸周書·武寤解》

3 宗用中萌陽《文子·守樸》　　4 明陽功容聰窮《荀子·勸學》

蒸侵合韻 3 例：

1 臨應《易·臨》　　　　　　2 心證《管子·心術下》

3 心勝《逸周書·柔武解》

---

① 東陽合用例較多，限於篇幅，詳見附錄。

總的來看，合韻反映出如下几个問題：

①東冬合韻共有 19 次，冬侵合韻共有 7 次，東、冬之間的關係，較冬、侵之間更爲緊密。從東、冬部與其他韻部的關係來看，東部與陽部關係較爲密切，東陽合韻出現次數多，而冬陽合韻亦出現 5 例，東冬陽合韻還有 4 例。冬侵有合韻例，東侵、東冬侵亦有合韻例。冬蒸有合韻例，東蒸、東冬蒸亦有合韻例。可以說，東、冬部在與其他韻部產生交涉時，體現出同樣的特點，說明東、冬部的語音結構是相同或者是相當相近的（用韻情況詳見表 2-5）。

表 2-5　　周秦群經諸子韻文東、冬、侵諸部獨用合用統計表

獨用或合用次數＼上古韻部＼作品	東	冬	侵	蒸	陽	東冬	東侵	東蒸	東陽	冬侵	冬蒸	冬陽	蒸侵	蒸陽	東冬陽	東冬蒸	東冬侵	合計
《易》	9	12	1	7	66	10	—	—	3	1	—	1	—	—	2	1	113①
《書經》	2	1	—	—	15	2	—	—	—	—	1	—	—	—	—	—	—	21②
《儀禮》	1	1	—	1	20	—	—	1	—	—	—	1	—	2	—	—	27
《左傳》	1	1	2	3	8	—	—	—	—	—	—	—	—	—	—	—	—	15
《國語》	1	—	—	2	7	—	—	—	—	—	—	—	—	—	—	—	—	10
《管子》	8	4	4	—	25	—	—	3	1	—	1	—	—	—	—	—	46
《老子》	3	2	—	1	14	6	—	—	—	—	—	—	—	—	—	—	—	26
《莊子》	—	2	—	—	20	—	—	1	—	—	—	—	—	—	—	—	—	23
《荀子》	3	—	1	—	17	2	—	—	—	—	—	1	1	—	—	—	25
《韓非子》	4	—	1	2	7	1	—	—	1	—	—	—	—	—	—	—	16
《呂氏春秋》	5	4	1	2	26	—	—	—	4	1	2	—	—	—	—	—	45
《逸周書》	7	1	2	3	22	3	—	—	1	—	1	—	1	—	2	—	43③
《文子》	6	2	2	—	50	1	21	1	1	2	—	—	1	1	1	—	91④
《素問》	2	—	3	—	16	1	—	2	1	—	—	—	—	—	—	—	25⑤

---

①　還有耕陽通韻 1 例，加上則 114 例。
②　還有耕陽通韻 1 例，加上則 22 例。
③　還有耕陽通韻 1 例，加上則 44 例。
④　還有耕陽通韻 2 例，耕東 1 例，加上則 94 例。
⑤　還有耕陽通韻 1 例。這樣算 26 例。

第二章　上古東、冬、侵三部的分合問題　　　　　　　　　　33

續表

獨用或合用次數 / 上古韻部 / 作品	東	冬	侵	蒸	陽	東冬	東侵	東蒸	東陽	冬侵	冬蒸	蒸侵	蒸陽	東冬陽	東冬蒸	東冬侵	合計
《靈樞》	5	—	3	—	16	—	—	3	1	—	—	1	—	—	—	—	29
《鬼谷子》	1	—	—	3	1	—	—	—	—	—	—	—	—	—	—	—	5
合計	58	30	20	23	332	19	1	1	43	7	4	5	3	4	5	1	560

②江有誥提出"東每與陽通，冬每與蒸侵合①"來説明東冬之間的界限。據江有誥《音學十書》統計出的周秦群經諸子韻文用韻情况來看，東陽合韻共43例，合韻次數確實不少。然而我們也注意到：冬陽合韻共5例，冬蒸合韻共4例，冬侵合韻共7例，冬部與陽、蒸、侵部的合韻數并無明顯差距。况且還有東冬陽合韻4例，東冬蒸合韻5例，東冬侵合韻1例，亦説明冬部并非與蒸侵部關係更近。

東陽合用次數較多，是與陽部獨韻次數多相關的。東部獨用58次，陽部獨用有332次，東陽合用43例，共計433次，東陽合韻占全數的9.93%。而東部獨用58次，冬部獨用30次，東冬合用19例，共計107次，東冬合韻占全數的17.76%。從合韻比例來看，東、冬部的關係還是更近一些。

③出現東冬合韻的有《易》《荀子》《韓非子》《書經》《逸周書》《鬼谷子》；出現冬侵合韻的有《易》《管子》《文子》《素問》《靈樞》。

《周易》作者及成書年代歷來衆説紛紜，從其合韻例來看，確實體現出各式合韻參雜出現的特點，應該説是作者不是一位或者成書不在一時。同樣，《尚書》《逸周書》《素問》《靈樞》的作者及成書年代没有明確的結論，暫不做討論。

荀子本是趙國人，其經歷是先遊學于齊，繼而赴楚，被春申君任命爲蘭陵（今山東棗莊市東南）令，之後便在那裡著書終身。《荀子》中

---

① （清）江有誥：《音學十書》，《續修四庫全書》第248册，上海古籍出版社2002年版，第6頁。

有東冬合韻 2 例，蒸陽合韻 1 例，東冬陽合韻 1 例。

　　韓非子是戰國韓國人，他是荀子的學生。韓國故都在陽翟（今河南禹縣）。鬼谷子是卫国（今河南鶴壁市淇县）人。《韓非子》中有東冬合韻、東陽合韻各 1 例。

　　管仲是春秋時穎上（今安徽省潁上縣）人，潁上地鄰陳國。管仲后來在齊國爲相多年。《管子》中有東陽合韻 3 例，冬侵合韻、蒸侵合韻各 1 例。

　　文子的名字及籍貫已不可確考，但可以肯定的是他是老子的學生，而老子是楚國人，似乎可以説明《文子》應受到老子思想的影響。《老子》中出現東陽合韻 6 例，《文子》有東陽合韻 21 例，數量占了全部以上統計的所有典籍東陽合韻總數的近一半。雖然《文子》有冬侵合韻 1 例，没有東冬合韻例，可却有冬陽合韻 2 例，東冬陽合韻 1 例，東冬蒸合韻 1 例。同樣反映出《文子》中有東、冬韻接近的特點。

　　另外，《儀禮》中没有出現東冬合韻例，却有東冬蒸合韻 2 例；《吕氏春秋》中没有出現東冬合韻例，却出現冬陽合韻 2 例；《素問》中雖無東冬合韻，有冬侵合韻 1 例，但亦有東侵合韻 1 例。

　　雖然這些材料無法準確地從文獻的地域特點這一角度來分析，但總體的印象還是很清楚，那就是：從範圍和數量上來説，東冬合韻或東冬同時與其他韻合韻的情況都要多於冬侵合韻，則東冬的關係較之冬侵的關係更爲密切。

　　在所統計的文獻中，只有《左傳》《国语》没有出現合韻例，當然原因也許是韻例太少。

（五）先秦東冬合韻不屬於方言現象

　　從先秦的韻文材料來看，東冬合韻的例子多次出現。那麽是不是像有些學者所説的，東冬合韻是一種方言現象呢①？答案是否定的。

　　先來看金文材料。西周金文有東部獨韻 5 例，東冬合韻 5 例，没有

---

① 如劉寶俊認爲，上古冬部因時期和地域的不同而有不同的歸向，先秦時期在西北方言中近於侵部，在東南楚方言中近於東部；戰國以後東、冬、陽三部互通成爲楚方言的一大特色。見劉寶俊《冬部歸向的時代和地域特點與上古楚方音》，《中南民族學院學報》（哲學社會科學版）1990 年第 5 期。

冬部獨韻例。西周銅器的出土地主要集中于陝西和河南，尤以陝西爲大宗。像召伯虎簋、小克鼎、大克鼎、 鼎、大豐簋等器，其出土地都明確是陝西。即便一些在其他地區出土的銅器，其主人與周王室亦有直接的淵源關係。故而結合西周銅器韻文的押韻情況，西周在以陝西爲主的王室地區，東冬二部的界限是很模糊的。

東周時期有韻銘文中有東冬合韻 1 例，侵陽合韻 2 例。值得注意的是驫羌鐘，此器銘文有冬部獨韻 1 例、東冬合韻 1 例、侵陽合韻 1 例。驫羌鐘爲戰國時期周安王 26 年、韓列侯 20 年器[①]。可以説，在戰國韓地，東冬、侵陽之間有所交涉。但因只有這一器，又無佐證，不好貿然斷言此屬韓地的語言特點。

表 2-6　　　　《詩經》分篇東、冬諸部獨用合用統計表

風雅頌 獨用或合用次數 \ 上古韻部	東	冬	侵	蒸	東冬	地　區
周　南	—	—	1	1	—	河南西部及湖北西部一帶
召　南	5	2	1	—	1	漢水下流至長江一帶
邶　風	—	3	6	—	1	河南省北部及與河北省鄰接一帶
鄘　風	1	2	—	—	—	河南新鄉附近
衛　風	1	—	1	—	—	河南汲縣附近
王　風	1	—	—	—	—	河南洛陽附近
鄭　風	2	—	1	1	—	河南新鄭附近
齊　風	1	—	—	1	—	山東省北一帶
唐　風	1	—	—	1	—	山西省太原一帶
秦　風	—	—	1	—	—	陝西省興平縣附近
陳　風	—	—	1	—	—	河南省淮陽附近
檜　風	—	—	1	—	—	河南省密縣附近
豳　風	3	—	—	—	—	陝西省邠縣一帶
小　雅	14	1	12	12	1	
大　雅	12	3	8	2	1	陝西省岐山、扶風一帶

---

① 郭沫若：《列國標準器年代表》，《郭沫若全集（考古篇）第五卷——金文叢考》，科學出版社 2002 年版，第 58 頁。

續表

獨用或合用次數 風雅頌 \ 上古韻部	東	冬	侵	蒸	東冬	地　區
周　頌	3	—	—	—	1	陝西省岐山、扶风一帶
魯　頌	4	—	2	1	—	山東曲阜一帶
商　頌	1	—	—	1	—	河南商丘一帶
合　計	49	11	35	20	6	

《詩經》篇章所產生的地域是很廣闊的，爲考察東冬合韻的現象是否屬於地域方言的特點，我們將出現東冬合韻的篇章列出（詳見表2-6），並標出篇章所產自的地區①。（小雅因其地域無法確定，故未標出所屬地區。）

從詩篇所產生的地區來看，《召南》屬於中部偏南方，《邶風》屬於東部偏北方，《鄭風》屬於中部地區，《大雅》《周頌》屬於西部地區。這説明東冬合韻并不是某一方言的語音特點，其分布的地域較爲廣泛。

現今學者大多將《楚辭》視爲先秦楚方言的代表材料。《楚辭》中出現的東冬合韻例説明在楚方言中東、冬兩部的關係亦比較密切。

另外，周秦其他一些韻文的用韻統計結果也顯示，東冬合韻并不僅出現在某一種或某幾種著作中。總之，周秦時代，東冬合韻并不是一種方言現象，東、冬兩部韻母相同或近似應是通語的語音特點。

二　從兩漢詩文用韻情況看東、冬二部應合爲一部

（一）兩漢東、冬部用韻情況

從周秦到漢代，上古東、冬部所屬字的範圍并没有太大的變化②。

---

① 其中《詩經》篇章所屬地域範圍的劃定依據虞萬里《從古方音看歌支的關係及其演變》，《音韻學研究（三）》，中華書局1994年版，第268頁。

② "雄、弓、夢"等字《詩經》屬蒸部，東漢時期皆轉入冬部。據羅常培、周祖謨《漢魏晋南北朝韻部演變研究（第一分册）》，科學出版社1958年版，第34頁。

第二章 上古東、冬、侵三部的分合問題

我們將兩漢詩文用韻中東、冬諸部獨用合用的情況分開統計①，其中東冬合韻與冬侵合韻的韻例如下：

西漢：

東冬合韻 23 例：

1 窮功《淮南子·原道》　　2 容宗《淮南子·時則》
3 終宗通《淮南子·覽冥》　4 用中《淮南子·精神》
5 宗通《淮南子·精神》　　6 窮通《淮南子·主術》
7 公通忠《淮南子·齊俗》　8 同通宗窮《淮南子·詮言》
9 窮同通《淮南子·詮言》　10 從窮用沖《淮南子·詮言》
11 中窮攻《淮南子·兵略》　12 降洶 劉向《九嘆逢紛》
13 通宮 劉歆《遂初賦》　　14 籠容忠容兇宮窮匈懵 嚴忌《哀時命》
15 容從工農逢 東方朔《誡子》　16 中窮從酆宮 王褒《九懷·匡機》
17 從同聰衆 王褒《四子講德論》　18 隆功 王褒《聖主得賢臣頌》
19 鐘窮 揚雄《甘泉宮賦》　20 降隆東雙功龍融頌離蹤從 揚雄《河東賦》
21 恭降 揚雄《宗正卿箴》　22 衆公 揚雄《元后誄》
23 崇庸從 揚雄《元后誄》

冬侵合韻 4 例：

1 南衆蟲《淮南子·原道》　2 心中《淮南子·泰族》
3 葠風音宮窮 司馬相如《子虛賦》　4 淫慘音風窮 王褒《洞簫賦》

東漢：

東冬合韻 12 例：

1 蒙通中容 杜篤《首陽山賦》　2 終容 班固《東都賦》
3 宗容 班固《典引》　　　　　4 容紅降雙 傅毅《七激》
5 功終 劉秀《報臧宮馬武詔》　6 中容通 邊韶《塞賦》
7 戎庸 張衡《西京賦》　　　　8 雄胸筒 劉琬《馬賦》
9 中崇通 李尤《函谷關賦》　　10 重崇從聰忡 李尤《函谷關賦》
11 封窮 李尤《七歎》　　　　　12 戎功 胡廣《邊都尉箴》

冬侵合韻 1 例：

1 風陰淋農任心音潛參 班固《竇將軍北征頌》

---

① 根據羅常培、周祖謨《漢魏晉南北朝韻部演變研究（第一分冊）》統計。

羅常培、周祖謨先生在談及兩漢東、冬部的關係時提出，"兩漢的韻文里儘管有一些東冬相押的例子，但是兩部分用的現象十分顯著"①。故而認定東、冬應是分開的兩部。而從東、冬部用韻的情況來看（詳見表2-7），兩漢東部獨韻 100 次，冬部獨韻 29 次，東冬合韻 35 次。東冬合韻數高出了冬部獨用數，似乎説"兩部分用的現象十分顯著"并不確切。

表 2-7　　　　兩漢詩文東、冬諸部獨用合用統計表

獨用或合用次數＼上古韻部＼時代	東	冬	侵	蒸	陽	東冬	東侵	東蒸	東陽	冬侵	冬蒸	冬陽	蒸侵	蒸陽	東冬陽	東冬蒸	東冬侵
西 漢	50	15	28	19	218	23	2	6	31	4	2	4	5	3	2	2	—
東 漢	50	14	28	11	153	12	—	2	7	1	2	2	2	—	—	1	3
合 計	100	29	56	30	371	35	2	8	38	5	4	6	7	3	2	3	3

在談及東冬合韻時，羅、周先生認爲："東、冬兩部的元音比較接近，但是有些方言可能讀爲一部。東冬的分別在於冬接近於侵蒸，東則接近於陽"②。據我們的統計，兩漢冬侵合韻 5 例，東侵合韻 2 例，冬部確實較東部更接近侵部，而冬蒸合韻 4 例，東蒸合韻 8 例，反而東部較冬部更接近蒸部。羅、周先生"冬接近於侵蒸"的觀點似乎并不全面。

至於"東則接近於陽"，不可否認，兩漢東陽合韻 38 次，數量是很多，可是我們也要注意到從合韻所占的比例。東部獨用有 100 次，陽部獨用有 371 次之多，而東陽合韻有 38 次，合計 509 次，東陽合韻占全數的 7.47%。東部獨用有 100 次，冬部獨用僅有 29 次，而東冬合韻有 35 次，合計 164 次，東冬合韻占全數的 21.34%。東冬合韻的比例明顯高於東陽合韻的比例。言"東則接近於陽"并不確切。

兩漢東陽合韻、東冬合韻、冬侵合韻所占的比例如表 2-8 所示。

---

①　羅常培、周祖謨《漢魏晋南北朝韻部演變研究（第一分册）》，科學出版社 1958 年版，第 33 頁。
②　羅常培、周祖謨《漢魏晋南北朝韻部演變研究（第一分册）》，科學出版社 1958 年版，第 53 頁。

表 2-8　　　　　　　　兩漢東、冬諸部合用比例對照表

合韻比例＼上古韻部＼時代	東陽合韻	東冬合韻	冬侵合韻
西　漢	10.37%	26.14%	4.88%
東　漢	3.33%	15.79%	1.27%
平　均	7.47%	21.34%	3.11%

可見，東冬合韻的比例在西漢、東漢都是絕對領先的。大量的東冬合用例足以説明東、冬兩部的韻母語音結構非常相近甚至完全相同。"東部接近於陽部"并不準確，東部與陽部的關係，遠不如東部與冬部的關係緊密。而冬侵之間的關係就更遠了。

另外羅、周先生提出"陽東相押，《詩經》中没有例子，耕真相押《詩經》中例子也不多。這兩種現象，從戰國以後才多起來"①。耕真我們不做討論。單看東陽合韻的情況，羅、周先生這樣説并不全對，東陽在兩周金文中亦常見，前文我們已經提到，特别在西周就有數例，在東周更是出現在不同地的金文中。時間并不限於戰國以後。

（二）兩漢東冬合韻不屬於方言現象

那麽，兩漢東冬合韻是不是一種方言現象呢？羅、周二位先生就認爲："東、冬兩部的元音比較接近，但是有些方言可能讀爲一部。"② 我們沿襲上文的做法，將西漢文學家根據他們的籍貫（詳見表 2-9），按地域分别統計其作品中東、冬諸部用韻的情況，從而考察東冬合韻是否爲方言現象。

表 2-9　　　　　　　　西漢部分作家籍貫表③

作家及其籍貫	今屬省地
【沛】劉邦，劉徹，劉安，劉勝，劉弗陵，劉驁，劉胥，劉向，劉歆。【淮陰】枚乘。【會稽】嚴忌。	江蘇

---

① 羅常培、周祖謨《漢魏晋南北朝韻部演變研究（第一分册）》，科學出版社 1958 年版，第 81 頁。

② 羅常培、周祖謨《漢魏晋南北朝韻部演變研究（第一分册）》，科學出版社 1958 年版，第 53 頁。

③ 根據羅常培、周祖謨《漢魏晋南北朝韻部演變研究（第一分册）》、于安瀾《汉魏六朝韻譜》列表。

續表

作家及其籍貫	今屬省地
【洛陽】賈誼。【潁川】褚少孫。	河南
【廣川】董仲舒。【涿郡】崔篆。	河北
【平原】東方朔。【魯】孔臧,韋孟,韋玄成。【齊】羊勝,鄒陽。	山東
【樓煩】班倢伃。	山西
【蜀郡】司馬相如,王褒,楊雄。	四川
【扶風】馬援。【河內】司馬談,司馬遷。	陝西

我們根據作家籍貫地區分類對東、冬、侵諸部用韻的情況分別進行了統計（見表2-10-1），考慮到劉安《淮南子》的特殊性,我們將其用韻情況單獨列出（見表2-10-2）。

表 2-10-1　　　　　西漢詩文東、冬、侵諸部用韻表①

地區＼上古韻部（獨用或合用次數）	東	冬	侵	蒸	陽	東冬	東侵	東蒸	東陽	冬侵	冬蒸	冬陽	蒸侵	蒸陽	東冬陽	東冬蒸	東冬侵	其他
江蘇	5	5	6	3	37	3	—	—	1	—	—	—	—	—	—	—	—	1②
河南	2	—	—	—	5	—	—	—	1	—	—	—	—	—	—	—	—	1③
河北	2	—	—	—	—	—	—	—	—	—	—	—	—	—	—	—	—	—
山東	6	—	5	—	12	1	—	1	3	—	—	—	—	1	1	—	—	3④
四川	14	6	7	3	55	8	1	—	5	2	1	1	3	2	—	2	—	7⑤
山西	—	—	4	—	1	—	—	—	—	—	—	—	—	—	—	—	—	—
陝西	2	—	—	—	3	—	—	—	—	—	—	—	—	—	—	—	—	—
合計	31	11	22	6	113	12	2	—	10	2	1	1	3	3	1	2	—	12

---

① 根據羅常培、周祖謨《漢魏晉南北朝韻部演變研究（第一分冊）》統計,根據于安瀾《漢魏六朝韻譜》亦統計一附表,見附錄。
② 此處是侵談合韻1例。
③ 此處是陽侵合韻1例。
④ 此處是陽東蒸合韻1例,陽東談合韻1例,東幽合韻1例。
⑤ 此處是耕陽合韻5例,侵元合韻1例,侵冬談真合韻1例。

表 2-10-2　　　　　　　《淮南子》東、冬、侵諸部用韻表

獨用或合用材料＼上古韻部次數	東	冬	侵	蒸	陽	東冬	東侵	東蒸	東陽	冬侵	冬蒸	冬陽	蒸侵	蒸陽	東冬陽	東冬蒸	東冬侵	其他
《淮南子》	19	4	6	13	105	11	—	6	21	2	1	3	2	—	1	—	—	2①

我們可以看到，較之其他合韻情況，東陽合韻、東冬合韻的數量很明顯地排在前列，而且東陽合韻和東冬合韻都呈現出跨地域的特點。從各地域的材料來看，相對而言，《淮南子》和四川地區的用韻特點較爲複雜，幾乎出現了表中所列出的所有合韻形式。東冬合韻出現次數最多的材料當屬淮南王劉安的《淮南子》，其次就是四川地區的詩文材料，故羅、周二先生認爲《淮南子》所表現出的韻部特點之一就是東冬合爲一部②；東冬不分亦是蜀方言的語音特點之一③。羅、周二先生將東冬合韻視爲方言現象，我們認爲並不準確，我們先考察東漢的用韻情況，再一并討論這個問題。

東漢作家的籍貫歸屬見表 2-11，表 2-12 是根據作家籍貫地區分类對東、冬、侵諸部用韻的情況的統計表：

表 2-11　　　　　　　　　東漢作家籍貫表④

作家及其籍貫	今屬省地
【南陽】劉秀，劉蒼，張衡，朱穆。【陳留】蔡邕，蔡琰，張升，邊韶，邊讓。【汝南】許慎，戴良。	河南
【京兆】蘇順，馮衍，杜篤。【扶風】馬援，馬融，傅毅，班彪，班固，班昭，梁鴻，士孫瑞。【漢陽】趙壹。	陝西
【廣漢】李尤。	四川
【安定】梁竦。【敦煌】侯瑾。	甘肅

---

① 此處是東幽合韻 1 例，東談合韻 1 例。
② 羅常培、周祖謨：《漢魏晉南北朝韻部演變研究（第一分冊）》，科學出版社 1958 年版，第 79 頁。
③ 羅常培、周祖謨：《漢魏晉南北朝韻部演變研究（第一分冊）》，科學出版社 1958 年版，第 87 頁。
④ 根據羅常培、周祖謨《漢魏晉南北朝韻部演變研究（第一分冊）》、于安瀾《漢魏六朝韻譜》列表。

作家及其籍貫	今屬省地
【北地】傅幹	寧夏
【涿郡】崔駰，崔瑗，崔琦，崔實。【河間】張超。	河北
【平原】禰衡。【魯】孔融。【東平】劉梁。	山東
【廣陵】劉琬，張紘。【沛】桓譚，桓彬。	江蘇
【江夏】黃香，【南郡】王逸，王延壽，胡廣。	湖北

表 2-12　　　　東漢詩文東、冬、侵諸部用韻表①

地區	東	冬	侵	蒸	陽	東冬	東侵	東蒸	冬陽	冬侵	冬蒸	蒸侵	蒸陽	東冬陽	東冬蒸	東冬侵	其他
河南	25	5	13	3	63	3	—	—	1	—	1	—	—	1	—	—	3②
陝西	17	2	6	3	48	4	—	2	3	1	1	—	2	—	—	1	11③
四川	2	2	3	3	13	3	—	—	—	—	—	—	—	—	—	—	—
甘肅	—	—	1	—	2	—	—	—	—	—	—	—	—	—	—	—	—
寧夏	—	—	—	—	1	—	—	—	—	—	—	—	—	—	—	—	—
河北	4	3	4	2	13	—	—	2	—	1	1	—	—	—	1	—	—
山東	—	—	1	—	3	—	—	—	—	—	—	—	—	—	1	—	—
江蘇	—	—	—	3	1	—	—	—	—	—	—	—	—	—	—	—	1④
湖北	2	2	—	—	7	1	—	—	1	—	—	—	—	—	—	—	—
合計	50	14	28	11	153	12	—	2	7	1	2	2	—	—	1	3	15

　　從表 2-12 我們看到，雖然東冬合韻、東陽合韻的數量都有所降低，其中東陽合韻的數量明顯減少，但兩種合韻形式仍是一種跨地域的現象，且東冬合韻出現的地區範圍更加廣泛。

　　在討論漢代方言時，羅、周二先生選取具有地域代表性的韻讀材料

---

　　① 根据羅常培、周祖謨《漢魏晉南北朝韻部演變研究（第一分冊）》統計。根據于安瀾《汉魏六朝韻譜》亦統計一附表，見附錄。

　　② 此處是冬蒸耕合韻 1 例，侵談合韻 1 例，冬耕陽合韻 1 例。

　　③ 此處是蒸侵陽合韻 1 例，蒸冬耕侵合韻 1 例，東冬談合韻 1 例，蒸東冬侵合韻 2 例，蒸耕合韻 3 例，侵真合韻 2 例，侵談冬合韻 1 例。

　　④ 此處爲陽耕東合韻 1 例。

第二章 上古東、冬、侵三部的分合問題

來分別探討各地方言的用韻特點，我們將分論中涉及東、冬、侵諸部的結論用表 2-13 列出①。

表 2-13　兩漢方言中東、冬、侵諸部語音特點比較表

韻文材料	代表方言地	韻部特點
《淮南子》	陳楚江淮方言	東冬一部；陽東音近
司馬相如、王褒、楊雄的韻文	蜀方言	東、冬不分。惟有司馬相如的韻文里不見有東、冬合用的例子。侵部字和冬部字元音相近。
《易林》	幽州、冀州方言	東、冬一部；侵部合韻範圍廣，其韻尾不好論斷。
班固、傅毅等的韻文	秦隴方言	冬蒸音近；侵部"風"字韻尾爲-ng，侵部其他字跟真部音近。
《論衡·自紀篇》	會稽方言	東冬似爲一部，陽東兩部音近。
張衡、蔡邕的韻文	周洛方言	東、冬兩部張衡有少數通押例，但蔡邕分別較嚴。侵部單用，不與其他韻部相通。
《釋名》	青徐方言	東冬一部；"風"字兗豫司冀讀在侵部（-m），青徐則讀在東（冬）部（ng）。

表 2-13 中除了秦隴、周洛兩地方言沒有提到東冬應合爲一部以外，其餘方言的語音特點中都明確提到了東、冬不分。由於西漢時秦隴地區的用韻材料很少，我們來看看東漢時的秦隴方言區的合韻韻段：

東冬合韻：1 蒙通中容 杜篤《首陽山賦》　　2 終容 班固《東都賦》　　3 宗容 班固《典引》　　4 容紅降雙 傅毅《七激》

東冬侵合韻：1 風侵鋒降 傅毅《竇將軍北征賦》

冬侵合韻：1 風陰淋農任心音潛參 班固《竇將軍北征頌》

冬蒸合韻：1 崇徵 班固《靈臺詩》

東蒸合韻：1 崩功 馮衍《顯志賦》　　2 陵承興公 班固《兩都賦》

蒸侵合韻：1 興林 班固《答賓戲》　　2 風陵 馮衍《顯志賦》

其中，東冬合韻 4 例，冬蒸合韻 1 例，東蒸合韻 2 例。羅、周二先生只是提到了冬蒸音近，却忽略了東冬、東蒸的關係，很明顯這是不符合材料的真實面貌的。我們認爲，如果總結這一區域的方言特點，首先提及的就應是東冬音近，除了東冬合韻次數多外，冬蒸、東蒸皆有合韻

---

① 羅常培、周祖謨：《漢魏晉南北朝韻部演變研究（第一分冊）》，科學出版社 1958 年版，第 76—114 頁。

例，亦説明東、冬語音結構具有共同的特點。

至於周洛方言的特點，先來看東漢的一些合韻段：

東冬合韻：1 功終 _{劉秀《報臧宮馬武詔》}　　2 中容通 _{邊韶《塞賦》}　　3 戎庸 _{張衡《西京賦》}

東冬蒸合韻：1 龍鐘乘蒸宮 _{張衡《東京賦》}

東陽合韻：1 彰昌光彊庸長祥忘 _{蔡邕《陳留東昏庫上里社碑》}

冬陽合韻：1 唐中滂方 _{許慎《説文敘》}

正如羅、周先生所説，蔡邕詩文中没有出現東、冬合韻例，可其詩文里也并没有出現冬部的獨韻例。然而從這一地區的整體情况來看，東冬合韻的數量較之其他合韻，仍然是比較高的，故而也不能根據蔡邕個人的用韻特點忽略周洛地區東、冬部音近這一語音現象。

這樣看來，羅、周二先生提及的七類方言，每種都應有東、冬部語音接近的用韻特點。所以我們説，和先秦的情况一樣，兩漢東冬合韻并不是某種方言現象，東、冬音近應是通語的一個顯著的語音特點。

三　兩漢以後東、冬二部之關係

（一）魏晋宋東、冬部用韻情况

兩漢以後，魏晋南北朝四百多年的時間里，因爲社會的動蕩，政治中心的分離，語音出現了較大的變化。雖然兩漢以後的語音特點并不屬於上古音的範圍，但我們可以參考兩漢以後韻部演變的情况來探討上古東、冬部的分合。我們不改變東、冬、侵部歸字的範圍，仍將時間、空間因素結合起來考察詩文用韻材料。首先，我們先來看看魏晋宋時期詩文入韻的情况，魏晋作家的籍貫分區見表 2-14，各地區作家的用韻情况見表 2-15。

我們看到，和兩漢相比，這些韻部的入韻情况出現了較大的變化，除了東冬合韻以外，其他合韻的數量都明顯地減少。特别是侵部，侵部獨用 296 次，數量很高，却很少與其他韻部發生合韻關係，合韻只有 2 例：

東侵合韻：拱竦任 _{張翰《東鄰有一樹》}

蒸侵合韻：音興 _{楊戲《季漢輔臣贊》}

這 2 例合韻出現在四川、江蘇，與兩漢出現侵部合韻的地區相同。

但侵部與后鼻音韻尾韻部合韻數量的大量減少，説明侵部界限較之以往更加清晰，其前鼻音韻尾的語音特點更加突出。

冬部獨韻的數量非常少，東冬合韻仍然數量多，分布的區域廣。可以説和前代相同，東冬兩部還是不能分開的。

表 2-14　　　　　　　　魏晉宋作家籍貫表①

作家及其籍貫	今屬省地
【沛】曹操、曹丕、曹植、曹叡、高貴鄉公（曹髦）、曹據、曹毗、曹華、夏侯淳、夏侯湛、丁廙、丁廙妻、戴逵、嵇康、嵇含、桓偉、桓玄、劉伶、薛綜。	安徽
【汝南】應瑒、應璩、應貞、胡綜、楊乂。【陳留】阮瑀、阮籍、阮瞻、阮德如、支遁、江統、江逌。【陳郡】謝安、謝尚、謝萬、謝道蘊、謝靈運、謝惠連、謝瞻、謝晦、謝莊、袁宏、袁崧、袁淑、殷巨、殷淡、周祗。【潁川】邯鄲淳、繁欽、鍾毓、鍾會、鍾琰、棗據、棗腆、棗嵩、荀勗、庾峻、庾儵、庾闡。【滎陽】潘岳、潘尼。【東郡】成公綏。【河南】趙整。【河內】向秀、司馬懿。【南陽】何晏、魯褒、范曄。	河南
【琅邪】王衍、王珣、王廙、王彪之、王胡之、王羲之、王凝之、王渙之、王韶之、王微、王僧達、王叔之、桃葉、顏延之、顏峻。【東海】繆襲、何承天、鮑令暉、鮑照。【泰山】羊徽。【齊】左思、左九嬪。【東平】劉楨、呂安。【平原】禰衡。【魯】黃章、孔融。【濟陽】卞伯玉、卞蘭。【北海】徐幹。【高平】王粲、閭丘沖、郗超。【東武城】崔琰。【任城】孫該	山東
【渤海】石崇、高允。【范陽】盧諶、盧無忌、張華、張載、張協。【中山】劉琨。【廣川】木華。【廣平】劉劭。【陽平】束晳。	河北
【太原】王沈、王濟、孫楚、孫綽、孫嗣、張敏、溫嶠。【河東】杜摯、毋丘儉、郭璞、衛覬。【雁門】釋慧遠。	山西
【弘農】楊修。【京兆】韋誕、摯虞、释僧肇。	陝西
【北地】傅巽、傅嘏、傅玄、傅咸、傅亮。【安定】辛曠、皇甫謐。【隴西】李暠。	甘肅
【犍爲】楊戲。	四川
【彭城】江夏王義恭、临川王義慶、宋孝武帝、南平王鑠、宋明帝。【吴郡】韋昭、孫惠、張純、張翰、張暢、陸機、陸雲。【廣陵】陳琳、閔鴻。【晋陵】顧愷之。	江蘇
【吳興】沈演之。	浙江
【鄱陽】陶潛、何偃。	江西
【江夏】李充、李顒。【襄陽】杜育、習鑿齒。	湖北

---

① 根據于安瀾《漢魏六朝韻譜》列表。于安瀾《漢魏六朝韻譜》，河南人民出版社 1989 年版。

表 2-15　　　　　魏晋宋詩文東、冬、侵諸部用韻表①

地區＼獨用或合用次數＼上古韻部	東	冬	侵	蒸	陽	東冬	東侵	東蒸	東陽	冬侵	冬蒸	冬陽	蒸侵	蒸陽	東冬陽	東冬蒸	東冬侵	其他
安徽	22	—	47	10	193	1	—	—	1	—	—	—	—	—	—	1	—	2②
河南	31	1	77	19	179	6	—	—	2	—	1	—	1	—	—	1	—	2③
山東	14	1	39	11	123	12	—	—	2	—	1	—	—	—	—	1	—	3④
河北	15	—	24	3	45	2	—	—	—	—	—	—	—	—	—	—	—	—
山西	17	2	17	6	41	—	—	—	—	—	—	—	—	—	—	—	—	2⑤
陝西	3	—	4	—	14	—	—	—	—	—	—	—	—	—	—	—	—	1⑥
甘肅	14	—	17	11	84	2	—	—	—	—	—	—	—	—	—	—	—	2⑦
四川	1	—	—	—	7	—	—	—	1	—	—	1	—	—	—	—	—	—
江蘇	10	1	59	18	81	9	1	—	5	—	—	—	4	5	—	—	—	3⑧
浙江	—	—	—	—	—	—	—	—	1	—	—	—	—	—	—	—	—	—
江西	5	—	6	—	14	—	—	—	—	—	—	—	—	—	—	—	—	—
湖北	1	—	6	2	5	1	—	—	—	—	—	—	—	—	—	—	—	—
合計	133	5	296	82	786	33	1	—	12	—	1	1	5	5	—	3	—	15

　　我們的統計是從上古音的韻部分類出發，來看上古韻部的歷時分合變化的。那么在魏晉南北朝這個語言變革期，語音是否已經出現了與上古語音明顯有別的中古音特點呢？也就是説上古韻部和《切韻》韻部是不同的。以東、冬分部爲例，童、同、通等字上古屬東部，中、忠、終等字上古屬冬部，但這些字在《切韻》中都屬於東部。那么我們剛

---

① 根據于安瀾《漢魏六朝韻譜》統計。
② 此處爲耕陽合韻 1 例，東陽耕合韻 1 例。
③ 此處爲侵真合韻 1 例，侵支合韻 1 例。
④ 此處爲侵談合韻 1 例，陽耕合韻 1 例，陽東蒸合韻 1 例。
⑤ 此處爲東耕合韻 1 例，侵談合韻 1 例。
⑥ 此處爲侵元合韻 1 例。
⑦ 此處爲侵真合韻 2 例。
⑧ 此處爲侵談合韻 2 例，東冬陽蒸合韻 1 例。

剛統計的魏晉宋時期的東、冬部入韻字如果以《切韻》中的分部情況來劃分，是否符合《切韻》的分部特點呢？答案是否定的。如果按照《切韻》的韻部劃分，在《漢魏六朝韻譜》的魏晉宋部分，通篇都是東韻與冬鐘、江韻的合韻例，可知這個時期文人用韻并未參考《切韻》系韻書。下面，我們再考察齊梁陳隋的用韻情況加以比較。

（二）齊梁陳隋東、冬部用韻情況

我們首先根據上古韻部歸字分類對齊梁陳隋的東、冬部韻進行統計，發現通篇都是上古東冬字合韻的例子。然而我們根據《切韻》東、冬、鐘、江分部重新統計就發現，韻部獨用、合用的情況變得整齊起來（見表 2-16），韻部的統計舉平聲以賅上去：

表 2-16　　齊梁陳隋東、冬、鐘、江諸部獨用合用統計表

《切韻》韻部	東部	冬、鐘部①	江部	東與冬鐘部合用	東與江部合用	冬鐘與江部合用
獨用合用次數	388	77	2	33	3	10

可以看出，儘管仍舊有合韻例，但是《切韻》分部的界限已經清晰地顯現了出來，這說明齊梁陳隋時期的作家詩文用韻已受到了韻書的影響，因爲屬於變革的震盪期，合韻例仍舊存在，並有一定的數量。其中江部入韻字少，而且與東部關係漸遠，與冬鐘部距離較近。

從我們以上對韻部分合情況的統計來看，東冬兩部在自西周到魏晉 1 千多年的時間里，都在各地保持着親密的關係，那麼東冬合韻數量多是否就能說明東冬應合爲一部？東陽合韻的數量也很大，東陽可以合爲一部嗎？爲了弄清楚這個問題，我們必須深入地對東、冬部的字進行研究。

四　從通假、異文等材料看東、冬二部應合爲一部

字的通假，以音爲樞紐，凡是通假字都是聲韻相同或相近的②。通

---

① 因《廣韻》標注冬、鐘部同用，故將兩韻合在一格中。
② 這里所指通假字包括假借字和狹義的通假字，雖然兩者有所區別，但其共同點是都與本字讀音相同或相近。

假字是研究古音的重要材料。近年新出了多種彙集各類典籍中通假字的工具書，使我們得以方便地從中梳理出可以佐證上古韻部分合的材料。需要說明的是，在這些工具書中，有時通假字多與異體字混同，因我們的重點是探求語音關係，對此就不加細究了。我們把從三種通假字字典中整理出的東、冬、侵諸部字互通的數據①列表如下（見表 2-17-1 至表 2-17-3）：

表 2-17-1　　《通假字彙釋》東、冬諸部字互通表②

通假字＼本字＼互通次數	蒸	冬	東	陽	侵
蒸	85	3	2	3	4
冬	3	48③	14	—	—
東	2	13	216	3	2
陽	2	—	3	509	1
侵	3	1	1	2	169

表 2-17-2　　《古漢語通假字字典》東、冬諸部字互通表④

通假字＼本字＼互通次數	蒸	冬	東	陽	侵
蒸	54	—	—	1	—
冬	1	29	7	—	—
東	—	9	128	—	—
陽	1	—	1	253	—
侵	—	1	—	—	74

---

① 東漢以後的通假字例不在統計範圍。
② 馮其庸、鄧安生：《通假字彙釋》，北京大學出版社 2006 年版。
③ 該欄統計數字本爲 43，書中冬—東通假類中：中—充、隆—洚、豐—鄭、豐—澧、贛—戇 5 條皆爲冬部字互相假借，故冬—東通假欄由 19 更改爲 14，冬—冬部字相互假借數字由 43 變爲 48。
④ 馬天祥、蕭嘉祉：《古漢語通假字字典》，陝西人民出版社 1991 年版。

表 2-17-3　　　《古字通假會典》東、冬諸部字互通表①

互通次數＼本字 通假字	蒸	冬	東	陽	侵
蒸	144	5	8	5	13
冬	5	49	7	—	8
東	7	26	271	2	3
陽	9	—	2	694	1
侵	10	6	2	3	227

　　從統計表看，無論在哪一本通假字字典中，東、冬部互通的數量都明顯高於其他韻部字的互通次數。

　　因爲我們只是探求通假字之間的語音關係，重點并非在區別何爲本字、何爲假字，故我們將本字—通假字、通假字—本字的數據合并起來進行統計，這樣也方便比較。從三部字典所反映出的各部的互通情況總結如表 2-18 所示。

表 2-18　　　各類通假字字典中東、冬諸部字互通情況比較表

互通次數＼通假字字典 上古韻部	《通假字彙釋》	《古漢語通假字字典》	《古字通假會典》
東—冬	27	16	33
冬—侵	1	1	14
東—侵	3	0	5
東—陽	6	1	4
冬—陽	0	0	0
東—蒸	4	0	15
冬—蒸	6	1	10
蒸—侵	7	0	23
蒸—陽	5	2	14
侵—陽	3	0	4

---

① 高亨纂著，董治安整理：《古字通假會典》，齊魯書社 1989 年版。

從表2-18我們可以清楚地看到，東部與冬部字之間常常通假互用，是在這幾個韻部中較爲突出的現象，而冬部和侵部雖也有互通的例子，但其出現的次數就少多了，甚至還沒有蒸、侵部字互通的例子多。而在韻讀材料中常出現合用例的東部與陽部，兩部字互通的次數却很少。

　　下面，我們摘出各字典中一些典型的東—冬部字互通的例子列出①：

　　崇_冬—叢_東：○《詩·周頌·良耜》："其崇如墉，其比如櫛。"箋："穀成熟而積聚多如墉也。"○《左傳·隱公元年》："爲國家者，見惡如農夫之務去草焉，芟夷蘊崇之，絕其本根。"注："崇，聚也。"○漢揚雄《太玄·聚首》："陰氣收聚，陽不禁禦，物相崇聚。"○漢王符《潛夫論·忠貴》："故遂肆心恣意，私近忘遠，崇聚群小，重賦殫民。"○《漢書》卷二十七《五行志中之上》："崇聚票輕無誼之人，以爲私客。"○朱駿聲《說文通訓定聲》："崇，假借爲叢。"——《彙釋》P. 246

　　宗_冬—叢_東：《莊子·齊物論》："昔者堯問於舜曰：我欲伐宗膾胥敖。"《人世間》："昔堯攻叢枝胥敖。"宗即叢。——《會典》P. 24

　　叢_東—潀_冬、淙_冬：《玉臺新詠》卷九南朝梁沈約《披褐守山東》："路帶若谿右，澗吐金華東。萬仞倒危石，百丈注懸叢。"按《藝文類聚》三十六引作"潀"，《沈隱侯集》作"淙"，"潀""淙"音義同，"叢"是通假字。——《彙釋》P. 154

　　庸_東—融_冬：《國語·周語中》："服物昭庸，采飾顯明。"庸，當讀爲"融"。融與昭同義，昭庸即昭融，鮮明。——《彙釋》P. 274
《國語·周語中》："服物昭庸，采飾顯明。"王引之云："庸與融通。"《釋名》："融，明也。"作庸假借字。——《字典》P. 920　　《左傳·昭公二十九年》《國語·鄭語》："祝融"。——《會典》P. 9

　　案：《漢語大辭典》中有"昭融"，意爲"光大发扬"，语出《詩·大雅·既醉》："昭明有融，高朗令終。"亦有"昭庸"，意爲"显耀功劳"。如《国语·周語中》："服物昭庸，采飾顯明。"韋昭注："庸，功也。冕服旗章所以昭有功，采色之飾所以顯明德也。"可見"昭融"與"昭庸"義近。

---

① 限於篇幅，并未列出全部例子，且書證有所刪節。完整的例子在本章附錄中列出。

庸_東—鶋_冬：《山海經·西山經》"有鳥焉，其名曰鶋渠。"《漢書·司馬相如傳》《文選·上林賦》鶋渠作庸渠。——《會典》P.10

誦_東—融_冬：《隸釋》卷十六《武梁祠堂畫像碑》："祝誦氏無所造爲，未有耆欲，刑罰未施。"祝誦氏，即祝融氏。——《彙釋》P.951

《國語·鄭語》："故命之曰祝融。"——《會典》P.10

龍_東—隆_冬：地名。《左傳·成公二年》："二年春，齊侯伐我北鄙，圍龍。"注："龍，魯邑，在泰山博縣西南。"阮元校："案《史記·魯世家》《晉世家》'龍'並作'隆'。"——《彙釋》P.1085

案：《史記·魯世家》"成公二年春，齊伐取我隆。"注：《左传》作"龍"。杜預曰："魯邑，在泰山博县西南。"《史記·晉世家》"十一年春，齐伐鲁，取隆。"注：[索隐]曰：刘氏云："隆即龍也，鲁北有隆山。"又此年当鲁成二年，《经》书"齐侯伐我北鄙"，《传》曰："围龍。"

隴_東—隆_冬：《黃帝內經·靈樞·營衛生會第十八》"故曰：日中而陽隴爲重陽，夜半而陰隴爲重陰。"——《字典》P.424

隆_冬—龍_東：《孟子·公孫丑下》："有私龍斷焉。"《音義》："丁云'龍與隆聲相近'。"——《會典》P.13

隆_冬—寵_東：《荀子·禮論》："尊祖先而隆君師。"《大戴禮·禮三本》隆作寵。——《會典》P.13

隆_冬—豐_東：《易大過》："棟隆吉。"漢帛書本隆作豐。——《會典》P.13

紅_東—絳：《漢書》卷十八《外戚恩澤侯表》："右孝平二十二人，邛成、博陸、宣平、紅、舞陽……十七人隨父繼世，凡三十九人。"注："據《功臣表》及《王子侯表》，平帝時無紅侯，唯周勃玄孫恭以元始二年紹封絳侯。疑紅當爲絳，轉寫者誤耳。"——《彙釋》P.818

虹_東—降_冬：《爾雅·釋言》："虹，潰也。"《釋文》："李作降。"——《會典》P.2

江_東—降_冬：《左傳·文公十八年》："龔降。"《路史·後紀八》作"龔江。"——《會典》P.3

鴻_東—桻_冬：《說文》："桻：桻雙也。从木夆聲。讀若鴻。"——《會典》P.3

沖冬—衝東：《楚辭》卷二屈原《九歌·大司命》："乘龍兮轔轔，高駝兮沖天。"○《史記》卷四十《楚世家》："三年不蜚，蜚將沖天。"同書《天官書》"火光炎炎衝天"，字作"衝"。——《彙釋》P.443　《史記·滑稽列傳》："王曰：此鳥不飛則已，一飛沖天；不鳴則已，一鳴驚人。"——《字典》P.97

沖冬—僮東：《書·盤庚下》："肆予沖人，非廢厥謀，弔由靈。"傳："沖，童。童人，謙也。"○又《召誥》："今沖人嗣，則無遺壽耇。"傳："童子，言成王少，嗣位治政。"○漢焦贛《易林·需之無妄》："戴璧秉珪，請命于河，周公作誓，沖人瘳愈。"○按：童幼之義，古籍中多通作"沖"。——《彙釋》P.443

鐘東—盅冬：《孔叢子·儒服》："堯舜千鍾。"——《字典》P.1036

動東—沖冬：《說文》："沖，讀若動。"——《會典》P.16

衝東—中冬：《史記·天官書》："炎炎衝天。"《漢書·天文志》衝作中。——《會典》P.16

鍾東—中冬：《淮南子·脩務》："鍾子期死。"《戰國策·秦策》《韓非子》並作"中旗"。——《會典》P.17

戎冬—茸東：《詩·邶風·旄丘》3章"狐裘蒙戎，匪車不東。"《左傳·僖公五年》《史記·晉世家》引《詩》並作"狐裘龍茸"，阜陽漢簡《詩經》作"狐裘蒙茸"。"龙茸""蒙茸"皆聯綿字，義同，蓬鬆散亂貌。——《彙釋》P.387 P.20

容東—戎冬：《易·同人》："九三，伏戎于莽，升其高陵，三歲不興。"馬王堆漢墓帛書《六十四卦》作"伏容于莽"，"容"即"戎"之借。——《彙釋》P.286　《易·同人》："伏戎于莽。"漢帛書本戎作容。——《會典》P.10

龍東—駥冬：《周禮·夏官·司馬廋人》"馬八尺以上爲龍。"《爾雅·釋畜》郭注引龍作駥。○《爾雅·釋畜》"馬八足爲駥。"《後漢書·班固傳》李注引駥作龍。——《會典》P.20

隆冬—閧東：《韓非子·八經》："大臣兩重，提衡而不踦，曰卷禍，其患家隆劫殺之難作。"家隆，即家閧。○《呂氏春秋·察微》："吳王夷昧聞之怒，使人舉兵侵楚之邊邑，克夷而後去之，吳、楚以此大隆。"——《彙釋》P.1004　《韓非子·八經》："其患家隆劫殺之難

作。"孫詒讓云:"隆,讀爲閧。隆與閧古音相近得通借。"——《字典》P.423

東、冬部字相互通假的次數這麼高,是不是因爲例子只集中在常常通假的幾組字中呢？諸如在詩文押韻中,相同的合韻字出現多次,其材料數量雖多,實用價值却不大。爲了對東、冬部字相互通假的情況有個更直觀、全面的了解,我們將出現東—冬部通假的字全部通過表格列出(見表 2-19)。

表 2-19　各類通假字字典中東、冬部字諧聲組互通情况比較表①

《通假字彙釋》		《古漢語通假字字典》		《古字通假會典》	
冬—東 14例	東—冬 13例	冬—東 7例	東—冬 9例	冬—東 7例	東—冬 26例
宗—緵					
崇—叢	叢—漴、淙			宗—叢	
綜—蹤	從—崇		樅—崇 聳—崇		
		崇—重			
融—佣	庸—融 誦—融		庸—融		庸—融 誦—融 庸—蝘
戎—茸				戎—茸	
		戎—從			
	容—戎				容—戎
					龍—駥
隆—閧 降—閧		隆—閧 降—洪			
	龍—隆		隴—隆		隆—龍 隆—寵 隆—聾
	紅—絳				虹—降 江—降 鴻—栙

---

① 表中加 * 號的例子爲本字—通假字,通假字—本字爲相同的例子,應是編者統計時多編入的。如"*躳—共",表示其後的"共—躳"與之是相同的例證。按理應只按 1 次計算,這樣的情況只出現在《古字通假會典》中。爲求統一,分別列出,但標 * 號以區別。下表皆同。

續表

| 《通假字彙釋》 || 《古漢語通假字字典》 || 《古字通假會典》 ||
冬—東 14例	東—冬 13例	冬—東 7例	東—冬 9例	冬—東 7例	東—冬 26例
			邛—憃		
	夆—豐 逢—豐 逢—虉 鋒—豐	豐—丰	丰—豐 逢—豐		夆—豐 逢—豐 縫—豐 鋒—豐 鋒—鄷
	封—豐				封—豐
沖—衝 沖—僮		沖—衝	鍾—蛊		動—沖 衝—中 鍾—中
		充—衝			衝—充
躬—恭 窮—悾				*躬—共	共—躬
	共—宮		共—宮		共—宮
				*宋—送	送—宋
			蟲—桐		同—鉵
衆—種					鍾（種）—衆
衆—縱					
衆—共					
					雝—蝩
					雍—壅
					鍾—終
					總—統
		東—冬			

　　表中以諧聲為組，這樣可以同時觀察東、冬部各諧聲組互通的情況，從而對東、冬部的關係有個更清晰、全面的認識。

　　從表2-19可以看出，東、冬部字相互通假的次數多，其互相交涉的範圍也廣而深，兩部中多數的諧聲組都發生了通假關係，這可進一步說明，兩部的關係是十分密切的，東部與冬部的語音結構是相同或者相近的。

　　總之，從東部與冬部的諧聲組有廣泛、密切的互通關係這點來看，很難在東、冬部之間劃清界限。

五　從《説文》諧聲字等材料看東、冬二部應合爲一部

(一) 《説文》諧聲字

孔廣森始分東、冬爲二部，且確定了東、冬的諧聲範圍：

"《唐韻》平聲一東、三鍾、四江，上聲一董、二腫、三講，去聲一送、三用、四絳①，古音合爲一部，其偏旁見《詩》者有從東、從同、從豐、從充、從公、從工、從冢、從囪、從從、從龍、從容、從用、從封、從凶、從邕、從共、從送、從雙、從尨，十有九類。"②

"《唐韻》平聲二冬、上聲二腫之半，去聲二宋，古音合爲一部，其偏旁見《詩》者，有從冬、從衆、從宗、從中、從蟲、從戎、從宮、從農、從夅、從宋十類。"③

運用諧聲材料來確定韻部的分類雖然不失爲一個有效的方法，然而這種方法的一個特點就是易證韻部之分，難證韻部之合。可是，從前面對歷代典籍中的通假、異文的統計中，我們發現，孔氏劃分出的東、冬部諧聲組屢屢發生互通關係，顯示出兩部之間的密切關係。

另外，我們從《説文》中的讀若字中找出這么幾個例子：

《説文》："梇$_冬$：梇雙也。从木夅聲。讀若鴻$_東$。"

《説文》："鈾$_冬$：相屬。从金，蟲省聲。讀若同$_東$。"

《説文》："宋$_冬$，居也。从宀从木。讀若送$_東$。"

《説文》："沖$_冬$：涌搖也。从水、中。讀若動$_東$。"

雖然《説文》讀若字的性質我們還不敢斷言，但其在語音上的聯繫是不容質疑的，這些讀若字在東、冬韻部的諧聲系統之間又建立了若干關聯，同樣説明了上古東、冬部字在語音上的密切關係。

上古東、冬部的劃分標準是：《廣韻》中的平聲韻東部一等韻、鍾部三等韻、江部二等韻上古歸東部，東部三等韻、冬部一等韻上古歸冬

---

① 關於加圈字，孔氏在《詩聲類》卷一"陽聲一""彌"下注云："凡部首之字，古音不在本類者，規識之，後放此。"

② (清) 孔廣森：《詩聲類》，中華書局 1983 年版，第 11 頁。

③ (清) 孔廣森：《詩聲類》，中華書局 1983 年版，第 15 頁。

部；上聲韻董部一等韻、腫部三等韻、講部二等韻上古皆歸東韻，上古冬韻無上聲字。去聲韻送部一等韻、用部三等韻、絳部二等韻上古歸東部，送部三等、宋部一等韻上古歸冬部。

我們將上古東、冬部字在《廣韻》中的韻等情況一一列出（見表 2-20）[①]：

表 2-20　　　　　　上古東、冬韻字《廣韻》分布情況

上古韻部 《切韻》韻等	東部	冬部
東開一	蓬篷蒙濛朦曚東凍通同銅桐筒童瞳僮瀧籠聾瓏朧豵聰漴工攻 1 功公空烘洪紅鴻虹翁蓊芃 1	
東開三		豐酆灃芃 2 中衷忠終螽漴仲眾妕充沖蟲躬（躳）宮窮崇銃戎絨狨融嵩隆癃
冬合一		冬彤佟農儂膿宗鬃琮淙淙鬆 2 攻 2
鍾合三	封葑峰蜂鋒烽丰逢縫縱從从鬆 1 松鍾鐘衝龍舂茸顒容溶熔蓉恭供龔共蛩邛凶兇訩雍雝壅饔邕癰庸傭鏞墉	襛濃醲穠踵（蹱）
江開二	邦厖尨江腔撞窗幢雙龐囟	降洚栙
董開一	董懂孔桶捅攏總動	
腫合三	奉鞏拱恐臃擁捧甬勇湧俑踊種踵腫重聳隴壟寵	
講開二	蚌棒講構項	
送開一	送棟閧甕洞峒恫痛慟貢	齈糉（糭）
送開三		諷風鳳中衷仲眾
宋合一	共	統宋綜
用合三	用頌誦訟俸葑封	㧱
絳開二	撞虹巷閧	洚降絳

表中有"芃""攻""鬆"三個多音字，其讀音 1 上古應歸東部，讀音 2 上古應歸冬部。從整體看，上古東、冬韻字并不能據《廣韻》的韻等劃出一個明顯的界限。另外，古冬韻字在《切韻》中沒有讀上聲

---

① 表 2-20 根據《廣韻》統計而得，表中"芃、鬆、攻"三字有兩個讀音，其后有標注數字 1、2，分別表示讀音 1、讀音 2。

第二章　上古東、冬、侵三部的分合問題

的字，這點也很難解釋。

（二）《説文通訓定聲》中的東、冬部字

清人朱駿聲《説文通訓定聲》一書中對《説文解字》每個字的説解，分爲本訓、轉注、假借、別義、聲訓、古韻、轉音等項。其書材料豐富，引證廣泛。從中搜尋韻部之間的互通現象，定有所得。通過觀察我們發現，《説文通訓定聲》中反映出東、冬部具有密切關係的材料很多，現舉數例如下①：

["蝀_東：蠕蝀也。从虫東聲。"按蠕蝀者，雨與太陽相薄而成，俗亦呼青絳_冬。]"蝀"爲古東韻字，而"絳"爲古冬韻字。《漢語大辭典》中條目"青絳"解釋爲"青色虹霓。南朝宋刘敬叔《异苑·美人虹》：'古者，有夫妻荒死，俱化成青絳，故俗呼美人虹。'按，今吳地犹称虹为'絳'。""虹"爲古東韻字。由此可知蝀、絳、虹音近。

["忡_冬：憂也。从心中聲。《詩》曰：憂心忡忡。"《詩·草蟲》"憂心忡忡"，傳：猶衝衝_東也。]"忡"屬古冬韻字，"衝"屬古東韻字。典籍中常出現"中"與"重"諧聲組互通的情況。如通假字字典中有"沖——衝、沖——僮、沖——衝、鍾——盅、動——沖、衝——中、鍾——中"等互通的例子。《説文》："沖：涌搖也。从水、中。讀若動。"又是一例"中"與"重"諧聲組互通的例子。關於《説文》中的"從某甲聲，讀若乙"，學者對其性質頗有爭執，我們認爲不管其主音還是主義，甲與乙的讀音應是相近或相同的，應是反映出當時音讀歧出的情況。

["蟲_冬：有足謂之蟲，無足謂之豸。从三虫。凡蟲之屬皆从蟲。"《詩·雲漢》"蘊隆蟲蟲"，傳：蟲蟲而熱，韓詩作烔_東。字亦作爞。按皆俗字。]"蟲""爞"屬古冬韻字，"烔"屬古東韻字。《説文》："鉵：耜屬。从金，蟲省聲。讀若同。"説明"蟲"與"同"音近，故它們的諧聲組也常發生交涉。如《左傳·成公五年》："同盟於蟲牢。"《後漢書·郡國志》"蟲牢"作"桐牢"。

["洪_東：洚_冬水也。从水共聲。"《孟子》"洚水者，洪水也。"……故

---

① （清）朱駿聲：《説文通訓定聲》，中華書局1984年版。以下例證中方括號内爲朱書原文，其中引號内爲《説文解字》條目。

《孟子》以洪訓洚，同聲字也。］"洪"屬古東韻字，"洚"屬古冬韻字。《書·大禹謨》："帝曰：來禹！降水儆予。"《疏》："降水，洪水也。"《呂氏春秋·古樂》："降通漻水以導河。"注："降，大。""夅"與"共"音近，另如：《國語·晉語三》："臣怨君始入而報德，不降；降而聽諫，不戰；戰而用良，不敗。"清俞樾《平議》："降，當讀爲閧。……此文言閧，又言戰，則閧正謂彼此構鬨也。"揚雄《百官箴·宗正箴》："昔在夏時，太康不恭，有仍二女，五子家降。"家降，即家閧。《離騷》作"家巷"，"巷"亦"閧"之借。朱起鳳《辭通》曰："降與閧古讀同聲，故閧字一送、四降並列之，洪水古亦作洚水，是其證也。"

［"茸$_東$：艸茸茸兒。从艸，聰省聲。"耳之爲禰耳，猶戎$_冬$之爲爾汝也，存參。字亦作茙$_冬$。《韓詩》何彼茙矣，毛本以禰爲之。《左僖五傳》：狐裘尨茸，《詩》作蒙戎。］"茸"屬古東韻字，"戎""茙"爲古冬韻字。《詩·邶風·旄丘》3章"狐裘蒙戎，匪車不東。"《左傳·僖公五年》《史記·晉世家》引《詩》並作"狐裘尨茸"，阜陽漢簡《詩經》作"狐裘蒙茸"。王力先生據此認定東冬合韻的"戎東"應爲東部獨韻的"茸東"。然而"戎""茸"的互通恰恰說明了東、冬部的通用。又如"鬔$_東$：亂髮也。从髟，茸省聲。"按字亦作鬙、作鬆$_冬$。《埤蒼》：鬆鬙，亂髮兒。依諧聲劃分，"鬔"古屬東部，"鬆"古屬冬部。冬部"駥"也與東部的"龍"音近。《周禮·夏官司馬廋人》"馬八尺以上爲龍。"《儀禮·覲禮》"天子乘龍。"《禮記·月令》"駕蒼龍。"《爾雅·釋畜》"馬八足爲駥。"

《說文通訓定聲》中還有許多東、冬部的通假字，因多與前文經典通假、異文例證重合，故此不贅述。

聲訓是利用音同或音近的字去訓釋被釋字。《說文通訓定聲》中羅列出的聲訓材料亦反映出東、冬部密切的關係，如：

東$_東$：《呂覽·仲春》："命田舍東郊。"注："東郊，農$_冬$郊也。"按，此例應爲《呂氏春秋·孟春紀》

棟$_東$：《釋名·釋宮室》：棟，中$_冬$也，居室之中也。

紅$_東$：《釋名·釋采帛》：紅，絳$_冬$也。白色似絳者也。

絳$_冬$：《釋名·釋采帛》：絳，工$_東$也。染之難得色，以得色爲工也。

戎$_冬$：《風俗通》：戎者，兇$_東$也。

第二章　上古東、冬、侵三部的分合問題　　　　　　　　　　59

凶_東：《書·洪範》：凶短折。馬注：終_冬也。
丰_東：《小爾雅·廣言》：丰，豐_冬也。
封_東：《漢書·武帝紀注》封，崇_冬也。

《説文通訓定聲》中還羅列出一些《方言》中反映方言、通言的例子：

["厖_東：石大也。从厂尨聲。"《方言》二"厖，豐_冬也。秦晉之間，凡大貌或謂之厖。"]《方言》二："朦，厖，豐也。自關而西秦晉之間凡大貌謂之朦，或謂之厖；豐，其通語也。趙魏之郊燕之北鄙凡大人謂之豐人。燕記曰：豐人杼首。杼首，長首也。楚謂之仔，燕謂之杼。燕趙之間言圍大謂之豐。"①

["葑_東：須從也。从艸封聲。"字亦作蘴_冬，作菘_東。《方言》三：蘴，蕘菁也。注：今江東字作菘。]（《方言》三"蘴_{旧音蜂。今江東音嵩，字作菘也，}蕘_{铃铣}，蕘菁也。陈楚之郊谓之蘴，鲁齐之郊谓之蕘，关之东西谓之芜菁，赵魏之郊谓之大芥。其小者谓之辛芥，或谓之幽芥；其紫华者谓之芦菔。_{今江東名为溫菘，实如小豆。罗匐二音}②"）

《説文通訓定聲》中還補充了一些《説文》沒有的字，同樣反映出東、冬的密切關係，如：

㲯_東、氋_冬：《方言》：十㲯_{惡孔反}，氋_{奴動反}，賊，多也。南楚凡大而多谓之㲯，或谓之氋。凡人语言过度及妄施行，亦谓之氋③。

糉_東：新附。糉蘆葉裹米也。俗亦作粽_冬。

譃_冬：《楚辭·怨上》：群司分譃譃。注：猶倊倊_東也。

上古單音節詞占主流，雙音節詞多屬雙聲或疊韻。在查閱《説文通訓定聲》時，同時發現一些雙音節詞，亦爲東冬關係之密添證。以下列出幾個例詞以及它們在《漢語大辭典》中的解釋：

棟_東隆_冬：屋棟高大隆起。《易·大過》："象曰：棟隆之吉，不橈乎下也。"孔穎達疏："猶若所居屋棟隆起，下必不橈。"後用以比喻能擔負

---

① （漢）楊雄著，周祖謨校箋：《方言校箋》，中華書局1993年版，第10頁。
② （漢）楊雄著，周祖謨校箋：《方言校箋》，中華書局1993年版，第20頁。小字爲周祖謨校箋語。
③ （漢）楊雄著，周祖謨校箋：《方言校箋》，中華書局1993年版，第67頁。小字爲周祖謨校箋語。

重任。《隸釋·漢司隸從事郭究碑》："麟跱清朝，委虵自公，棟隆千里，庶績艾康。"《文選·盧諶〈贈劉琨〉詩》："上弘棟隆，下塞民望。"李周翰注："琨能興復晉室，上大夫國家梁棟，下滿萬人之望也。"《周書·晉蕩公護傳》："體道居貞，含和誕德，地居戚右，才表棟隆。"

聾_東蟲_冬：指無知的畜類。《文子·道德》："夫聾蟲雖愚，不害其所愛。"《淮南子·修務訓》："馬，聾蟲也，而可以通氣志，猶時教而成，又況人乎？"

崇_冬墉_東：高牆；高城。《文選·王延壽〈魯靈光殿賦〉》："崇墉岡連以嶺屬，朱闕巖巖而雙立。"張載注："墉，牆也。"《文選·左思〈魏都賦〉》："於是崇墉濬洫，嬰堞帶涘。"張載注："墉，城也。"

庸_東衆_冬：常人；一般的人。《荀子·修身》："容貌、態度、進退、趨行，由禮則雅，不由禮則夷固僻違，庸衆而野。"楊倞注："庸，凡庸；衆，衆人。"

隆_冬衝_東：臨車與沖車。古代攻守戰車名。《淮南子·氾論訓》："晚世之兵，隆衝以攻，渠幨以守。"

六 從今方音看上古東、冬部的分合

現代漢語普通話的一個讀音可能有着不同的上古來源，而方言中有可能保留住這些不同的語音。下面我們試着從方言的角度看看，是否能從現代方言的差異中區分這些不同的上古來源。

現代漢語"江""講""絳""降""匠""疆"等字同讀"jiang"音，這六個字上古分別屬於東、冬、陽部，那麼現代方言中是否能保留這些字在上古的語音差別呢？請看表 2-21：

表 2-21　　　"江""講""絳"等字今方音音值比較表[①]

上古韻部	例字	吳語	湘語	贛語	客家話	粵語	閩東語	閩南語
東部	江	tɕioŋ kɒŋ	tɕian	kɔŋ	kɔŋ	kɔŋ	kouŋ køyŋ	kaŋ

[①] 以下表中音值依據《漢字古今音表》而定，李珍華、周長楫：《漢字古今音表》，中華書局 1999 年版。爲突出韻母特點，未標註聲調。"—"代表《漢字古今音表》中無此音值。下表皆同。

續表

上古韻部	例字	吳語	湘語	贛語	客家話	粵語	閩東語	閩南語
東部	講	tɕiɒŋ kɒŋ	tɕian kaŋ	kɔŋ	kɔŋ	kɔŋ	kouŋ	kaŋ kɔŋ
冬部	絳	tɕiɒŋ kɒŋ	tɕian	kɔŋ	kɔŋ	kɔŋ	kauŋ	kaŋ
冬部	降	tɕiɒŋ kɒŋ	tɕian	kɔŋ	kɔŋ	kɔŋ	kauŋ	kaŋ
陽部	匠	ziaŋ	tɕian	tɕhiɔŋ	—	tʃœʃ	tshuɔŋ	tsiɔŋ tshiũ
陽部	疆	tɕiaŋ	tɕhian	tɕiɔŋ	kiɔŋ	kœŋ	kuɔŋ	kiɔŋ kiaŋ

可以看出源自上古東、冬部的"江、講"與"絳、降"在各個方言中的音值基本沒有差異，僅閩東語有些差別。而源自上古陽部的"匠、疆"字，在多數方言裡讀音與其他四個字有所差別，很顯明地標示出其上古的不同來源。

再如現代漢語"供""躬""弓""觥"等字都讀"gong"音，這四個字分別屬於上古東、冬、蒸、陽部字，它們在現代方言中的音值如表 2-22。

表 2-22　　"供""躬""弓""觥"等字今方音音值比較表

上古韻部	例字	吳語	湘語	贛語	客家話	粵語	閩東語	閩南語
東部	供	koŋ	kən	kuŋ	kiuŋ	kuŋ	kyŋ	kiɔŋ
冬部	躬	koŋ	kən	kuŋ	kiuŋ	kuŋ	kyŋ	kiɔŋ
蒸部	弓	koŋ	kən	kuŋ	kiuŋ	kuŋ	kyŋ	kiɔŋ kiŋ
陽部	觥	—	—	—	—	kuɐŋ	—	kɔŋ

"供"和"躬"字在方言中的讀音完全一致，"弓"字也基本一致。"弓"字上古屬蒸部，而在西漢末轉入冬部。故而從現代方言看，三個字音值基本沒有差異。而"觥"字在方言中的音值雖不全，但粵語、閩南語中的音值則與其他三個字有明顯的不同，說明其來源的不同。再如現代漢語"茸""容"；"融""戎"；"榮"等字都讀"rong"音，它們分別屬於上古的東、冬、耕部。它們在現代方言中的音值如表 2-23 所示。

表 2-23　　　"茸""容""榮"等字今方音音值比較表

上古韻部	例字	吳語	湘語	贛語	客家話	粵語	閩東語	閩南語
東部	茸	zoŋ	in	luŋ	iuŋ	juŋ	yŋ	lioŋ
東部	容	jioŋ	in	iuŋ	iuŋ	juŋ	yŋ	ioŋ
冬部	融	jioŋ	in	iuŋ	iuŋ	juŋ	yŋ	ioŋ
冬部	戎	zoŋ	in	iuŋ	iuŋ	juŋ	yŋ	lioŋ
耕部	榮	ɦioŋ	yn	iuŋ	iuŋ	wiŋ	iŋ	iŋ

可以清楚地看出，源自東、冬部的四個字在方言中韻腹、韻尾并無差異，而來自耕部的"榮"在湘語、粵語、閩東語、閩南語中，體現出了不同的語音特點。

上述例子雖然數量有限，但多少爲我們提供了一些啟示：上古東、冬兩部從現代方言的層面來看并無差異，證明其來源一致，故呈現出相同的語音特點。從現代方音這一層面看，上古東、冬部亦應合爲一部。

第三節　上古冬、侵二部的分合問題

我們認爲上古東、冬部應合爲一部，而冬部不應歸入侵部。原因是冬侵合韻屬於方言現象，而不是通語語音的普遍特點；另外從通假、異文等材料看，冬、侵部的關係遠不如東、冬部密切。

一　上古冬、侵合韻屬於方言現象

（一）先秦冬侵合韻屬於方言現象

前面我們考察上古東、冬諸部用韻情況時，提出了東冬合韻不是一種方言現象的觀點。我們可以運用同樣的方法來考察冬侵合韻的性質。

兩周金文中没有侵部獨韻例，亦没有冬侵合韻的例子。東周有 2 例侵陽合韻例，1 例器物是䈒羌鐘，1 例是鏐金戈。䈒羌鐘爲戰國時期周安王 26 年、韓列侯 20 年器[1]。鏐金戈爲戰國晚期器，所屬地不明確。

---

[1] 郭沫若：《列國標準器年代表》，《郭沫若全集（考古篇）第五卷—金文叢考》，科學出版社 2002 年版，第 58 頁。

故對於兩周金文侵部的用韻範圍不好確定。《詩經》篇章所產生的地域是很廣闊的，爲考察冬侵合韻的現象是否屬於地域方言的特點，我們分篇章考查東、冬、侵部的用韻情況。

表 2-24　　《詩經》東、冬、侵諸部獨用合用統計表[1]

獨用或合用次數　上古韻部　風雅頌	東	冬	侵	蒸	東冬	冬侵	冬蒸	侵蒸	地　區
周　南			1	1					河南西部及湖北西部一帶
召　南	5	2	1		1				漢水下流至長江一帶
邶　風		3	6		1				河南省北部及與河北省鄰接一帶
鄘　風	1	2							河南新鄉附近
衛　風	1		1						河南汲縣附近
王　風	1								河南洛陽附近
鄭　風	2		1	1	1				河南新鄭附近
齊　風	1		1						山東省北一帶
魏　風									河南省西北部及山西省東南部
唐　風	1		1						山西省太原一帶
秦　風			1			1		1	陝西省興平縣附近
陳　風			1						河南省淮陽附近
檜　風			1						河南省密縣附近
曹　風									山東省定陶一帶
豳　風	3				1				陝西省邠縣一帶
小　雅	14	1	12	12	1				
大　雅	12	3	8	2	1	4	1	3	陝西省岐山、扶風一帶
周　頌	3				1				陝西省岐山、扶風一帶
魯　頌	4		2	1				1	山東曲阜一帶
商　頌	1		1						河南商丘一帶

---

[1]　其中《詩經》篇章所屬地域範圍的劃定依據虞萬里論文（《從古方音看歌支的關係及其演變》，《音韻學研究（三）》，中華書局 1994 年版，第 268 頁）。

續表

獨用或合用次數 \ 上古韻部	東	冬	侵	蒸	東冬	冬侵	冬蒸	侵蒸	地區
合　計	49	11	35	20	6	6	1	5	

表2-24是東、冬、侵諸部在《詩經》中有地域差異的十五國風和雅頌中的用韻情況,《詩經》篇章所涉及的範圍東至山東,西至陝西。爲了使統計更加全面細緻,我們將《诗经》篇目按地域大体分為三個區域,小雅因所屬地域不詳,不列入統計範圍。我們劃分的細則是:

中部地區:王風,魏風,唐風,周南,召南,鄭風,陳風,檜風。

西部地區:秦風,豳風,大雅,周頌。

東部地區:齊風,曹風,魯頌,邶風,鄘風,衛風,商頌①。

以下我們按中部、西部和東部三個地區對十五國風和雅頌進行分類,再將東、冬、侵諸韻的韻次合并統計(見表2-25),這樣結果會更加清晰(小雅因其地域無法確定,故未列入統計範圍):

表2-25　《詩經》篇章分地域東、冬、侵諸部獨用合用統計表

獨用或合韻次數 \ 上古韻部 \ 地域分類	東	冬	侵	蒸	東冬	冬侵	冬蒸	侵蒸
中部地區	9	2	5	3	2			
西部地區	18	3	9	2	2	6	1	4
東部地區	8	5	9	3	1			1

表2-25展示出的信息很清楚,東冬合韻的詩篇在各個地區都出現過,而冬侵合韻的詩篇局限于西部區域的秦風,豳風,大雅和周頌。特

---

① 根據汪啟明《先秦兩漢齊語研究》一書考察,《鄘風》《邶風》《衛風》《商頌》皆屬齊地文獻,故將其歸入東部方言材料類。汪啟明:《先秦兩漢齊語研究》,巴蜀書社1998年版,第8頁。

別是在東部地區和西部地區，侵部獨韻 14 次，却没有一次侵韻合韻例；西部地區侵部獨韻的 9 例，却有冬侵合韻 6 例：

冬侵合韻：1 中驂《秦風·小戎2章》　2 沖陰《豳風·七月8章》　3 宮臨《周頌·思齊3章》　4 飲宗《周頌·公劉4章》　5 諶終《大雅·蕩1章》　6 甚蟲宮宗臨躬《大雅·云漢2章》

可以説，冬侵合韻體現出的是西部地區語言的用韻特點。

《楚辭》中只出現了 1 例冬侵合韻：中湛豐《楚辭·九辨》。如果説冬侵合韻是楚方言的一個語音特點，例證就顯得有些單薄，也可以認爲楚方言中冬侵合韻例的出現完全是受到了西部宗周地區方言的影響。

另外，前文我們列出的周秦其他一些韻文東、冬、侵諸部用韻統計結果也顯示，冬侵合韻與東冬合韻比較起來，合韻的次數少，出現合韻的範圍也小得多。説明周秦時的冬侵合韻屬於西部方言的語音特點。

（二）兩漢冬侵合韻屬於方言現象

那麽，兩漢詩文中的冬侵合韻是不是一種方言現象呢？我們通過統計表 2-26-1 和表 2-26-2 來説明問題，爲突出東冬合韻、冬侵合韻的比較，我們將其他合韻類略去。西周時期有 4 例冬侵合韻例：

冬侵合韻：1 南衆蟲《淮南子·原道》　2 心中《淮南子·泰族》　3 蓼風音宮窮 司馬相如《子虛賦》　4 淫慘音風窮 王褒《洞簫賦》

表 2-26-1　　　　西漢詩文東、冬、侵諸部用韻表①

地區 \ 獨用或合用次數 \ 上古韻部	東	冬	侵	蒸	陽	東冬	東侵	冬侵	蒸侵
江蘇	5	5	6	3	37	3	—	—	—
河南	2	—	—	—	5	—	—	—	—
河北	2	—	—	—	—	—	—	—	—
山東	6	—	5	—	12	1	1	—	—
四川	14	6	7	3	55	8	1	2	3

---

① 根據羅常培、周祖謨《漢魏晋南北朝韻部演變研究（第一分册）》統計。根據于安瀾《汉魏六朝韻譜》亦統計一附表，見附録。

續表

獨用或合用次數　地區＼上古韻部	東	冬	侵	蒸	陽	東冬	東侵	冬侵	蒸侵
山西	—	—	4	—	1	—	—	—	—
陝西	2	—	—	—	3	—	—	—	—
合計	31	11	22	6	113	12	2	2	3

表 2-26-2　　　　　《淮南子》東、冬、侵諸部用韻表

獨用或合用次數　材料＼上古韻部	東	冬	侵	蒸	陽	東冬	東侵	冬侵	蒸侵
《淮南子》	19	4	6	13	105	11	—	2	2

西漢時期冬侵合韻有 4 例，2 例出自《淮南子》，2 例出自蜀郡作家司馬相如和王褒的作品中。我們再來看東漢冬侵合韻的情況（見表 2-27）：

表 2-27　　　　　　東漢詩文東、冬、侵諸部用韻表

獨用或合用次數　地區＼上古韻部	東	冬	侵	蒸	陽	東冬	東侵	冬侵	蒸侵
河南	25	5	13	3	63	3	—	—	—
陝西	17	2	6	3	48	4	—	1	2
四川	2	2	3	—	13	3	—	—	—
甘肅	—	—	1	—	2	—	—	—	—
寧夏	—	—	—	—	1	—	—	—	—
河北	4	3	4	2	13	—	—	—	—
山東	—	—	1	—	3	—	—	—	—
江蘇	—	—	—	—	3	1	—	—	—
湖北	2	2	—	—	7	1	—	—	—
合計	50	14	28	11	153	12	—	1	2

第二章 上古東、冬、侵三部的分合問題　　　　67

東漢時期僅出現 1 例冬侵合韻：風陰淋農任心音潛參^{班固《竇將軍北征頌》}。
《淮南子》代表當時陳楚江淮一帶方言，司馬相如和王褒的作品可以被視爲蜀方言的代表。羅常培、周祖謨就指出蜀方言的一個韻部特點就是"侵部字和冬部字元音相近"①。西漢的政治中心在長安，由於地域上的接近，《淮南子》一書和蜀郡作家的用韻特點應多少都受到了西部秦隴方言的影響，冬侵合韻所反映的應是西部方言的特點。

　　班固籍貫在陝西扶風，結合先秦冬侵合韻所反映出的地域特點，我們可以確定地說，兩漢冬侵合韻亦屬於方言現象，這反映出秦隴方言冬、侵部音近的語音特點。

二　從通假、異文等材料看冬、侵二部應分開

　　與東、冬部密切的關係截然不同的是，《説文通訓定聲》中反映冬部與侵部關係的例子很少。僅有 1 例通假，即：

　　我們將出現冬—侵部通假的字全部通過表格列出（見表 2-28），表中以諧聲爲組，能夠清晰地展示冬、侵部互通的全面情況。

表 2-28　各類通假字字典中冬、侵部字諧聲組互通情況比較表

《通假字彙釋》		《古漢語通假字字典》		《古字通假會典》	
冬—侵 0 例	侵—冬 1 例	冬—侵 0 例	侵—冬 1 例	冬—侵 8 例	侵—冬 6 例
			臨—隆	隆—臨	*臨—隆
				隆—林	*林—隆
	茬—戎			戎—茬	*茬—戎
				冬—岑	*岑—冬
				宗—簪	*簪—宗
				崇—譖	
				崇—岑	*岑—崇
				躬—今	

　　很明顯，從通假材料來看，沒有理由將冬、侵二部合爲一部。

---

①　羅常培、周祖謨：《漢魏晉南北朝韻部演變研究（第一分冊）》，科學出版社 1958 年版，第 89 頁。

冬與侵部字發生交涉僅此幾例。另外，祝敏徹統計漢儒聲訓材料，也發現冬與侵沒有關係，很少看到冬、侵部字互訓的例證①。由此可知冬與侵部會偶爾發生交涉，但冬與侵部的密切程度很明顯地遠遠不及東與冬部。

第四節　本章結論

以上，我們從詩文用韻、文字特點兩個大方面分別對上古東、冬部；冬、侵部的關係進行考察。

一、從歷代詩文東、冬、侵諸部入韻情況來看（見表2-29），東陽合韻、東冬合韻的數量較多，而從韻部合用的比例來看，東冬合用的比例無疑是最高的（見表2-30）。東陽合韻儘管在數量上高於東冬合韻，可從合用的比例上看，就不如東冬合用的比例高了。僅在《詩經》材料中，冬侵合用的比例略高與東冬合用的比例，也可能是因為這點，部分學者認為上古冬、侵部應合為一部，然而上古其他韻文材料中，東冬合用的比例都明顯高於冬侵合用的比例。從上古韻文材料總體看，東冬的關係比冬侵的關係要近得多。

表 2-29　　　　　上古東、冬、侵諸部獨用合用統計表

獨用或合韻次數＼韻文材料	東	冬	侵	蒸	陽	東冬	東侵	東蒸	東陽	冬侵	冬蒸	冬陽	蒸侵
兩周金文	15	1	—	1	86	6	—	—	17	—	—	5	—
《詩經》	49	11	35	20	165	6	—	—	1	6	1	—	5
《楚辭》	13	7	6	3	74	3	1	1	1	1	—	—	—
周秦群經諸子韻文	58	30	20	23	332	19	1	1	43	7	4	5	3
西漢韻文	50	15	28	19	218	23	2	6	31	4	2	4	5
東漢韻文	50	14	28	11	153	12	2	7	1	2	2	2

---

①　祝敏徹：《從漢儒聲訓看上古韻部——兼論陰、陽、入三聲分立（下）》，《蘭州大學學報》（社會科學版）1984年第3期。

表 2-30　　　　　　　上古東、冬諸部獨用與合用比例對照表

合韻比例　上古韻部 韻文材料	東陽合用比例	東冬合用比例	冬侵合用比例
兩周金文	14.4%	27.27%	—
《詩經》	0.46%	9.09%	11.54%
《楚辭》	1.14%	13.04%	5%
周秦群經諸子韻文	9.93%	17.76%	12.28%
西漢韻文	10.37%	26.14%	4.88%
東漢韻文	3.33%	15.79%	1.27%

從與其他韻部的關係來看，東、冬部在和其他韻部發生合韻時，體現出相同的特點。如東與陽有合用例，冬與陽亦有合韻例；冬與蒸有合韻例，東與蒸亦有合韻例；韻文材料中還經常出現東、冬與某一韻部共同合用的韻例，這都說明東、冬部的語音結構相同或相近。

對每種材料的地域歸屬我們都盡可能做了進一步的統計，發現出現東冬合韻、東陽合韻的作品分布的地域廣，不應是方言的語音特點。而出現冬侵合韻的作品的地域有所限定，集中在西部地區（包括四川），故而冬侵合用應是上古西部地區的方音特點。

東陽合韻儘管在數量和分布的區域上有和東冬相同的特點，可我們認為這屬於鄰近韻部的讀音相近造成的。韻書時代東陽合韻的數量就急劇減少，如魏晉宋時期的韻文材料中，陽部獨用786次，東部獨用133次，而東陽合用僅12次，說明韻書的出現對詩人用韻起到了規範作用，亦說明東、陽部之間還是存在着明顯的差異。而同是魏晉宋時期的韻文材料，東部獨用133次，冬部獨用5次，東冬合用33次，共計171次，合用比例為19.3%。可見儘管《切韻》將東、冬分開，可詩文實際用韻中東冬合韻的比例仍然這麼高，說明東、冬在實際語音上是難以區分的。

就侵部而言，東漢以前在西部地區，侵部多與幾個后鼻音陽聲韻部合用，如冬部、蒸部、東部，而東漢以後，侵部與其他韻部的合韻迅速減少，侵部體現出與后鼻音陽聲韻部的語音差異。像魏晉宋時期的韻文

材料中，侵部獨用296次，僅有蒸侵合韻1例，説明侵部與其他韻部的界限已經很清楚了。

二、從各韻部的文字特點看，韻部分合的問題就更加清晰：周秦兩漢典籍中出現大量東、冬部字互通的現象，但很少出現冬部與侵部、東部與陽部互通的現象，説明冬侵合韻、東陽合韻是音感相近造成的，在篇章的連續誦讀中可以放在一起押韻，不影響韻部的和諧。而從每個單獨的用字特點看，冬部和侵部、東部和陽部就區分開了，證明其語音面貌還是有差異的。

綜上所述，我們得出以下結論：

1. 從周秦到東漢，東、冬所代表的是同一個韻部，東冬語音相同或相近并不是某種方言現象，而是通語中的語音特點；

2. 冬侵合韻是周秦至東漢在西部方言地區存在的一種方音特點；

3. 周秦到東漢各韻文材料中出現多例東陽合韻，原因是東、陽兩部語音相近。東漢以後特別是隨着韻書的出現，東陽合韻的數量就大幅度減少，兩部之間的界限愈加分明。

第三章 上古脂、微二部的分合問題

第一節 上古脂、微諸部分合問題的研究現狀

一 前人觀點

脂微分部是王力先生提出的著名觀點。王力先生在考察南北朝詩人用韻時，已然發現"《切韻》的脂韻舌齒音合口呼在南北朝該歸微韻"，再受到章炳麟把王念孫脂部一部分平上聲字劃出來歸入隊部的啓發（這部分字黃侃又歸回脂部），便考慮應該把王念孫的脂部分爲脂、微兩部。分部的標準是："（《廣韻》）齊韻應劃入古音脂部；微灰兩韻應劃入古音微部；脂皆兩韻是古音脂微兩部雜居之地，其中的開口呼的字應劃歸古音脂部，合口呼的字應劃歸古音微部。"[1] 後來董同龢又據諧聲材料進一步論證，認定"脂微分部說是值得而且必須採納的"[2]。

有些學者並不認同脂微分部說。史存直先生就認爲"王力先生把'脂微合韻'中可認爲轉韻或不入韻的例子儘量認爲轉韻或不入韻之後，依然剩下大量的'脂微合韻'，可見'微'部是不能獨立的"[3]。

另外，學者們也試着以不同的材料和方法來驗證脂微分部說。王健庵認爲《詩經》用韻有東土方言與西土方言之別，東土韻系應分三十部，脂和微應分；西土韻系應爲二十五部，其中脂微應合、質物應合[4]。

---

[1] 王力：《古韻脂微質物月五部的分野》，《王力文集》（第十七卷），山東教育出版社1989年版，第253頁。
[2] 董同龢：《上古音韻表稿》，《史語所集刊》第18册，1948年，第1—249頁。
[3] 史存直：《漢語語音史綱要》，商務印書館1981年版，第74頁。
[4] 王健庵：《〈詩經〉用韻的兩大方言韻系》，《中國語文》1992年第3期。

金穎若將詩三百篇用韻情況分兩個時期進行統計。發現：西周前期脂微二部獨韻與合韻之比爲1.75：1，東周初期這個比例爲3.08：1。結論是：脂微兩部在西周前期大體上是合用的，東周初期則主要表現出分的趨勢①。

　　羅江文統計有韻銘文中脂微部用韻情況發現：金文中，脂部獨用8次，與微部合用4次，微部獨用3次，與脂部合用3次。二部合用次數占出現總數的38.9%，合用沒有過半，並不是二部的主流，脂、微二部在金文中應是分立的②。

二　本專題的研究思路

　　結合以往學者的研究成果，我們試圖在全面搜集研究材料的基礎上，對材料進行科學、細緻地劃分，從中探求脂、微諸部之間的關係源流及其地域走向。

　　我們的研究表明：上古脂、微不分，質、物不分。爲證明我們的觀點，首先我們先假定在上古，脂、微部，質、物部是分開的，再從先秦、兩漢詩文用韻，通假、異文字等多方面材料來考察脂、微，質、物部之間的關係。

　　本書的考察以王力主編《古代漢語》第二册所附《上古韻部及常用字歸部表》爲基礎③，以下是上古脂、質、微、物部常用字：

脂部

皆階喈偕諧資姿咨粢諮恣茨瓷次姊秭四駟泗脂旨指恉詣尸屍鳲祇鴟坻氏低扺底抵牴邸師獅篩比妣秕匕牝陛仳笓庇枇砒毗貔琵批蚍爾邇彌瀰獮濔禰迷米謎弟悌娣第梯綈涕剃夷姨痍黄禮體澧妻淒悽萋棲濟霽薺劑齊臍蠐齋眉湄嵋楣媚伊咿癸揆葵黎藜鼇飢几麂利犁犂揩楷鍇啟启榮縶耆鰭自私死兕雉遲矢示視嗜二貳泥履稽笄穄祁西犀細美夔

質部

失跌迭昳至窒垤絰臺咥室姪致吉詰佶結袺拮桔黠詰頡襭秩紩帙佚軼

第三章　上古脂、微二部的分合問題　　　　　　　　　　　　73

秘閟悈必密泌祕蜜謐瑟質躓恤賉溢橘喬鷸遹譎疾嫉蒺季悸穟穗惠蕙蟪壹
殪噎瞖懿悉蟋栗慄隸肄肆節櫛疐嚔即鰂湟阮日穴鴥闋一七切八戞鐵屆血
屑叱蝨實鼻閉畢匹替戾計繼漆器棄乙羿逸抑瘱苨
　　微部
　　機譏饑幾璣畿祈圻頎沂希稀晞欷豨悕衣依排俳徘凱愷鎧塏豈哀衰懷
壞非扉緋霏菲騑悲裴腓肥淝匪篚蜚誹菲斐翡罪雷擂蕾疊蘽壘累嫘耒誄堆
推蓷錐佳雖睢騅椎誰帷維惟唯淮崔催摧遺隤餒綏鬼瑰魁傀愧媿餧嵬槐魏
巍韋違圍幃闈偉葦煒緯諱毀燬回迴茴威葳微薇畏猥開乖枚飛妃追水葰歸
揮虺委尾火
　　物部
　　勃渤歿沒拙茁倔崛掘气氣餼愾乞訖迄屹仡紇齕暨既嘅弗紼拂佛卒猝
出黜崇怵術述屈諈窟忽惚笏勿物聿律兀軏概溉慨愛曖僾瑷妹昧魅寐沸費
醉淬焠倅啐翠萃瘁粹碎誶櫃貴潰匱饋邃遂隧隊燧胃謂渭蝟內訥未味戌鬱
帥率悖類封退彙慰突筆毅骨位

第二節　從先秦詩文用韻情況看脂、微二部關係

一　金文脂、微諸部用韻情況

　　沿用前一章的做法，我們分西周、東周兩個時期對脂、微諸部用韻的數量進行統計，並對統計結果進行分析。所用材料及説明詳見前一章。
　　（一）西周金文脂、微諸部用韻考察
　　西周金文用韻脂部獨用1例，質部獨用1例，微部、物部沒有獨用例，脂微合韻有3例（詳見表3-1）。分別爲：
　　脂部1例：1 豐剢 5辛鼎
　　質部1例：1 吉室 2井人妄鐘
　　脂微物合韻2例：1 未物自微彝脂23利簋　　2 衣微旂微對彝脂墜物28趞簋
　　脂微月合韻1例：1 夷脂自微眉脂歸自微貝月貝月彝脂24小臣謎簋

表 3-1　　　　　　　　西周脂、微諸部獨用合用統計表

獨用或合韻次數 \ 金文材料 \ 上古韻部	脂	微	質	物	之	職	脂微	脂物	脂質	微物	微職	之脂	之質	其他
兩周金石文韻讀	—	—	—	—	1	1	—	—	—	—	1	—	—	—
金文韻讀補遺	1	—	—	—	3	1	—	—	—	—	—	—	—	—
金文韻讀續輯	—	1	—	1	1	1①	—	—	—	—	—	1	—	—
兩周金文韻讀輯遺	—	—	—	1	1	2②	—	—	—	—	2③	2	—	—
金文韻讀續補	—	—	—	—	—	—	—	—	—	—	—	—	—	—
合　計	1	1	—	1	6	4	3	—	—	—	1	2	3	—

　　從數量上看，脂、微部合用的數量是明顯多於獨用的數量的。再從脂、微部與其他韻部的關係來看，脂部與之、職部有所交涉，具體如下：

　　之脂合韻 3 例：1 孳犀 ₄₆牆盤　　2 事事事彝 ₅₁麥盂　　3 事事里異彝 ₅₃召卣

　　職脂合韻 1 例：1 福琍國④ ₁宗周鐘

而微部與職部也有合用例。其中有：

　　微職合韻 1 例：1 畏陟 ₂₆班簋

　　微之職月合韻 1 例：1 違微鼇之服職剌月 ₂₆班簋

　　這説明脂、微部有着相同的語音特徵，故此和之、職部才能有相似的合用關係。

　　（二）東周周金文脂、微諸部用韻考察

　　東周脂部獨用 2 例，質部獨用 1 例，微部、物部仍舊没有獨用例（詳見表 3-2）。

　　脂部 2 例：1 死弟 ₄齊子仲姜鎛　　2 矢彝 ₄₆同作父戊卣

――――――――――

① 此處爲脂微物合韻 1 例。
② 此處爲脂微月合韻 1 例，脂微物合韻 1 例。
③ 此處含微職之月合韻 1 例。
④ 此銘文有"三壽惟琍"句，王國維案：晉姜鼎云三壽惟利，此疑亦利字，利在脂部，與之部合韻。

質部 1 例：1 卹匹室 ₃₉曾姬無卹壺

從合用關係上看，脂質合用有 1 例，微物合用有 1 例，脂微雖没有合用例，然而脂物合用却有 2 例（其中有之脂物合韻 1 例），分别爲：

脂質合韻 1 例：1 彝日爽 ₂₇肄作父乙簋

微物合韻 1 例：1 虫蜽出① ₃₄魚鼎匕

脂物合韻 1 例：洀墜 ₄₁𡱢蠻圓壺

之脂物合韻 1 例：子備嗣鐸 物₄₉齊侯壺

表 3-2　　　　　東周脂、微諸部獨用合用統計表

獨用或合韻次數 \ 上古韻部 \ 金文材料	脂	微	質	物	之	職	脂微	脂物	脂質	微物	微職	之脂	之質	其他
兩周金石文韻讀	1	—	—	—	13	—	—	—	—	—	—	—	1	1②
金文韻讀補遺	—	—	—	—	5	1	—	—	—	1	—	—	1	—
金文韻讀續輯	—	—	—	—	7	1	—	—	—	—	—	—	1	—
兩周金文韻讀輯遺	—	—	—	—	7	—	—	1③	—	—	—	2	—	—
金文韻讀續補	1	—	1	—	4	—	—	1	—	—	—	1	—	1④
合　計	2	—	1	—	36	2	—	2	1	1	—	3	3	2

因爲入聲韻部與其相配的陰聲韻部的主要元音是相同的，脂部與質部、物部都有合用例，可知其主要元音亦有相同之處。且有之脂物合韻 1 例，脂、物部與之部合用，亦可證其有相近的語音結構。

另外，東周金文有真脂合韻 1 例，亦有真物合韻 1 例：

真物合韻 1 例：命豕物命秦⑤ ₂秦盄和鐘

真脂合韻 1 例：身彝人 ₄₇叔趯父卣

陰聲脂部和陽聲真部、入聲物部和陽聲真部都有合韻例，説明這陰、陽、入三聲的主要元音是相同的。

---

① 郭沫若言此例脂部獨韻。
② 此處爲真物合韻 1 例。
③ 此處爲之脂物合韻 1 例。
④ 此處爲真脂合韻 1 例。
⑤ 王國維此例作脂真對轉。

從以上西周、東周脂、微部諸韻用韻情況的統計來看，雖然韻例不多，可仍能看出脂部、質部與微部、物部之間的密切關係。羅江文曾著文統計有韻銘文中脂微部用韻情況發現：金文中，脂部獨用8次，與微部合用4次，微部獨用3次，與脂部合用3次。羅氏認爲"二部共出現18次，其中合用共是7次占總數的38.9%。合用比例相對其他部間的合用率要高得多，這说明脂微二部的關係確實相近。但合用没有過半，並不是二部的主流，獨用仍占多數。……因此，脂、微二部在金文中應是分立的"①。然而從羅氏的統計結果來看，脂、微部獨用應是11例，而二部合用7次，這樣的數據似乎说明金文中脂微應合更為有力。因羅氏并没有列出韻文材料，我們無法將已有的材料與之一一比對，根據我們的材料可以確定脂、微二部的密切關係，而羅氏的統計讓我們進一步確定了自己的觀點。

二 《詩經》脂、微諸部用韻情況

與上一章的做法相同，我們將《詩經》篇章按產生年代大略分爲西周前期和東周初期兩個斷面，按時間分期來統計脂、微部用韻的情況（見表3-3）。兩周出現的獨韻、合韻情況比較一致，且與金文用韻比較，情況類似。我們先將合韻的韻段抄錄如下：

西周前期：

脂微合韻4例：1 惟脂 生民7章　　2 葦履體泥弟爾几 行葦1章　　3 依濟几依 公劉4章　　4 追綏威夷 有客1章

質物合韻2例：1 對季 皇矣3章　　2 茀仡肆忽拂 皇矣8章

脂物1例：1 類比 皇矣4章

質月1例：1 劈栵 皇矣2章

物月1例：1 旆穟 生民4章

東周初期：

脂微合韻8例：1 喈霏歸 北風2章　　2 煒美 靜女2章　　3 凄晞湄躋坻蒹葭2章　　4 衣師 無衣1章　　5 衣師 無衣2章　　6 衣師 無衣3章　　7 枚回依遲閟宮1章　　8 違齊遲躋遲祇圍 長髮3章

---

① 羅江文：《從金文看上古鄰近韻的分立》，《古漢語研究》1996年第3期。

第三章　上古脂、微二部的分合問題

質物合韻 5 例：1 潰肆墍 _{谷風6章}　2 悸遂 _{芄蘭1、2章}　3 穟醉 _{黍離2章}
4 季寐棄 _{陟岵2章}　5 棣檖醉 _{晨風3章}
脂質合韻 2 例：1 呲四畀 _{干旄1章}　2 濟閟 _{載馳2章}
微物 1 例：1 靁寐懷 _{終風3章}
質月 1 例：1 葛節日 _{旄丘1章}

表 3-3　《詩經》分時期脂、微諸部獨用合用統計比較表

獨用或合用次數＼上古韻部＼時期	脂	質	微	物	脂微	質物	脂質	微物	脂物	質月	物月	脂支	微支	質支	脂微質
西周前期	5	6	2	4	4	2	—	—	1	1	1	—	—	—	—
東周初期	17	14	13	2	8	5	2	—	1	—	—	—	—	—	—

由以上統計材料我們看出：

①無論是金文材料，還是《詩經》材料，脂、微部均有合韻例。金文材料中東周時期沒有脂微合韻例，而《詩經》材料中却有。兩種材料相互補充，都說明兩周時期脂微兩韻部關係密切。

②從獨韻與合韻的比例來看，脂微合韻的比例都比較高。金穎若認爲：西周前期脂微二部獨韻与合韻之比爲 1.75：1，东周初期這個比例爲 3.08：1。結論是：脂微兩部在西周前期大體上是合用的，东周初期則主要表現出分的趨勢①。然而我們也應該注意到兩周時期不僅有脂微合韻例，也有質物合韻例，既然脂部與質部相配，微部與物部相配，那麼脂微有合韻例，質物亦有合韻例，且質物合韻的比例在東周初期更高一些，這説明脂、質與微、物的關係在兩周時期都是很密切的，不能確定說東周兩部表現出分的趨勢。

③從脂、微兩部與其他韻部的關係來看，西周前期分別有質月合韻、物月合韻 1 例，雖然合韻數例不多，但亦可説明與其他韻部發生交涉時，脂、微部體現出相同的語音特徵。

如果將《詩經》305 篇綜合起來統計（詳見表 3-4），《詩經》脂部獨用 35 次，微部獨用 45 次，脂微合用 36 次，共計 116 次，合用占總

---

① 金穎若：《〈詩經〉韻系的時代分野》，《古漢語研究》1993 年第 4 期。

數的 31.03%，可以說合用的比重相當大。質部獨用 38 次，物部獨用 16 次，質物合用 9 次，共計 63 次，合用占總數的 14.29%。以下是具體合韻譜：

脂微合韻 36 例：1 萋飛喈 葛覃1章　2 枚飢 汝墳1章　3 尾燬邇 汝墳3章　4 祁歸 采蘩3章　5 夷薇悲 草蟲3章　6 喈霏歸 北風2章　7 煒美 靜女2章　8 凄晞湄躋坻 蒹葭2章　9 衣師 無衣1章　10 衣師 無衣2章　11 衣師 無衣3章　12 尾几 狼跋1章　13 遲騑歸悲 四牡1章　14 弟韡 常棣1章　15 騤依腓 采薇5章　16 遲萋喈祁歸夷 出車6章　17 萋悲萋悲歸 杕杜2章　18 泥弟弟豈 蓼蕭3章　19 飛躋 斯干4章　20 師氏維毗迷師 節南山3章　21 夷違 節南山5章　22 哀違依坻 小旻2章　23 凄腓歸 四月2章　24 薇棲哀 四月8章　25 尸歸遲弟私 楚茨5章　26 穊火 大田2章　27 惟脂 生民7章　28 葦履體泥弟爾几 行葦1章　29 依濟几依 公劉4章　30 騤夷黎哀 桑柔2章　31 維階 桑柔3章　32 鄙歸 崧高6章　33 騤喈齊歸 烝民8章　34 追綏威夷 有客1章　35 枚回依遲 閟宮1章　36 違齊遲躋遲祇圍 長髮3章

表 3-4　《詩經》305 篇脂、微諸部獨用合用統計比較表

獨用或合用次數 合計 上古韻部	脂	質	微	物	脂微	質物	脂質	微物	脂月	物月	脂支	微支	質支	脂微質
合計	35	38	45	16	36	9	3	1	1	8	2	1	1	1

《詩經》押韻應該是非常嚴格規整的，段玉裁就提出："明乎古本音，則知古人用韻精嚴，無出韻之句矣。"（《六書音均表·古音韻至諧說》）既然如此，《詩經》中大量的脂微合韻現象就不容忽視。

而且，我們認為在《詩經》中，脂微應合為一部，不僅因為脂微合韻的數例多，還因為《詩經》的韻讀體例也反映了這個特點。請看：

例 1.《詩·秦風·蒹葭》

　　　　蒹葭蒼蒼陽，白露為霜陽。所謂伊人，在水一方陽。溯洄從之，道阻且長陽；溯游從之，宛在水中央陽。
　　　　蒹葭萋萋脂，白露未晞微。所謂伊人，在水之湄脂。溯洄從之，

第三章 上古脂、微二部的分合問題

道阻且躋_脂；溯游從之，宛在水中坻_脂。

蒹葭采采_之，白露未已_之。所謂伊人，在水之涘_之。溯洄從之，道阻且右_之；溯游從之，宛在水中沚_之。

例2.《小雅·谷風之什·鼓鐘》

鼓鐘將將_陽，淮水湯湯_陽，憂心且傷_陽。淑人君子，懷允不忘_陽。
鼓鐘喈喈_脂，淮水湝湝_微，憂心且悲_微。淑人君子，其德不回_微。
鼓鐘伐鼛_幽，淮有三洲_幽，憂心且妯_幽。淑人君子，其德不猶_幽。
鼓鐘欽欽_侵，鼓瑟鼓琴_侵，笙磬同音_侵。以雅以南_侵，以籥不僭_侵。

在這兩首詩中，除了脂微合韻的篇章外，都是一章一韻，非常工整。與此類似的情況還出現在《召南·草蟲》《邶風·北風》《魏風·陟岵》《秦風·晨風》《小雅·穀風之什·四月》等詩中，從相似的韻讀體例來看，脂微兩部在《詩經》的韻讀中實應爲合爲一部。

除了脂、微部合韻次數多以外，質物合韻也有9例，亦不算少見。具體爲：

質物合韻9例：1 潰肆塈_{谷風6章}　　2 悸遂_{芄蘭1、2章}　　3 穟醉_{黍離2章}　4 季寐棄_{陟岵2章}　5 棣檖醉_{晨風3章}　6 嚖淠屆寐_{小弁4章}　7 對季_{皇矣3章}　8 茀仡肆忽拂_{皇矣8章}　9 僾逮_{桑柔6章}

而微物有1例合韻，脂物也有1例合韻：

微物1例：1 靁寐懷_{終風3章}

脂物1例：1 類比_{皇矣4章}

另外，在與其他韻的關係來看，脂部、質部與支部有合韻例，微部也與支部有合韻例；質部與月部有合韻例，物部和月部也有合韻例（韻譜見附錄）。這都說明了脂、質與微、物具有相同的主要元音。

從以上的材料可以看出，脂、微等關係緊密是金文有韻銘文和《詩經》韻讀反映出的共同特點，說明兩周時期脂、微部，質、物部應分別合爲一部。

三 《楚辭》脂、微諸部用韻情況

《楚辭》是以屈原作品爲代表的辭賦總集。從時代看，《楚辭》略晚於《詩經》二三百年。從地域看，屈原是戰國楚國人，宋玉相傳是屈原的學生，《楚辭》中的作品大致反映了戰國時期郢都及其周圍一帶的語音。現今學者大多將《楚辭》視爲先秦楚方言的代表材料。鑒於舊題宋玉的作品的作者歸屬及成文時代有爭議，我們將屈賦、宋賦的用韻統計分開統計①，結果見表3-5。

從統計的情況來看，屈賦中脂部獨用2次，微部獨用8次，而脂微合用4次，共計14次，合用比例爲28.57%，況且屈賦中還有脂微支合韻1例，脂微歌合韻1例，這樣算來合用的比例就更高了。入聲質部獨用4次，物部獨用2次，而質物合用0次。

表3-5　　　　《楚辭》脂、微諸部獨用合用統計表

獨用合韻次數作品＼上古韻部	脂	微	質	物	脂微	脂質	脂物	微質	微物	質物	脂歌	微歌	物歌	質月	物月	其他
屈賦	2	8	4	2	4	3	—	—	—	—	1	—	—	3		5②
宋賦	—	—	1	3	3	—	—	1	—	3	—	—	—		2	3③
合計	2	8	5	5	7	3	—	1	—	3	1	—	—	5		8

宋賦中脂部、微部都沒有獨用例，而脂微合用有3次。質部獨用1次，物部獨用3次，質物合用3次，還有微脂合用1次，質物月合用1次，微物質合用1次，由此看脂、質部與微、物部的關係特別的密切。

總之，《楚辭》與《詩經》在脂、微諸部的用韻特點一致，都反映出脂韻與微韻，質韻與物韻分別都應合爲一部。

---

① 據江永誥《音學十書》中《楚辭韻讀》統計，見《續修四庫全書》第248冊。江有誥脂、微、質、物爲一部，據王力韻部重新劃分后進行統計。
② 此處爲支脂合韻2例，微元合韻1例，脂微支合韻1例，脂微歌合韻1例。
③ 此處爲質月支合韻1例，質物月合韻1例，微物質合韻1例。

四　周秦其他韻文中脂、微諸部用韻情況

考察周秦脂、微諸部，自然也應對群經、諸子及其他先秦韻文中脂、微諸部的用韻情況進行統計分析。我們根據江有誥《音學十書》中的《群經韻讀》《先秦韻讀》進行了統計。江有誥的脂部包括王力先生的脂部、微部、質部、物部四部，我們依據王力先生的韻部劃分將入韻字重新歸部整理。表 3-6 是統計結果①。

從所有材料的總體情況看，脂部獨用 25 次，微部獨用 33 次，脂微合用 8 次，此外還有脂微質合韻 1 例、脂微質物合韻 1 例，合計 68 次，合用的比例應該是 11.76%。質部獨用 54 次，物部獨用 47 次，質物合用 18 次，此外還有脂質物合韻 1 例、脂微質物合韻 1 例，共計 121 次，合用的比例應該是 14.88%。從比例來看，陰聲脂、微韻和入聲質、脂韻的合用情況近似。另外，陰聲脂部和入聲物部有 4 次合用，陰聲微部和入聲質部也有 2 次合用。以下是合韻譜：

脂微合韻 8 例：1 歸悲依怩追《書·五子之歌》　2 稽楷推《儀禮·儒行》　3 違遲悲《儀禮·孔子閒居》　4 淮坻師《左傳·昭公》　5 梯機《孫武子·九地》　6 威夷師《三略》　7 飛飢《文子·上德》　8 微遲機《靈樞·九鍼十二原》

質物合韻 18 例：1 失節位愛謂《易·家人》　2 實節內貴《易·蹇》　3 至匱遂《儀禮·月令》　4 蠻貴《管子·牧民》　5 畢出《吳子·料敵》　6 惠愛《逸周書·文傳解》　7 惠愛《文子·符言》　8 節物《文子·上德》　9 物恤《文子·自然》　10 物失《荀子·天論》　11 遂穗《呂氏春秋·士容論》　12 骨密室《素問·脈要精微論》　13 實失一物《素問·寶命全形論》　14 抑氣《素問·五常政大論》　15 髻一《鬼谷子》　16 失骨疾《鬼谷子》　17 術一《鬼谷子》　18 一術《鬼谷子》

脂微質合韻 1 例：1 韡微肌吉質《易·困》

脂微質物合韻 1 例：1 夷脂希微微詰質一質昧物物《老子·贊元》

脂質物合韻 1 例：1 物物一失物利《國語·越語》

脂物合韻 4 例：1 位利《儀禮·禮運》　2 美茨費《逸周書·文傳解》　3 牝死愛貴《文子·守弱》　4 資貴配《文子·精誠》

---

① 見《續修四庫全書》第 248 冊。其中《孟子》《爾雅》《晏子春秋》《列子》《山海經》《穆天子傳》《墨子》《秦石刻文》中沒有脂、微相關用韻例，故未列出。

微質合韻 2 例：1 水至 《管子·形勢解》　　2 密微追 《鬼谷子》

表 3-6　　周秦群經諸子韻文脂、微諸部獨用合用統計表

作品 \ 獨用或合用次數 \ 上古韻部	脂	微	質	物	脂微	脂質	脂物	微質	微物	質物	脂歌	微歌	物歌	質月	物月	其他
《易》	4	—	12	6	—	1	—	—	—	2	—	—	1	—	3	3①
《書經》	—	3	—	—	1	—	—	—	—	—	1	—	—	—	—	1②
《儀禮》	2	2	1	—	2	1	1	—	—	1	—	—	—	—	1	1③
《左傳》	—	2	—	2	—	—	—	—	—	—	—	—	—	—	—	—
《論語》	—	1	—	1	—	—	—	—	—	—	—	—	—	—	—	—
《國語》	—	1	—	1	—	—	—	—	—	—	—	—	—	—	—	1④
《老子》	2	2	—	5	—	—	—	—	—	—	—	—	—	—	1	2⑤
《管子》	5	2	5	4	—	1	—	1	—	1	—	—	—	—	—	1⑥
《孫武子》	—	—	—	—	1	—	—	—	—	—	—	—	—	—	—	—
《家語》	—	—	1	—	—	—	—	—	—	—	—	—	—	—	—	1⑦
《莊子》	—	3	2	2	—	—	—	—	—	—	—	—	—	—	—	1⑧
《吳子》	1	—	—	—	—	—	—	1	—	—	—	—	—	—	—	—
《逸周書》	1	—	—	—	1	1	—	—	—	—	—	—	—	—	—	1⑨
《六韜》	—	—	—	—	—	—	—	—	—	—	—	—	—	—	2	—
《三略》	1	—	3	1	—	—	—	—	—	—	—	1	—	—	—	1⑩
《戰國策》	—	1	1	—	—	—	—	—	—	—	—	—	—	—	—	—
《文子》	4	6	6	15	1	2	2	—	—	3	—	—	1	—	4	3⑪

---

① 此處爲質元合韻 1 例，質元文合韻 1 例，脂微質合韻 1 例。
② 此處爲物元合韻 1 例。
③ 此處爲脂元合韻 1 例。
④ 此處爲脂質物合韻 1 例。
⑤ 此處爲物元合韻 1 例，脂微質物合韻 1 例。
⑥ 此處爲物錫合韻 1 例。
⑦ 此處爲物錫合韻 1 例。
⑧ 此處爲微歌支合韻 1 例。
⑨ 此處爲支脂歌合韻 1 例。
⑩ 此處爲物錫合韻 1 例。
⑪ 此處爲物錫合韻 1 例，支脂合韻 1 例，脂物月合韻 1 例。

續表

獨用或合用次數 \ 上古韻部 \ 作品	脂	微	質	物	脂微	脂質	脂物	微質	微物	質物	脂歌	微歌	物歌	質月	物月	其他
《荀子》	1	1	4	1	—	1	—	—	1	1	—	—	—	—	—	—
《韓非子》	1	2	—	1	—	—	—	—	—	—	—	—	—	—	—	1①
《呂氏春秋》	2	3	9	4	—	1	—	—	—	1	—	—	—	1	1	—
《鶡冠子》	—	—	1	—	—	—	—	—	—	—	—	—	—	—	—	—
《素問》	—	2	4	1	—	—	—	—	3	—	—	—	—	—	—	1②
《靈樞》	—	2	6	2	1	—	—	—	—	—	—	—	—	3	5	4③
《鬼谷子》	1	—	—	—	—	1	—	1	4	—	—	—	—	—	—	—
合計	25	33	54	47	8	12	4	2	0	18	2	2	2	6	15	22

　　從數量上來看，脂微合用的比例沒有《詩經》《楚辭》中的高，而從分布狀況看，基本每部作品中都出現了脂微合韻、質物合韻或是脂物合韻、微質合韻的韻例。可以説，從周秦群經諸子韻文的統計情況看，脂部、質部與微部、物部的緊密程度雖不如《詩經》《楚辭》中表現出來的那麼緊密，可其分布範圍廣，並不是某部作品的單一特點。

五　先秦脂微合韻等不屬於方言現象

　　以上我們考察了金文用韻、《詩經》和《楚辭》用韻以及多部周秦作品的用韻情況，從統計結果看，我們認爲先秦時期脂部與微部應合爲一部，質部與微部應合爲一部。那麼脂微合韻、質物合韻是不是一種古代的方言現象呢？

　　王健庵認爲《詩經》用韻有東土方言與西土方言之别④，經過統計分析，他認爲東土韻系應分三十部，脂和微應分；西土韻系應爲二十五

---

① 此處爲魚微合韻 1 例。
② 此處爲支微合韻 1 例。
③ 此處爲脂月合韻 1 例，物錫合韻 1 例，質鐸合韻 1 例，質物支月合韻 1 例。
④ 王健庵將《詩經》篇目按照地理位置劃分爲"西土""東土"兩大類。其分類標準爲：西土之詩——周南、召南、秦風、豳風、小雅、大雅、周頌；東土之時——邶風、鄘風、衛風、王風、鄭風、齊風、魏風、唐風、陳風、檜風、曹風、商頌、魯頌。

部,其中脂微應合、質物應合。① 即脂微合韻、質物合韻是西部地區的語音特點。

爲考察脂、微部多處合韻是否是方言現象,以下我們就將《詩經》中的脂、微部用韻情況按詩篇所屬的地域分開統計(見表3-7):② (小雅因其地域無法確定,故未標出所屬地區):

表3-7　　　　　《詩經》分篇章脂、微部獨用合用統計表

風雅頌	脂	質	微	物	脂微	質物	脂質	微物	脂物	地　區
周　南	—	3	3	—	3	—	—	—	—	河南西部及湖北西部一帶
召　南	—	1	—	1	2	—	—	—	—	漢水下流至長江一帶
邶　風	4	1	5	1	2	1	—	1	—	河南省北部及與河北省鄰接一帶
鄘　風	2	1	—	—	—	2	—	—	—	河南新鄉附近
衛　風	2	1	1	—	1	—	—	—	—	河南汲縣附近
王　風	—	2	1	—	—	—	—	—	—	河南洛陽附近
鄭　風	1	1	2	—	—	—	—	—	—	河南新鄭附近
齊　風	1	1	3	—	—	—	—	—	—	山東省北一帶
魏　風	1	0	—	—	1	—	—	—	—	河南省西北部及山西省東南部之地
唐　風	1	3	—	—	—	—	—	—	—	山西省太原一帶之地
秦　風	—	2	—	—	4	1	—	—	—	陝西省興平縣附近
陳　風	1	—	1	—	—	—	—	—	—	河南省淮陽附近
檜　風	—	2	1	—	—	—	—	—	—	河南省密縣附近
曹　風	2	1	—	—	—	—	—	—	—	山東省定陶一帶
豳　風	1	2	8	—	1	—	—	—	—	陝西省邠縣一帶
小　雅	12	10	14	5	14	1	1	—	—	
大　雅	5	6	6	8	7	3	—	—	1	陝西省岐山、扶风一帶
周　頌	2	1	—	—	1	—	—	—	—	陝西省岐山、扶风一帶
魯　頌	—	—	1	—	1	—	—	—	—	山東曲阜一帶

---

① 王健庵:《〈詩經〉用韻的兩大方言韻系》,《中國語文》1992年第3期。

② 其中《詩經》篇章所屬地域範圍的劃定依據虞萬里論文(《從古方音看歌支的關係及其演變》,《音韻學研究(三)》,中華書局1994年版,第268頁)。

續表

獨用或合用次數 上古韻部 風雅頌	脂	質	微	物	脂微	質物	脂質	微物	脂物	地　區
商　頌	—	—	—	—	1	—	—	—	—	河南商丘一帶
合　計	35	38	45	16	36	9	3	1	1	

《詩經》篇章所涉及的區域的大致分爲東、西、中三個區域①，統計的結果見表 3-8：

表 3-8　《詩經》篇章分地域東、冬、侵諸部獨用合用統計表

獨用或合用次數 上古韻部 地　域	脂	質	微	物	脂微	質物	脂質	微物	脂物
中部地區	4	12	7	2	5	2	—	—	—
西部地區	8	11	14	8	13	4	—	—	1
東部地區	11	5	10	1	4	2	2	1	—

對比三個地區韻部合用比例分別是：

	脂微合用比例	質物合用比例
中部地區	31.25%	14.29%
西部地區	59.09%	17.39%
東部地區	19.05%	25%

這樣的統計結果顯示：脂微合用的比例西部地區最高，其次是中部地區和東部地區。而從質物合韻的比例來看，東部地區最高，然後是西部地區，中部地區。

但是我們認爲，不能以此就認爲脂微合韻、質物合韻僅僅是西部地區的語音特點。原因是：

①東部地區脂微合用的比例較之其他地區雖然低，可是相對其他合

---

① 詳見第二章第三節説明。

韻，其比例也算是高的，汪啟明就提出"脂微在齊語中没有區别"①。況且以質物合韻的比例來看，東部地區就最高。如果綜合脂微、質物部合韻情況來考察，各個地區的合用現象是較爲均衡的。

②東部地區中出現脂微合韻4例，其中1例合韻的詩篇是《詩·魯頌·閟宫》，《魯頌》中脂部、質部、物部都没有獨用例，僅有微部獨用1例。雅、頌多數是宫廷的樂章，《大雅》《小雅》《周頌》《商頌》《魯頌》中都出現了脂微合韻例，特别是《大雅》《小雅》中合用例尤多，既然宫廷的詩歌有這樣明顯的脂微合韻現象，這就説明脂微合韻不應只是地域方言特點。

③在無法確定具體地域的《小雅》中，脂微合韻就有14例，占了全部脂微合韻例中的三分之一多，這部分材料無法忽視。

④出現脂微合韻的篇章有《周南》《召南》《邶風》《秦風》《豳風》《小雅》《大雅》《周頌》《魯頌》《商頌》，出現質物合韻的篇章有《邶風》《衛風》《王風》《魏風》《秦風》《小雅》《大雅》。這些篇目基本涵蓋了《詩經》的全部篇章，地域分布自然就廣，故而我們不能將脂微合韻、質物合韻看做是一個地區的語音特點。

我們認爲，脂、微合爲一部，質、物合爲一部應該是周秦時代通韻的語音特點，而區别脂、微；區别質、物則是東部地區某些作家的方音特點。我們可以參考金文、《楚辭》、周秦群經諸子韻文材料來證明這一觀點。先來看金文材料。西周金文中有脂微合韻3例，其中脂微物合韻2例，脂微月合韻1例，分别是：

脂微物合韻2例：1 未_物白_微彝_脂 利簋　　2 衣_微旂_微對_物彝_脂墜_物 趞簋

脂微月合韻1例：1 夷_脂白_微眉_脂歸_微貝_月貝_月彝_脂 小臣謎簋

西周銅器的出土地主要集中于陕西和河南，尤以陕西爲大宗。像利簋，其出土地就明確是陕西。即便一些在其他地區出土的銅器，其主人與周王室亦有直接的淵源關係。故而結合西周銅器韻文的押韻情況，西周在以陕西爲主的王室地區，脂微二部的界限是很模糊的。

東周銘文中雖没有脂微合韻例，但却有脂物合韻2例：

脂物合韻1例：涕墜 41 姧蛮圓壺

---

① 汪啟明：《先秦兩漢齊語研究》，巴蜀書社1998年版，第118頁。

之脂物合韻 1 例：子備嗣鏵_{物49齊侯壺}

好蛮圓壺是在河北平山出土的，齊侯壺屬於諸侯物品，這至少説明脂部與微部的交涉并不僅出現在宗室銅器的銘文用韻中。

再來看《楚辭》用韻。現今學者大多將《楚辭》視爲先秦楚方言的代表材料。不管是屈賦還是宋賦，脂微合韻和質物合韻都是明顯的合韻現象。像宋賦中没有脂部、微部獨用例，却有 3 例脂微合用例。《楚辭》中合計脂微合韻的比例是 41.18%，而質物合韻的比例是 23.08%。這説明脂微合韻、質物合韻亦是先秦楚方言的語音特點。

再從周秦群經諸子韻文的押韻情況看，大體來説，脂微合韻、質物合韻出現在多部作品中，且出現得較爲廣泛、均衡。

我們現在重點來看看没有出現脂微合韻的作品（詳見表 3-9）。

表 3-9　　　　部分周秦群經諸子韻文脂、微諸部獨用合用表

獨用或合用次數 / 作品	脂	微	質	物	脂微	脂質	脂物	微質	微物	質物	其他
《易》	4	—	12	6	—	1	—	—	—	2	3①
《國語》	—	1	—	1	—	—	—	—	—	—	1②
《老子》	2	2	—	5	—	—	—	—	—	—	2③
《管子》	5	2	5	4	—	1	—	1	—	—	1④
《莊子》	—	3	2	2	—	1	—	—	—	—	1⑤
《荀子》	1	1	4	1	—	—	—	—	—	1	—
《韓非子》	1	2	—	1	—	—	—	—	—	—	1⑥
《吕氏春秋》	2	3	9	4	—	—	—	—	—	1	—

這幾部作品本身脂、微部用韻次數就少，且有的儘管没有脂微合韻

---

① 此處爲質元合韻 1 例，質元文合韻 1 例，脂微質合韻 1 例。
② 此處爲脂質物合韻 1 例。
③ 此處爲物元合韻 1 例，脂微質物合韻 1 例。
④ 此處爲物錫合韻 1 例。
⑤ 此處爲微歌支合韻 1 例。
⑥ 此處爲魚微合韻 1 例。

例，却有質物合韻例。分開來看，在《易》中，有1例脂微質合韻，有2例質物合韻。《國語》中有1例脂質物合韻，《老子》中有1例脂微質物合韻。餘下的作品中皆無脂微合韻例，而《管子》《荀子》《吕氏春秋》中各有1例質物合韻例。

《易》《國語》的作者難考，《吕氏春秋》爲吕不韋門客所撰，作者不止一人，這些作品的押韻情況無法細究。《老子》《莊子》與《楚辭》一樣，都被看作是楚方言的代表作品。故而儘管《莊子》中没有脂微合韻例，也没有質物合韻例，我們仍能根據前面對《楚辭》押韻情況的分析，確定楚方言中脂與微、質與物是應該合爲一部的。

值得注意的是《管子》的押韻情況，其有脂、微等部的韻例較多，但没有脂微合韻例，僅有1例質物合韻。管仲是春秋時潁上（今安徽省潁上縣）人，管仲后來在齊國爲相多年。餘下的《荀子》《韓非子》，荀子本是趙國人，其經歷是先遊學于齊，繼而任于楚，被春申君任命爲蘭陵（今山東棗莊市東南）令，之後便在那裡著書終身。韓非子是戰國韓國人，他是荀子的學生。

管仲、荀子、韓非子都是東部地區的作家，結合前面我們分地域對《詩經》用韻情況的統計，我們可以肯定，在東部地區的語音系統中，脂與微、質與物分用的情況多一些。

那么爲什麽説脂微合韻、質物合韻不是方言特點呢？其一，合韻在西部、中部及楚地作品中大量出現；其二，合韻在東部地區作品中也出現，如《孫武子》里與脂、微韻相關的只有1個韻例，就是脂微合韻。只是這些作品中合韻的比例不及其他地區的作品高。這説明脂微合韻、質物合韻應是通語中的語音特點，爲大部分地區的語音系統所吸納，東部地區的作品中受到通語的影響，亦出現這樣的合韻情況，然而作家創作時，自然而然地選擇了脂、微韻字分開入韻，故而合韻少而獨韻多。

遺憾的是周秦群經諸子韻文材料的數量還是有限，無法充分地證實我們的觀點。下面，我們繼續考察兩漢時期脂、微諸部的用韻情況：一是增加材料，確定我們的觀點，二是可以從語音發展的角度來探討脂、微諸部的分合問題。

第三節　從兩漢詩文用韻情況看脂、微二部關係

一　兩漢脂、微諸部用韻情況

羅常培、周祖謨先生認爲"脂微合爲一部、真文合爲一部、質物合爲一部"是兩漢韻部分合最顯著的特點①。故而羅、周書中的韻譜中脂、微、質、物四部是合爲脂、質兩部的。王力先生則認爲兩漢時期脂、微分部，質、物分部，且與先秦一致②。所以我們先根據王力的韻部歸字將羅、周書中的脂部韻譜、質部韻部重新劃分統計。脂微合韻、質物合韻譜如下：

西漢

脂微合韻 33 例：1 次悲 _{劉向《九歎思古》}　2 齊遺 _{劉歆《遂初賦》}　3 師綏 _{劉徹《策封燕王旦》}　4 梯依棲瀰泥 _{劉歆《甘泉宮賦》}　5 畏隤追死壞 _{枚乘《七發》}　6 衣夷 _{劉向《九歎愍命》}　7 夷迴 _{劉向《九歎怨思》}　8 暉歸齊薇迷 _{董仲舒《士不遇賦》}　9 微暉遲睢機咨威夷譏維 _{崔篆《慰志賦》}　10 迴歸躋 _{鄒陽《几賦》}　11 階懷 _{韋玄成《戒子孫詩》}　12 師輝 _{韋玄成《自劾詩》}　13 歸棃開諧 _{楊雄《甘泉賦》}　14 歸齊 _{楊雄《太僕箴》}　15 累指 _{王褒《聖主得賢臣頌》}　16 槐楣榱誰 _{王褒《甘泉宮賦》}　17 美葦 _{楊雄《蜀都賦》}　18 棲妃諧誰飛悲 _{司馬相如《琴歌》}　19 尸希回徽耆 _{楊雄《解難》}　20 師懷 _{楊雄《博士箴》}　21 惟歸飛夷躋泭師夷 _{王褒《九懷陶壅》}　22 違齊 _{楊雄《青州箴》}　23 維階 _{楊雄《冀州箴》}　24 希依懷乖階 _{楊雄《城門校尉箴》}　25 依悲遲衰私衣 _{司馬相如《美人賦》}　26 依遲 _{楊雄《甘泉賦》}　27 夷推維 _{楊雄《冀州箴》}　28 歸妻 _{淮南小山《招隱士》}　29 衰遲飢 _{《淮南子·兵略》}　30 威飢歸 _{《淮南子·兵略》}　31 衣犀 _{《淮南子·兵略》}　32 飛飢 _{《淮南子·説林》}　33 飢肥推 _{《淮南子·説林》}

質物合韻 16 例：1 忽慄汨 _{枚乘《七發》}　2 鬱日 _{劉向《九歎思古》}　3 節没 _{賈誼《旱雲賦》}　4 慄怫結 _{賈誼《旱雲賦》}　5 室弼 _{韋孟《在鄒詩》}　6 一弼 _{韋孟《諷諫詩》}　7 逸黜 _{韋孟《諷諫詩》}　8 匹日術 _{班婕妤《擣素賦》}　9 律節 _{王褒《四子講德論》}　10 謂劀 _{楊雄《廷尉箴》}

---

① 羅常培、周祖謨：《漢魏晉南北朝韻部演變研究（第一分冊）》，科學出版社 1958 年版，第 13 頁。

② 王力：《漢語語音史》，中國社會科學出版社 1985 年版，第 102 頁。

11 悁_物惠棄肆遂昧懟失氣類頜貴 王褒《洞簫賦》 12 軋弟忽汭栗穴慄 淮南小山《招隱士》 13 位肆 《淮南子·兵略》 14 內惠隧 《淮南子·說林》 15 器涔 《淮南子·本經》 16 篲蜺 《淮南子·齊俗》

東漢

脂微合韻48例：1 皚隮懷衣 班彪《北征賦》 2 階開閨扉 班固《西都賦》 3 隤摧夷 班固《西都賦》 4 齊徊 班固《西都賦》 5 畿視 班固《西都賦》 6 濟階懷 班固《幽通賦》 7 迷綏袛 班固《幽通賦》 8 師悲違非追歸誰 班昭《東征賦》 9 伊悲飛 蔡邕《瞽師賦》 10 輝微姿機師飛夷綏 蔡邕《光武濟陽宮碑》 11 違依輝遲悲追 蔡邕《胡公夫人靈表》 12 師依悲姿 蔡邕《濟北相崔君夫人誄》 13 歸遺哀晞咨 蔡邕《濟北崔夫人誄》 14 摧微遲違機 崔琦《外戚箴》 15 遺黎 崔駰《南征頌》 16 威歸袛機 崔瑗《郡太守箴》 17 遲闈 崔瑗《司隸校尉箴》 18 幾師 崔瑗《張平子碑》 19 師闈 傅毅《竇將軍北征頌》 20 糜晞夷 傅毅《洛都賦》 21 巍私肥祁饑悲 孔融《六言詩》 22 歸悲輝遲薇飛誰依追衣希 孔融《雜詩》 23 私非機 李尤《鞠城銘》 24 姿機飛 禰衡《弔張衡文》 25 姿輝機 禰衡《鸚鵡賦》 26 私□幾毘微懷懷 闕名《郭究碑》 27 歸葵 闕名《劉倅碑》 28 姿威 闕名《綏民校尉熊君碑》 29 巍梯隈伊嶊威祁私資迡□哀 闕名《無極山碑》 30 棲喈徊西懷 闕名《張公神碑》 31 畿威歸袛機 王卓《劉驗贛郡太守箴》 32 姿鬐跂榱楣追踦狶 王延壽《魯靈光殿賦》 33 衣機帷姿 王逸《機婦賦》 34 悲違黎遲飢迷懷晞靁 王逸《九思疾世》 35 夷嵬 王逸《九思傷時》 36 璣低霏悽棲徽依西懷悲摧 王逸《九思怨上》 37 葵晞輝哀歸悲 無名氏《長歌行》 38 歸菲藜悲累衣 無名氏《孤兒行》 39 階懷回 無名氏《古八變歌》 40 齊階悲妻徊哀稀飛 無名氏《古詩》 41 歸誰累飛葵誰衣 無名氏《古詩》 42 諧開 無名氏《袁文開諺》 43 姿斐微衰茨泥葵鴟階妻 張超《誚青衣賦》 44 雉几視妃 張衡《東京賦》 45 萋衰哀 張衡《南都賦》 46 蕤裶騑師徊歸 張衡《南都賦》 47 飢遲妃眉徽 張衡《思玄賦》 48 萋懷 張衡《溫泉賦》

質物合韻28例：1 鐵日出 班固《東都賦》 2 律佾畢 班固《東都賦》 3 類懿位紱轡蔚貴遂 蔡邕《胡廣黃瓊頌》 4 律溢 蔡邕《琴賦》 5 實質術日 崔駰《達旨》 6 溢律 崔駰《仲山父鼎銘》 7 器位器 崔瑗《竇大將軍鼎銘》 8 渭類實溉遂 杜篤《論都賦》 9 室術 馮衍《顯志賦》 10 術節 馮衍《顯志賦》 11 溢卒弼室 傅毅《北海王誄》 12 泆術日 傅毅《舞賦》 13 匱器 李尤《匱匣銘》 14 物實 李尤《盤銘》 15 戌悉 李尤《上西門銘》 16 潰穴濞戾突 馬融《長笛賦》 17 律一出畢 馬融《長笛賦》 18 突卒沒閉 馬融《圍棋賦》 19 栗失□勿必 闕名《無極山碑》 20 曖遂祕濞悖 王延壽《魯靈光殿賦》 21 一屈日 王延壽《魯靈光殿賦》 22 位棄 王逸《琴思楚歌》 23 忽室 王逸《琴思楚歌》 24 穗悴 無名氏《古歌》 25 內日

第三章 上古脂、微二部的分合問題

_{無名氏《古詩爲焦仲卿妻作》} 26 遂季惠 _{無名氏《朱暉歌》} 27 器位肆彎 _{張衡《東京賦》} 28 一崒律出 _{張衡《西京賦》}

統計結果詳見表3-10：

表3-10　　　　　　　兩漢詩文脂、微諸部用韻表

獨用或合用次數＼上古韻部＼時代	脂	微	質	物	脂微	脂質	脂物	微質	微物	質物	脂歌	微歌	脂之	微之	脂支	微支	質月	物月	其他
西漢	33	54	31	38	33	5	2	—	—	16	3	10	3	2	4	5	5	2	31
東漢	14	40	18	16	48	1	4	—	3	28	—	—	3	5	9	11	4	1	42
合計	47	94	49	54	81	6	6	—	3	45	3	10	6	7	13	16	9	3	73

　　從合韻情況我們就可以理解羅、周書中爲何將脂部與微部、質部與物部合并起來了，兩漢脂微合用、質物合用的數量都非常多。
　　羅常培、周祖謨先生在談及上古脂、微部的關係時提出："《詩經》裏雖然分別的不大嚴格，有時脂微通叶，但是兩部分用的例子還是占多數，其間仍然有分野。在群經、《楚辭》里也是如此……可是到了兩漢時期脂微兩部除了上聲有一點兒分用的跡象以外，平去聲完全同用，沒有分別。至於入聲，也是如此。"①
　　羅、周二位先生同意王力先生《詩經》時代脂微分部、質物分部的觀點，但是認爲兩漢時期脂微應合爲一部，質物應合爲一部，這與王力先生的觀點有所不同。前面我們已經統計了《詩經》的脂、微諸韻部的獨用合用情況，下面，我們綜合前面的統計結果，將《詩經》和兩漢脂、微、質、物部合用與獨用比例對比來看看：

	脂微合用比例	質物合用比例
《詩經》	31.03%	14.29%
西漢	27.5%	18.82%
東漢	47.06%	45.16%

---

① 羅常培、周祖謨：《漢魏晉南北朝韻部演變研究（第一分冊）》，科學出版社1958年版，第29—30頁。

看來，脂微合用的比例在東漢最高，其次是《詩經》時代，再次是西漢。而質物合用的比例是依時代的先後而逐步提高。

如果確定兩漢脂微應合爲一部，那麽《詩經》中脂微合韻的比例比西漢的還高，則《詩經》的脂微部也不應分開。周秦時代群經韻讀中脂微合用、質物合用的比例并不高，這裏涉及到方言特點，我們在下一節中會論述這一點。

羅、周先生提到《詩經》時代脂、微應該分開的理由："另外應當指出的一種現象，就是微部和歌部有時在一起押韻，但是脂部和歌部押韻的幾乎沒有。從這一點也可以看出他們之間的讀音多少是有區別的。"① 這是從脂、微兩部與其他韻部的關係來看脂、微語音的同異，爲考察這一問題的究竟，我們先找出與脂、微、質、物部相關的合韻韻段，再分類分析其入韻特點。以下是相關的合韻譜：

① 《詩經》：

脂歌 1 例：1 祁河宜何 _{玄鳥1章}

支脂合韻 1 例：1 伙柴 _{車攻5章}

支微通韻 1 例：1 雷斯② _{殷其雷1、2、3章}

質月 8 例：1 葛節日 _{旄丘1章}　2 結厉滅威 _{正月8章}　3 徹逸 _{十月之交8章}　4 滅戾勩 _{雨無正2章}　5 設逸 _{賓之初筵1章}　6 翳栵 _{皇矣2章}　7 愒瘵恤爵熱 _{桑柔5章}　8 惠厉瘵疾屆 _{瞻卬1章}

物月 2 例：1 旆瘁 _{出車2章}　2 旆穟 _{生民4章}

② 《楚辭》

微歌合韻 1 例：1 雷蛇懷歸 _{《楚辭·九歌》}

物月合韻 3 例：1 帶介慨邁穢敗昧 _{《楚辭·九辨》}　2 慨邁 _{《楚辭·九章》}　3 沫穢 _{《楚辭·招魂》}

支脂合韻 2 例：1 涕弭 _{《楚辭·遠遊》}　2 訾斯呰兒 _{《楚辭·卜居》}

脂微支合韻 1 例：1 衰_微悲_微偕_脂毀_微弛_支 _{《楚辭·九辨》}

脂微歌合韻 1 例：1 妃_微歌_歌夷_脂蛇_歌飛_微徊_微 _{《楚辭·遠遊》}

---

① 羅常培、周祖謨：《漢魏晉南北朝韻部演變研究（第一分冊）》，科學出版社 1958 年版，第 30 頁。

② 江有誥言支脂通韻，王力言此二字不入韻。

第三章 上古脂、微二部的分合問題　　　　93

③周秦群經諸子韻文：

脂歌合韻 2 例：1 禮坐 《管子·弟子職》　2 罷私施移 《荀子·成相》

微歌合韻 2 例：1 懷離 《書·仲虺之誥》　2 炊饑 《三略》

微支合韻 1 例：1 維歸知 《素問·至真要大論》

脂支合韻 1 例：1 雌牝死 《文子·自然》

質月合韻 6 例：1 殺竭拔畢 《六韜》　2 器器害世 《六韜》　3 吉滅 《呂氏春秋·審分覽》　4 畢絕 《靈樞·根結第五》　5 實泄 《靈樞·九鍼十二原》　6 穴閉越 《靈樞·脹論第三十五》

物月合韻 15 例：1 內外 《易·家人》　2 外大位害 《易·兌》　3 位快遂 《易·旅》　4 歇骨骨 《儀禮·曲禮上》　5 屈拙訥熱 《老子·洪德》　6 大外內 《文子·道原》　7 內外 《文子·九守》　8 味既大 《文子·符言》　9 物絕 《文子·上德》　10 物大 《呂氏春秋·士容論》　11 類會 《靈樞·邪氣藏府病形第四》　12 類氣胃衛 《靈樞·刺節真邪第七十五》　13 氣會衛會氣位會 《靈樞·營衛生會第十》　14 氣隧會 《靈樞·官能第七十三》　15 胃肺外隧 《靈樞·營氣第十六》

④西漢詩文：

脂歌合韻 3 例：1 馳指 劉向《九歎遠遊》　2 馳師 楊雄《酒賦》　3 夷馳 楊雄《長楊賦》

微歌合韻 10 例：1 離哀 劉向《九歎憂苦》　2 遂巍 劉向《九歎遠遊》　3 悲衰頹歸池 東方朔《七諫自悲》　4 蠉蜎 司馬相如《子虛賦》　5 靡塊 王褒《聖主得賢臣頌》　6 靡巍 王褒《甘泉宮賦》　7 歸爲回衣歸 無名氏《鐃歌巫山高》　8 施回 唐山夫人《安世房中樂》　9 悲危 《淮南子·原道》　10 隨非 《淮南子·原道》

脂之合韻 3 例：1 絲遲絲之詞 枚乘《柳賦》　2 醴脂駿米脂啟脂待泥啟脂齊脂禮脂鄒陽《酒賦》　3 死鄙 司馬遷《悲士不遇賦》

微之合韻 2 例：1 開座 劉向《九歎惜賢》　2 思歸 無名氏《鐃歌戰城南》

脂支合韻 4 例：1 雌雉 無名氏《雉子斑》　2 技帥 楊雄《羽獵賦》　3 佳眉 楊雄《反離騷》　4 支犀 楊雄《交州箴》

微支合韻 5 例：1 飛槐溪 枚乘《七發》　2 枝薾枝歸 鄒陽《几賦》　3 知衰 無名氏《上邪》　4 衰卑 王褒《四子講德論》　5 水豸氏豕 司馬相如《子虛賦》

質月合韻 5 例：1 滅日 劉向《九歎遠遊》　2 絕結 班婕妤《擣素賦》　3 實熱室 楊雄《解嘲》　4 溢發 王褒《四子講德論》　5 哲慄密舌折 楊雄《尚書箴》

物月合韻 2 例：1 忽絕 劉去《歌一首》　2 烈律 楊雄《解嘲》

脂微歌合韻 6 例：1 藜脂飛微蛇犀脂陂 楊雄《羽獵賦》　2 眉脂危懷微徽輴微

泥_脂夷_脂 楊雄《酒賦》　3 眉_脂姿_脂脂_脂綏_微垂_微 王褒《青髯髯奴辭》　4 衰_微危_微祇_脂遺_微 司馬相如《封禪文》　5 威_微危_微馳_脂回_微蕤_微蛇_歌妃_微眉_脂資_脂 楊雄《甘泉賦》　6 夷_脂師_脂危_微歸_微 司馬相如《大人賦》

脂微歌之合韻 1 例：1 綏_脂纚_歌開_微梔_脂旗_之 楊雄《甘泉賦》

脂微之合韻 3 例：1 狶_微犛_之麋_脂 楊雄《羽獵賦》　2 衣_微肌_脂脂_脂懷_微回_微辭_之 司馬相如《美人賦》　3 衣_微胝_脂肌_脂遲_脂之_之 楊雄《逐貧賦》

⑤東漢詩文：

之脂合韻 3 例：1 臺_之階_脂菜_之能_之 邊讓《章華臺賦》　2 矢_脂紀_之 李尤《弧矢銘》　3 時_之絲_之脂_脂之_之 王逸《機婦賦》

之微合韻 5 例：1 機_微慈_之思_之 皇甫規《女師箴文》　2 辭_之希_微歸_微 蔡邕《答卜元嗣詩》　3 非_微歸_微哀_微來_之 孔融《六言詩》　4 歸_微哀_微來_之 無名氏《古詩爲焦仲卿妻作》　5 臺_之微_微幾_微饑_微 闕名《張壽碑》

脂支合韻 9 例：1 崖_支題_支犀_脂璃_支觿_支 杜篤《論都賦》　2 規_支齊_脂 班固《十八侯銘》　3 胝_脂蹄_支泥_脂 崔駰《博徒論》　4 弛_支是_支履_脂 崔駰《達旨》　5 鵜_脂雌_支兒_支斯_支 蔡邕《短人賦》　6 奇_支爲_支儀_支兒_支睢_脂離_支知_支呢_支脾_支咿_支啼_支醨_支此_支崎_支施_支枝_支溪_支危_微離_支垂_微跂_支 王延壽《王孫賦》　7 差_支涯_支棲_脂陂_支 劉梁《七舉》　8 淒_脂啼_支離_支徙_支爲_支 無名氏《皚如山上雪》　9 齊_脂兮_支 闕名《樊敏碑》

微支合韻 11 例：1 纍_微賈_支 王逸《九思傷時》　2 歸_微悲_微衣_微啼_支縻_支麋_脂兒_支非_微非_微遲_脂歸_微 無名氏《東門行》　3 虧_支頽_微懷_微 闕名《郭君碑》　4 危_微回_微追_微摧_微歸_微哀_微徊_微 闕名《北海相景君銘》　5 儀_支歸_微衣_微儀_支違_微歸_微催_微 無名氏《古詩爲焦仲卿妻作》　6 歸_微豀_支機_微 闕名《周憬功勳銘》　7 罷_支威_微飛_微垂_微 班固《傅寬銘》　8 披_支悲_微 馮衍《顯志賦》　9 偉_微麾_支 傅毅《洛都賦》　10 崖_支礒_支危_微枝_支頹_微 馬融《長笛賦》　11 蚔_支微_微 李尤《熏鑪銘》

質月合韻 4 例：1 闕_月日_質 班固《竇將軍北征賦》　2 越_月血_質 杜篤《論都賦》　3 切_質肆_質庚_月冽_月躓_質 馬融《長笛賦》　4 切_質肆_質庚_月冽_月躓_質 馬融《長笛賦》

物月合韻 1 例：1 寐_物鬚_物墜_物察_月對_物 班固《幽通賦》

脂微支合韻 11 例：1 威_微奇_支姿_脂 班固《奕旨》　2 衰_微違_微危_微師_脂維_脂眉_脂微_微非_微威_微姿_脂 杜篤《論都賦》　3 枳_支蕍_支兒_支狶_微 馬融《廣成頌》　4 砥_脂水_微履_脂智_支 蔡邕《彈棋賦》　5 威_微爲_支機_微迷_脂祇_脂師_脂□徵_支 桓麟《劉寬碑》　6 資_脂機_微師_脂移_支夷_脂暉_微 胡廣《法高卿碑》　7 陂_支脂_脂饑_微 無名氏《古詩》　8 遲_脂爲_支施_支歸_微 無名氏《古詩爲焦仲卿妻作》　9 歸_微差_支違_微師_脂懷_微徊_微暉_微乖_支追_微衣_微 徐淑《答秦嘉詩》　10 隨_支追_微師_脂 郭正《法真頌》　11 儀_支夷_脂崑_支虧_支陭_支規_支崺_支悲_微傒_支洄_微雷_支 闕名《周憬功勳銘》

質物月合韻 3 例：1 實_質物_物漆_月節_質 班固《東都賦》　2 節_質跌_質折_月絕_月歾_物曶_物蛻_月畢_質列_月悅_月 傅毅《舞賦》　3 謐_質室_質七_質密_質結_質滅_質溢_質慄_質失_質訖_物

疾_質出_物必_質馬融《圍棋賦》

脂微支魚合韻 1 例：1 歸_微悲_微衣_微啼_支麋_支兒_支遲_脂居_魚 無名氏《東門行》

脂微支之合韻 1 例：1 來_之齊_脂隨_支徊_微開_微頹_微離_支垂_支期_之 無名氏《雙白鵠》

我們將以上的合韻情況統計爲各類合韻的對比表（表 3-11）：

表 3-11　　　　　　　上古脂、微、質、物部合韻表

韻文材料	獨用或合用次數 上古韻部	脂歌	微歌	脂之	微之	脂支	微支	質月	物月	脂微歌	脂微之	脂微支	質物月
周秦	《詩經》	1	—	—	—	1	1	8	2	—	—	—	—
	《楚辭》	—	1	—	—	2	—	—	3	1	—	1	—
	周秦群經諸子韻文	2	2	—	—	1	1	6	15	—	—	—	—
	合計	3	3	—	—	4	2	14	20	1	—	1	—
兩漢	西漢	3	10	3	2	4	5	5	2	6	3	—	—
	東漢	—	—	3	5	9	11	4	1	11	—	—	3
	合計	3	10	6	7	13	16	9	3	17	3	—	3

這樣我們可以清晰地看到脂、微部分別與歌部、之部、支部的合韻關係，以及質、物部與月部的合韻關係。

羅、周先生説，周秦時期脂部、微部在與歌部的關係上是有不同的，微歌有時在一起押韻，而脂歌很少押韻。而從對比表可以看到，《詩經》里有脂歌合韻 1 例，而沒有微歌合韻，《楚辭》的情況正好相反，但還有 1 例脂微歌合韻，周秦群經諸子韻文里脂歌合韻 2 例，微歌合韻 2 例。如果從三種材料總體看，則脂歌合韻共 3 例，而微歌合韻共 3 例，還有 1 例脂微歌合韻，在與歌部的關係上，脂、微部并無不同。

同樣，在與支部的關係上，脂、微部也是一樣的，周秦一共有脂支合韻 4 例，微支合韻 2 例，脂微支合韻 1 例。在與月部的關係上，質部、物部也沒有太大的差異。

周秦與兩漢的材料數據對比我們就可以發現，在與别的韻部的關係上，脂部與微部，質部與物部都體現出相同的特點，從這一角度看，周秦時期應該與兩漢時期相同，脂、微部合爲一部，質、物部合

爲一部。

二 兩漢脂微合韻等不屬於方言現象

那麽，兩漢脂微合韻、質物合韻是不是一種方言現象呢？我們沿襲上文的做法，將兩漢文學家根據他們的籍貫，按地域分別統計其作品中脂、微諸部用韻的情況，從而考察其是否爲方言現象。

表3-12是根據作家籍貫地區①分類對脂、微諸部用韻的情況的統計，因劉安《淮南子》的特殊性，我們將其單獨列出。

韻文材料比較少的是河南、河北、山西、陝西四個地區。河南地區共出現3例合韻例，是質物合韻2例，質物祭合韻1例，河北地區共出現2例合韻例，是脂微合韻2例，山西地區出現了3例合韻例，分別是物部獨用1例，質物合韻1例，質月合韻1例。可以説，雖然用韻例少，可是脂微合韻、質物合韻的特點還是體現了出來。至於陝西地區，有微部獨用1例，脂之合韻1例，不好判斷。

韻文材料比較多的江蘇、山東、四川和《淮南子》，從其獨用和合韻的情況看，脂微合用、質物合用都是普遍的現象。特別是四川地區，合韻出現的數量多，範圍大，不僅脂微合韻、質物合韻的數量多，脂、微部同時與其他韻合韻的次數也很多，如脂微歌合韻就出現了6例，還有1例脂微歌之合韻：

脂微歌合韻6例：1 藜_脂飛_微蛇犀_脂陂 楊雄《羽獵賦》 2 眉_脂危懷_微徽_微輪_微泥_脂夷_脂 楊雄《酒賦》 3 眉_脂姿_脂脂_脂綏_微垂 王襃《青髯髯奴辭》 4 衰_微危祇_脂遺_微 司馬相如《封禪文》 5 威_微危馳回_微蕤_微蛇妃_微眉_脂資_脂 楊雄《甘泉賦》 6 夷_脂師_脂危歸_微 司馬相如《大人賦》

脂微歌之合韻1例：1 綏_微纚開_微柅_脂旗 楊雄《甘泉賦》

可見在這一地區，脂、微部完全合爲一個韻部。另外，對於一些作者籍貫不明的作品的押韻情況看，脂微合韻、質物合韻同樣存在，雖然數量不多，但足以説明脂微合韻、質物合韻在不同區域都是一個顯著的特點，所以我們説西漢時期脂微合爲一部，質物合爲一部并不是方言現象。

---

① 西漢、東漢作家籍貫地區參考第二章第二節。

表 3-12-1　　　　　西漢詩文脂、微諸部獨用合用表①

獨用或合用次數 \ 上古韻部 \ 地區	脂	微	質	物	脂微	脂質	脂物	微質	微物	質物	脂歌	微歌	脂之	微之	脂支	微支	質月	物月	其他
江蘇	3	15	3	5	7	—	—	—	2	1	2	1	1	—	1	1	1	2②
河南	—	—	—	—	—	—	—	—	2	—	—	—	—	—	—	—	—	1③
河北	—	—	—	—	2	—	—	—	—	—	—	—	—	—	—	—	—	—
山東	3	2	4	1	3	1	—	—	3	—	1	1	—	—	1	—	—	1④
山西	—	—	—	1	—	—	—	—	—	—	—	—	—	—	1	—	—	—
四川	7	10	3	14	15	3	—	—	2	3	—	—	3	2	3	1	22⑤
陝西	—	1	—	—	—	—	—	—	1	—	—	—	—	—	—	—	—	—
籍貫不明	1	5	2	3	1	—	—	—	1	—	2	—	1	1	—	—	—	—
合計	14	33	12	24	28	4	2	—	13	3	8	3	2	4	5	5	2	23

表 3-12-1　　　　　西漢詩文脂、微諸部獨用合用表

獨用或合用次數 \ 上古韻部 \ 材料	脂	微	質	物	脂微	脂質	脂物	微質	微物	質物	脂歌	微歌	脂之	微之	脂支	微支	質月	物月	其他
《淮南子》	19	21	19	14	5	1	—	—	4	—	2	—	—	—	—	—	—	8⑥

我們再來看看東漢的情況。表 3-13 是据作家籍貫地区分类对脂、微諸部用韻的情況的統計表。

韻文材料比較少的是江蘇、甘肅、寧夏三個地區。但就這三個地方

---

① 兩漢的統計表根據羅常培、周祖謨《漢魏晋南北朝韻部演變研究（第一分册）》統計。

② 此處爲質祭合韻 1 例，質真合韻 1 例。

③ 此處爲質物祭合韻 1 例。

④ 此處爲物祭合韻 1 例。

⑤ 此處爲脂微歌合韻 6 例，脂微之合韻 3 例，脂微歌之合韻 1 例，質物之合韻 1 例，質物月祭合韻 1 例，質物祭合韻 1 例，質物月合韻 1 例，脂質歌合韻 1 例，質盍合韻 1 例，質祭合韻 1 例，質職合韻 1 例，物職合韻 1 例，物祭合韻 1 例，脂真合韻 1 例，物真合韻 1 例。

⑥ 此處含脂祭合韻 3 例，物祭合韻 1 例，物職合韻 2 例，質物祭合韻 1 例，脂物祭合韻 1 例。

出現的合韻例來看，江蘇有脂微支合韻 1 例，寧夏有質物歌合韻 1 例，可以說脂與微、質與物的關係還是比較密切的。

從別的地區的情況來看，脂微合韻、質物合韻的數量與各部獨韻的數量相比，是占很大比重的。所以我們說，東漢時期，脂微合爲一部、質物合爲一部是很明顯的語音特點，而這種特點是各個地區所共用的，并不是某一地區的方言特點。

表 3-13　　　　　　　東漢詩文脂、微諸部獨用合用表

獨用或合用次數＼地區＼上古韻部	脂	微	質	物	脂微	脂質	脂物	微質	微物	質物	脂歌	微歌	脂之	微之	脂支	微支	質月	物月	其他
陝西	4	9	4	9	10	—	1	—	—	10	—	—	—	—	2	4	4	1	13①
河北	2	3	2	2	6	—	—	—	—	3	—	—	—	—	2	—	—	—	1②
河南	2	13	3	3	10	1	2	—	1	4	—	—	1	1	1	—	—	—	5③
江蘇	—	1	—	—	—	—	—	—	—	—	—	—	—	—	—	—	—	—	1④
四川	1	1	1	—	1	—	—	—	—	3	—	—	1	—	—	1	—	—	1⑤
甘肅	—	—	—	—	—	—	—	—	—	—	—	—	1	—	—	—	—	—	—
湖北	—	3	—	1	5	—	—	—	1	4	—	—	—	1	—	1	1	—	2⑥
山東	—	1	1	—	4	—	—	—	—	—	—	—	—	—	1	1	—	—	1⑦
寧夏	—	—	—	—	—	—	—	—	—	—	—	—	—	—	—	—	—	—	1⑧
籍貫不明	5	9	1	1	12	—	—	—	1	4	—	—	—	—	2	2	5	—	17⑨

---

① 此處爲脂微支合韻 3 例，質物月合韻 3 例，物祭合韻 2 例，質物祭月合韻 1 例，微質祭月合韻 1 例，脂質物合韻 1 例，微真合韻 1 例，微職合韻 1 例。

② 此處爲脂微真合韻 1 例。

③ 此處爲脂微真合韻 1 例，脂微支合韻 1 例，支物合韻 1 例，質物祭之合韻 1 例，脂質物合韻 1 例。

④ 此處爲脂微支合韻 1 例。

⑤ 此處爲之物合韻 1 例。

⑥ 此處爲脂微支合韻 1 例，支物職合韻 1 例。

⑦ 此處爲微質物合韻 1 例。

⑧ 此處爲質物歌合韻 1 例。

⑨ 此處爲脂微支合韻 5 例，脂微支魚合韻 1 例，脂微支之合韻 1 例，微支之合韻 2 例，微支魚合韻 1 例，質祭合韻 1 例，質物職合韻 1 例，微支錫合韻 1 例，微之幽合韻 1 例，之職幽物合韻 1 例，脂微質支錫合韻 1 例。

續表

獨用或合用次數＼上古韻部＼地區	脂	微	質	物	脂微	脂質	脂物	微質	微物	質物	脂歌	微歌	脂之	微之	脂支	微支	質月	物月	其他
合計	14	40	18	16	48	1	4	0	3	28	0	0	3	5	9	11	4	1	42

綜合兩漢的情況看，我們認爲兩漢脂微合爲一部，質物合爲一部并不是方言現象。

和先秦的詩文用韻情況對比起來，兩漢各地區的語音特點顯得更爲統一。我們前面提到，周秦時期，《詩經》《楚辭》、周秦群經諸子韻文材料中脂微合韻、質物合韻的比例並不太統一，詳見下表：

	脂微合用比例	質物合用比例
《詩經》	31.03%	14.29%
《楚辭》	41.18%	23.08%
周秦群經諸子韻文	12.12%	15.13%
西漢	27.5%	18.82%
東漢	47.06%	45.16%

很明顯，《詩經》與周秦群經諸子韻文的在脂微部方面差異比較大。我們曾根據《詩經》篇目出自的地域，將詩篇分爲中部、西部、東部三大區域，並對合韻的比例進行過分類統計：

	脂微合用比例	質物合用比例
中部地區	31.25%	14.29%
西部地區	59.09%	17.39%
東部地區	19.05%	25%

在脂微諸部獨用合用比例方面，《詩經》東部地區的詩篇與周秦群經諸子韻文表現出的情況近於一致。周秦群經諸子韻文多爲先秦諸子的著作，各位作家自然亦有地域差異，而我們在上一節討論周秦群經諸子韻文方言性質時已經談到，涉及用脂、微諸韻的管子、荀子、韓非子等

都是東部地區的作家。所以我們認爲脂微合爲一部，質物合爲一部是通語的語音特點，而將脂、微部分開，質部、物部分開則是東部地區的方言特點。

現在，我們按地域梳理了兩漢的韻讀材料後，更加確定這一觀點。因語音有一定的承繼性，兩漢政治局面更爲統一，國家統治更爲穩固，這些條件都促進了語音的進一步統一。脂微合爲一部、質物合爲一部很明顯已經是通語的語音特點。而兩漢時期里屬於東部地區的山東、河北等地，其脂微諸韻的用韻特點與別的地區完全一樣。故而我們認爲，從上古時期的韻文材料來看，脂部、微部應合爲一部。周秦時期在東部地區，脂微有分用的情況，到了兩漢，這種情況就不存在了。

第四節 從通假字看脂、微諸部關係

一 脂、微諸部通假字統計

字的通假，以音爲樞紐。通假字是研究古音的重要材料。我們對部分通假字字典的脂、微諸部互通的情況進行了統計，詳見表3-14：

表3-14　　　　　通假字字典脂、微諸部字互通表①

互通次數 通假字 \ 本字	《通假字彙釋》				《古漢語通假字字典》			
	脂	質	微	物	脂	質	微	物
脂	187	9	7	1	112	8	2	2
質	4	110	1	4	4	45	—	—
微	9	0	210	27	4	—	160	11
物	1	9	15	174	—	4	5	55

因爲我們只是探求通假字之間的語音關係，重點并非在區別何爲本字、何爲假字，故我們將本字—通假字、通假字—本字的數據合并起來

---

① 馮其庸、鄧安生：《通假字彙釋》，北京大學出版社2006年版。馬天祥、蕭嘉祉：《古漢語通假字字典》，陝西人民出版社1991年版。

進行統計，這樣也方便比較。從以上字典所反映出的各部的互通情況總結如表 3-15：

表 3-15　各類通假字字典中脂、微諸部字互通情況比較表

互通次數＼通假字字典＼上古韻部	《通假字彙釋》	《古漢語通假字典》
脂—微	16	6
質—物	13	4
脂—物	2	1
微—質	1	0

表中的數據顯示，脂部與微部、質部與物部之間都有不少互通字例，但客觀地説，其數量并不突出。與詩文用韻中脂微合韻、質物合韻的高比例并不太一致。爲深入考察，我們還是先看看具體的例證，然後再從諧聲角度具體分析。

二　脂、微諸部通假字字例

（一）脂—微 8 例

洒—崔：《詩·邶風·新臺》："新臺有洒，河水浼浼。"傳："洒，高峻也。"按"洒"當讀作"崔"。《韓詩》作"漼"，即"崔"之借。——《彙釋》P. 453

批—排：《戰國策·秦策三》："正亂批患，折難廣也。"正亂批患，整亂排患。○《史記·魏其武安侯列傳》："及魏其侯失勢，亦欲倚灌夫引繩批根生平慕之後棄之者。"索隱："批者，排也。《漢書》作排。"○《後漢書·寇榮傳》："而臣兄弟獨以無辜爲專權之臣所見批抵，青蠅之人所共拘會。"——《彙釋》P. 494

祇—圻：《左傳·昭公十二年》："昔穆王欲肆其心。周行天下。將皆必有車轍馬跡焉。祭公謀父作《祈招》之詩以止王心。王是以獲没於祇宮。"疏：馬融曰：圻内游觀之宮也。按"圻内"之圻，實亦"畿"之借。祇宮，畿内行宮。——《彙釋》P. 631

稽—譏：《漢書·賈誼傳》："婦姑不相悦，則反脣而相稽。"相稽，

即相譏。——《彙釋》P.676

緊—唯：《左傳·隱公元年》："爾有母遺，緊我獨無。"○又《襄公十四年》："王室之不壞，緊伯舅是賴。"正義："王室之不傾壞者，唯伯舅是賴也。"○清王引之《經傳釋詞》卷三："伊，維也，常語也。字或作'緊'。"黃侃批注："'伊'、'緊'皆'唯'之借。"——《彙釋》P.837

飢—饑：《墨子·七患》："五穀不收謂之飢。"《爾雅·釋天》《說文·食部》並作"穀不熟爲饑"。○《管子·五輔》："纖嗇省用以備飢饉。"○《逸周書·糴匡》："年飢，則勤而不賓，舉祭以薄。"一本作"饑"。○《戰國策·西周策》："秦飢而宛亡。"○《淮南子·天文》："四時不出，天下大飢。"注"穀不熟爲飢也。"○《史記·貨殖列傳》："地勢饒食，無飢饉之患。"○《漢書·項籍傳》："今歲飢民貧，卒食半菽，軍無見糧。"《史記·項羽本紀》作"饑"。……——《彙釋》P.1048

《楚辭》、嚴忌《哀時命》："倚躊躇以淹留兮，日飢饉而絕糧。"《淮南子·天文》："四十不出，天下大飢。"《漢書·翼奉傳》："今東方連年飢饉。"《後漢書·公孫述傳》："今山東飢饉，人庶相食。"——《字典》P.293

麋—徽：《論衡·感類》："晉文反國，命徹麋墨，舅犯心感，辭位歸家。"《淮南子·說山篇》："文公棄荏席，後徽墨，咎犯辭歸。""麋墨"即"徽墨"也。——《彙釋》P.1076

媚—魅：《列子·力命》："天地不能犯，聖旨不能干，鬼媚不能欺。"《釋文》魅作媚，云：或作魅。——《字典》P.450

（二）微—脂 12 例

㠯—師：《毛伯彝銘》："王令吳㠯（伯）曰'㠯乃㠯，左從毛父。'王令吳㠯（伯）曰'㠯乃㠯，右從毛父。'"㠯，讀爲"師"。○《曶壺銘》："更乃且（祖）考乍冢欲土于成周八㠯。"八㠯，即八師，猶八軍。——《彙釋》P.13

塈—呬：《詩·大雅·假樂》："百辟卿士。媚于天子。不解於位。民之攸塈。"傳："塈，息也。"○朱駿聲《說文通訓定聲》："塈，假借爲呬。"——《彙釋》P.170

徽—媺：《書·舜典》："慎徽五典，五典克從。"傳："徽，美也，善也。"○《詩·小雅·角弓》："君子有徽猷，小人與屬。"傳："徽，美也。"○《文選·公讌詩》："管弦發徽音，曲度清且悲。"李善注："孔安國《尚書傳》曰：徽，美也。"○朱駿聲《説文通訓定聲》："徽，假借爲媺。"——《彙釋》P.262

幾—冀：《左傳·哀公十六年》："國人望君，如望歲焉，日月以幾。"注："幾，冀君來。"釋文："幾，音冀，本或作冀。"○《列子·黃帝》"夏桀、殷紂、魯桓、楚穆，狀貌七竅，皆同於人，而有禽獸之心。而衆人守一狀以求至智，未可幾也。"○《禮記·檀弓上》："吾今日其庶幾乎！"疏："幾，冀也。"○《韓非子·外儲説右上》："其妻請兄而索，其兄曰：'吳'爲法者也。其爲法也，且欲以與萬乘致功，必先踐之妻妾然後行之，子母幾索入矣。"○《孝經·序》："雖無德教加於百姓，庶幾廣愛形於四海。"宋邢昺疏："庶幾，猶幸望。"○銀雀山一號漢墓竹簡0156："孫子曰：明主知道之將，不以衆卒幾功。"○《史記·晉世家》："寡人自以疏遠，毋幾爲君。"索隱："幾音冀，謂望也。"……——《彙釋》P.323

機—几：北魏崔鴻《十六國春秋·前趙·劉聰》："約歸，置皮囊於機下。俄而蘇，謂左右曰：'機上取囊來。'"——《彙釋》P.371

機—階：《易·繫辭上》："亂之所生也，則言語以爲階。"釋文："姚（姚信）作機。"按"階"即"機"之借。——《彙釋》P.371

溦—湄：《爾雅·釋丘》："涘爲厓。窮瀆，汜。穀者溦。"《釋文》本作"湄"，云："或作溦，亡北反。"○朱駿聲《説文通訓定聲》："溦，假借爲湄。"——《彙釋》P.474

豈—覬：東方朔《七諫·沉江》："追悔過之無及兮，豈盡忠而有功。"朱熹集注："豈，一作覬。"○《文選》卷二十九魏曹植《朔風詩》："君不垂眷，豈云其誠。"李善注引《倉頡篇》："豈，冀也。"○朱駿聲《説文通訓定聲》："豈，假借爲覬。"……——《彙釋》P.860

饑—飢：《書·舜典》："黎民阻饑。"《史記·五帝本紀》作"黎民始飢。"○《墨子·非命中》："使身至有饑寒凍餒之憂。"同書《非命上》《非命下》均作"飢"。○《商君書·靳令》："有饑寒死亡，不爲利禄之故戰，此亡國之俗也。"○《晏子春秋·諫上十四》："天不雨久矣，民且有饑色。"○《吕氏春秋·觀世》："子列子窮，容貌有饑色。"○《淮南子·説山》："寧百刺以針，無一刺以刀；寧一引重，無久持輕；寧一月饑，無一旬餓。"○《漢書·楚元王傳》："漢絶吳楚糧道，士饑，吳王走，戊自殺，軍遂降漢。"《史記·楚元王世家》作"飢"。……——《彙釋》P. 1053

《商君書·靳令》："有饑寒死亡，不爲利祿之故戰，此亡國之俗也。"《漢書·元帝紀》："黎民饑寒，無以保治。"——《字典》P. 296

輩—比：《商君書·農戰》："道路曲辯，輩輩成群。"《後漢書·循吏傳》："邊鳳延篤，先後爲京兆尹，時人以輩前世趙張。"——《字典》P. 32

腓—庇：《詩·小雅·采薇》："君子所依，小人所腓。"——《字典》P. 187

墰—湄：《詩經·大雅·鳧鷖》："鳧鷖在墰。公尸来止熏熏。"馬瑞辰《毛詩傳箋通釋》："即湄之假借。湄，水旁也。"——《字典》P. 721

（三）脂—物 1 例

媚—魅：《列子·力命》："天地不能犯，聖智不能干，鬼魅不能欺。"釋文本作"媚"，云："或作魅。"○朱駿聲《説文通訓定聲》："媚，假借爲魅"。——《彙釋》P. 320

毗—弼：漢《太尉劉寬碑》："輔毗安順，勳載二葉。"漢《司隸從事郭究碑》："當享爵壽，作漢輔毗。"漢《綏民校尉熊君碑》："河雒挺録，爲國毗輔。"——《字典》P. 501

（四）物—脂 1 例

曁—齌：屈原《九章·悲回風》："夫何彭咸之造忠兮，曁志介而不忘。"曁，當讀爲"齌"，音近通借。江淹《恨賦》："齌志没地，長懷無已。"——《彙釋》P. 437

（五）質—物 4 例

即—既：《玉臺新詠》卷一魏繁欽《定情詩》："我即媚君姿，君亦悦我顔。"清吳兆宜注："即，一作既。"——《彙釋》P. 128

洎—曁：《書·禹貢》"泗濱浮磬。淮夷蠙珠曁魚。"《詩·魯頌·泮水》正義引作"洎"。○《詩·商頌譜》："後有高宗者，舊勞於外，

第三章　上古脂、微二部的分合問題

妥洎小人，作其即位，乃或諒闇。"今《書‧無逸》作"妥曁小人。"○《莊子‧寓言》："吾及親仕三釜而心樂；後仕三千鐘不洎，吾心悲。"注："洎，及也。"○《文選》卷三張衡《東京賦》："百僚師師，於斯胥洎。"注："洎，及也。"……——《彙釋》P. 454

器—氣：《吕氏春秋‧仲夏紀》："其器高以觕，養壯狡。"陳奇猷校釋引蔣維喬曰："器、氣古通用。"○《論衡‧儒增》"人有上書告新垣平所言神器事皆詐也。"黃暉校釋："器"讀作"氣"，氣、器古通。（《大戴禮‧文王官人篇》："其氣寬以柔。"《周書》"氣"作"器"。《莊子‧人間世》："氣息茀然。"《釋文》：一本作"器息"。）下文"新垣平詐言鼎有神氣見"，即承此爲文。《封禪書》作"氣神事"。——《彙釋》P. 229

惠—謂：《書‧盤庚下》："爾謂朕曷震動萬民以遷。"漢石經《尚書》殘碑"謂"作"惠"，即"謂"之借。——《彙釋》P. 604

（六）物—質 11 例

佛—弼：《詩‧周頌‧敬之》："佛時仔肩，示我顯德行。"箋："佛，輔也。時，是也。仔肩，任也。"馬瑞辰通釋："古弼字其音均與佛近，故弼可借作佛也。"——《彙釋》P. 54

既—即：《易‧旅》："六二，旅即次，懷其資，得其童僕貞。"漢墓帛書本"即"作"既"。○《逸周書‧克殷》："武王使尚父與伯夫致師，王既誓以虎賁戎車馳商師，商師大崩。"既，當讀作"即"。○《戰國策‧燕策三》："秦王謂軻曰：'起，取武陽所持圖！'軻既取圖奉之。"既，當讀作"即"。——《彙釋》P. 332

朮—鷸：《淮南子‧道應》："於是乃去其瞀而載之朮，解其劍而帶之笏。"朮，讀爲"鷸"，鷸冠。——《彙釋》P. 333

拂—弼：《鶡冠子‧道端》："正言直行，矯拂王過。"○《史記‧秦始皇本紀》："然所以不敢盡忠拂過這，秦俗多忌諱之禁，忠言未卒於口而身爲戮没矣。"○《晏子春秋‧雜上》："好則内無拂而外無輔，輔拂無一人，諂諛我者甚衆。"○《荀子‧臣道》："有能舍君之命，除君之辱，功伐足以成國之大利，謂之拂。"注："拂，讀爲弼。"○馬王堆漢墓帛書《衷》："（武夫）又（有）拂，文人有輔。"○朱駿聲《説文通訓定聲》："拂，假借爲弼。"……——《彙釋》P. 499

氣—器：《禮記·樂記》："詩，言其志也；歌，詠其聲也；舞，動其容也。三者本於心，然後樂器從之。"按：《史記·樂書》《説苑·修文》均作"氣"。○《淮南子·説山》："故魚不可以無餌釣也，獸不可虛氣召也。"俞樾《諸子平議》："氣，當作器。"——《彙釋》P. 533

紃—紩：《史記·趙世家》："黑齒雕題，却冠秫紃，大吳之國也。"《集解》引徐廣曰："《戰國策》作'秫縫'，紃亦縫紩之別名也。紩者，綦針也。古字多假借，故作'秫紃'耳。此蓋言其女功針縷之粗拙也。又一本作'鮭冠黎絟'也。"——《彙釋》P. 824

述—鷸：《續漢書·輿服志下》："通天冠……前有山，展筩爲述，乘輿所常服。"又"建華冠，以鐵爲柱卷，貫大銅珠九枚，制似縷鹿。記曰：'知天者冠述，知地者履約。'《春秋左傳》曰：'鄭子臧好鷸冠。'前圓，以爲此則是也。"王先謙集解引黃山："後文'建華冠'引《記》曰：'知天者冠述。'錢氏據《漢書·五行志》顏注，述即爲鷸。山案：《説文》'鷸'下引《禮記》曰：'知天文者冠鷸。'…'述'即作'鷸'。"《漢書》引《左傳》曰："鄭子臧好聚鷸冠"，顏師古注曰："子臧，鄭文公子也。鷸，大鳥，即《戰國策》所云啄蚌者也。天之將雨，鷸則知之。翠鳥自有鷸名，而此飾冠，非翠鳥。《逸周書》曰'知天文者冠鷸冠'，蓋以鷸鳥知天時故也。《周禮》謂之'術氏冠'。鷸，音聿，又音術。"——《彙釋》P. 909

《後漢書·輿服志下》："通天冠，……前有山，展筩爲述，乘輿所常服。"——《字典》P. 627

類—戾：《詩·大雅·蕩》："文王曰咨，咨女殷商。而秉義類，强禦多懟。"俞樾《群經平議》："'類'與'戾'同。"○《逸周書·史記》："業形而惡者危，昔谷平之君，愎類無親，破國弗克，業形用國，外内相援，谷平以亡。"宋孔晁注："愎，很類也。"——《彙釋》P. 1042

《荀子·不苟》："夫富貴者則類傲之；夫貧賤者則求柔之；是非仁人之情也。"孫詒讓云：類與戾同。——《字典》P. 393

纇—戾：《左傳·昭公十二年》："貪惏無饜。忿纇無期。謂之封豕。"注："纇，戾也。"——《彙釋》P. 1043

鉢—鷸：《説苑·修文》："知天道者冠鉢。"《漢書·五行志》中之

第三章 上古脂、微二部的分合問題　　　　107

上："鄭子臧好聚鷸冠"，顏師古注：《逸周書》曰'知天文者冠鷸冠'，蓋以鷸鳥知天時故也。《禮圖》謂之'術氏冠'。鷸，音聿，又音術。——《字典》P.628

聿—遹：《漢書·楊雄傳上》："及至罕車飛揚，武騎聿皇。"顏師古曰："罕車，畢罕之車也。聿皇，疾貌。"——《字典》P.950

（七）質—微 1 例

匪—斐：《詩·衛風·淇奧》"有匪君子，如切如磋。"釋文："匪，本又作斐，同芳尾反，下同。《韓詩》作邳，美貌也。"按《禮記·大學》引《詩》作"斐"。"斐"是本字，"匪"是同音通借字。——《彙釋》P.898

下面，我們列出脂微四部的諧聲字，這樣和通假字表結合起來，就可以看出四部互通的範圍了。王力先生始分脂、微爲二部，質、物爲二部，且確定了它們的諧聲範圍①：

脂部：

旨 迟 伊 夷 稽 卜 笄 几 启 齐 妻 犀 米 氏 弟
豊 黎 匕 尼 耆 比 師 眉 美 开 皆 尸 履 豕 矢 雉 麂
癸 示 私 兕 蒈 弟 姊 二 次 貳 細 蠡 祁 死 爾 彌
此

微部：

敉 徽 豈 肥 尾 毀 火 褱 飛 非 罪 輩 悲 妃 韋
威 委 魏 回 衣 幾 归 追 雷 靁 累 磊 枚 枚 夔
積 希 遺 塊 佳 淮 綏 衰 水 毅 役 鬼 魁 頯

質部：

質 必 一 抑 實 吉 戠 七 即 節 日 栗 桼 叱 闋
喬 畢 失 血 逸 乙 疾 匹 佾 穴 利 戾 棄 器 季 惠
彗 計 繼 薊 四 隸 閉 替 屆 瞖 自 鼻 畀 至 疐 彎
屑 壹 懿 密 謐 瑟 蝨 悉 朌

物部：

勿 卒 出 術 率 帥 兀 弗 没 突 骨 鬱 韋 八 戛

---

① 王力：《詩經韻讀》，上海古籍出版社 1980 年版，第 22—23 頁。

遂 气 既 愛 胃 貴 未 寐 位 退 祟 類 內 對 尉
孛 配

然後，我們將出現脂和微部、質和物部的通假字列出。表中以諧聲爲組，這樣可以直觀地看出各組字在不同字典中的數例，也可以對脂和微部、質和物部在不同諧聲組上的交涉有個直觀的印象，詳見表 3-16 至表 3-19。

表 3-16　　各類通假字字典中脂、微部字諧聲組互通情況比較表

《通假字彙釋》	《古漢語通假字字典》		
脂—微 7 例	微—脂 9 例	脂—微 2 例	微—脂 4 例
批—排			輩—比 腓—庇
飢—饑	機—几 饑—飢	飢—饑	饑—飢
	徽—媺 溦—湄		
	幾—冀 機—階		
祇—坏			
稽—譏			
麋—黴			
綮—唯			
洒—崔			
	堅—呬		
	豈—覬		
	白—師		
		媚—魅	
			亹—湄

表 3-17　　各類通假字字典中脂、物部字諧聲組互通情況比較表

《通假字彙釋》	《古漢語通假字字典》		
脂—物 1 例	物—脂 1 例	脂—物 1 例	物—脂 0 例
		毗—弼	
媚—魅			
	暨—齎		

表 3-18　　各類通假字字典中質、物部字諧聲組互通情況比較表

《通假字彙釋》	《古漢語通假字字典》		
質—物 4 例	物—質 9 例	質—物 0 例	物—質 4 例
	佛—弼		
	既—即		
	术—鷸		
	拂—弼		
器—氣	氣—器		
	絀—紩		
	述—鷸		述—鷸 鉥—鷸
	類—庆 纇—庆		類—庆
			聿—通
惠—謂			
即—既 洎—暨			

表 3-19　　各類通假字字典中質、微部字諧聲組互通情況比較表

《通假字彙釋》	《古漢語通假字字典》		
微—質 0 例	質—微 1 例	微—質 0 例	質—微 0 例
	邲—斐		

可以看出，脂微四部互通字雖然數量不太多，但涉及的諧聲字較爲廣泛，且大部分通假關係都有多條文獻材料佐證，故而我們認爲從通假字來看，脂、微部，質、物部經常通假，可以認定其語音關係密切。

第五節　本章結論

以上，我們從詩文用韻、文字特點兩個大方面分別對上古脂、微、質、物部的關係進行考察。我們認爲：

1. 從周秦到東漢，脂、微所代表的是同一個韻部，質、物代表的是同一個韻部；

2. 在周秦時期，東部地區諸如現屬山東、河北等地，脂、微部合用率較低，有分用的跡象，此屬方言的語音特點；西漢時期這一方言特點已不存在。

我們得出以上觀點的理由是：

從詩文用韻方面看：首先，從歷代詩文入韻情況看，脂微合韻、質物合韻數量多，且出現合韻的作品分布的地域廣。其次，脂、微部；質、物部在和其他韻部發生合韻時，亦體現出相同的特點。

另外，從各韻部的文字特點看，周秦兩漢典籍中出現不少脂、微部字；質、物部字互通的現象。

然而不可迴避的是，相對與詩文用韻中大量的合韻例來看，通假字材料則略顯得單薄。對此我們的解釋是這樣，韻部的劃分標準是：韻腹相同或相近，韻尾相同；韻頭異同或有無不計。上古詩歌多屬口頭創作，完全憑音感相協，又沒有韻書可供查檢，其入韻字在作者方言中定是韻母讀音相近的，故合韻現象不容忽視。王力先生在談到將脂、微韻，質、物韻分開時，提到分開的結果是"脂部開口字多，合口字少；微部合口字多，開口字少"[1]。鑒於上古詩文大量出現的脂、微諸部合韻現象，我們有理由相信，王力先生的脂、微部分屬開口、合口韻，而依據韻部的劃分標準，它們理應歸爲一部。也就是說，從韻母結構的角度來看，脂、微部確實有差異，他們的實際讀音有開口、合口的區別，所以在諧聲上不易分開，通假材料也不多。而因爲他們的韻腹、韻尾相同，在詩歌押韻中完全是音韻和諧，沒有必要分爲兩部。

況且時至今日，雖然脂微分部已成为学界基本公认的观点。然而"脂微兩部的分野仍不易分清，詩韻協韻的地方仍不少，諧聲也有例外。究竟哪個字或哪個偏旁應當入哪一部仍有可商榷的餘地"[2]。

比如現在大多數工具書認爲脂部的字之中，有一部分字（如"美"

---

[1] 王力：《古音脂微質物月五部的分野》，《王力語言學論文集》，商務印書館2000年版，第254頁。

[2] 李方桂：《上古音研究》，商務印書館1980年版，第46頁。

第三章　上古脂、微二部的分合問題　　　111

"妻""遲""私"等）其實應該歸微部①。像"美"字，《老子》"天下皆知美之爲美也"句，郭店《老子》"美"作𢼸、𢼸（老甲第 15 簡），"美"字寫作"散"，"散"小篆作"𢼸"。散字即現在的微字，則美（脂部）微（微部）應同音。

　　再如"師"（脂部）和"𠂤"（微部）字，"師"字的本義是"師衆、師旅"，西周金文中，凡作"師衆、師旅"義的"師"都作"𠂤"，凡作師長解的"師"都作"師"，李孝定就認爲作"𠂤"者借字，作"師"者後起本字（《金文詁林》讀后記卷六），既然借𠂤爲師，則師、𠂤古音應同。

　　即使脂、微部字如此糾葛不清，我們認爲從韻部的劃分標準來看，沒有必要將兩部分開，質、物部亦是如此。

---

　　①　參考［美］白一平（William H. BAXTER）:《上古音脂、微兩部的界限》，復旦大學 2005 年漢語上古音國際研討會論文，上海，2005 年。

第四章　上古陰、入聲韻關係考

第一節　上古陰、入聲韻諸部關係研究現狀

一　前人觀點

上古陰聲韻和入聲韻之間存在着密切的關係。《詩經》用韻以及諧聲關係中都多有陰入相協的情況，因此，許多學者將入聲韻歸入陰聲韻。王力先生早年亦從此說，而晚年則轉向陰陽入三分。王力先生認爲入聲獨立是審音派的標識，"陰陽兩分法和陰陽入三分法的根本分歧，是由於前者是純然依照先秦韻文來作客觀的歸納，後者則是在前者的基礎上，再按照語音系統進行判斷。……研究古音的人必須從語音的系統性着眼，而不能專憑材料"①。

目前學界基本都已採用陰陽入三分的韻部格局，然而在擬音問題上，分歧主要存在於如何構擬上古陰聲韻的韻尾。圍繞這一問題的處理方法，學界大體可以分兩派：

一派以高本漢、李方桂爲代表，認爲上古帶濁塞韻尾。如高本漢把跟入聲韻相諧的部分陰聲韻字帶上了塞音韻尾，董同龢、陸志韋、李方桂都不贊成高氏構擬的開音節，而把所有的陰聲韻都構擬成收塞音韻尾的閉音節（董同龢只有歌部一部沒有輔音韻尾）。主張陰聲韻上古帶塞韻尾者，主要的根據是陰聲韻都與入聲韻協韻、諧聲。

另一派以王力先生爲代表，認爲上古陰聲韻以元音或響音收尾。因爲"世界各種語言一般都有開音節（元音收尾）和閉音節（輔音收

---

①　王力：《漢語音韻》，中華書局1980年版，第146—147頁。

尾)。個別語言(如哈尼語)只有開音節,沒有閉音節;但是,我們沒有看見過只有閉音節,沒有開音節的語言。如果把先秦古韻一律擬測成爲閉音節,那將是一種虛構的語言"①。再者,胡安順師認爲,從語音演變的規律來看,漢語輔音韻尾對韻腹具有相對穩定的作用。帶有輔音韻尾的陽聲韻和入聲韻,其韻腹發展相對穩定或變化具有規則性;陰聲韻由於沒有輔音韻尾起穩定作用,在發展過程中始終不夠穩定、變化較大②。陰聲韻在上古如果帶塞韻尾的話,那麼在韻尾失落以前,它應該和陽、入聲韻有着相同的發展軌跡。然而情況並非如此,此爲陰聲韻不帶塞韻尾的内證。

那麼,上古陰入相諧的情況該如何解釋呢?學者們主要提出了詩歌性質説、方言説、一字異讀説等。

麥耘認爲:詩歌用韻有其獨特性,《詩經》裏的篇章,無論是國風還是雅、頌,都是供吟唱的歌曲。歌曲允許有拖腔,延長了元音的發音,塞音韻尾在音節中的地位便相對削弱了,那麼與入聲韻與陰聲韻的可協程度就會增加。因此,陰入相押完全是有可能的③。

趙誠考察了山東臨沂銀雀山出土的竹簡和殘簡中的三百多組通假字,由此説明了一些戰國秦漢之際的語音現象。在韻方面,這批通假字的特點是陰聲韻和入聲韻的關係極爲密切,似乎兩者不必分開。並説明,臨沂竹簡未見入聲韻和陽聲韻通假的現象,而馬王堆帛書却比較多見,這可能就是齊、楚兩大方言差别的重要的特點之一④。

史存直也認爲陰入相諧帶有方音的特點。"方音在文字的諧聲關係上所發生的影響要更大於在韻文的押韻關係上所發生的影響。這首先可以從舒聲和入聲的關係看得出來。在韻文中,舒入混押的現象極爲罕見,可是在諧聲字中,舒入混諧的現象就屢見不鮮。"⑤

李毅夫認爲所謂祭月通協韻段中的陰聲字原本是陰入兩讀字,它們

---

① 王力:《漢語語音史》,中國社會科學出版社1998年版,第47頁。
② 胡安順:《漢語輔音韻尾對韻腹的穩定作用》,《方言》2002年第1期。
③ 麥耘:《〈詩經〉韻系》,《音韻與方言研究》,廣東人民出版社1995年版,第1—25頁。
④ 趙誠:《臨沂漢簡的通假字》,《音韻學研究(二)》,中華書局1986年版,第17—26頁。
⑤ 史存直:《古韻"之""幽"兩部之間的交涉》,《音韻學研究(一)》,中華書局1984年版,第296—313頁。

在所謂"通協韻段"中讀爲入聲，而在陰聲韻段中則讀爲陰聲。文章雖是考察祭月兩部的分合問題，然而以一字兩讀來解釋祭月陰入通協相信對別的陰、入聲韻部通協也具普遍意義①。

周長楫認爲關於《詩經》通韻（按，即包括陰入協韻）合韻問題，可以從上古漢語語音可能存在着一字多音的特點和上古漢語存在着方言的複雜性這兩個方面來尋找一種較爲合理的解釋②。

而潘悟雲則認爲，諧聲所涉及的語音問題，有些可能是方言現象，但是更多的只是上古漢語形態的反映。所以在討論語音問題的時候，諧聲現象只能作爲參考，不能作爲依據③。

上古除了陰聲韻與入聲韻有通協現象以外，陰聲韻和陽聲韻，陽聲韻和入聲韻之間也有通轉現象，即所謂陰、陽、入三聲對轉。學者們也試着從音理的角度對此進行解釋。

音韻學著作中往往稱陰、陽、入三聲在主要元音相同的情況下可以互相對轉，這種提法將元音相同看成了陰、陽、入對轉的條件。然而胡安順師提出，鑒於陽、入聲韻和陰聲韻不同的發展軌跡，元音相同與否並不能成爲陰、陽、入對轉的條件。因此，"無論是押韻、諧聲或通假，凡涉及到陰、陽、入三聲的對轉問題，正確的解釋應該是：在作者的方音中，陰聲韻被讀成了陽聲韻（或入聲韻），或陽聲韻（或入聲韻）被讀成了陰聲韻。"④

另外，魯國堯先生考察了宋詞中的陰入通叶現象，認爲這種現象的一種解釋是宋金時代北方話的入聲處在削弱消變的過程中，入聲韻尾比較微弱，故偶爾與主元音相同的陰聲字押韻；另一種解釋是在歌唱中，聲音的延長、悠揚可使某些入聲字的唯閉音韻尾減弱，故偶可跟主元音相同或相近的陰聲字叶韻⑤。這爲我們研究《詩經》陰入通叶現象提供

---

① 李毅夫：《上古韻祭月是一個還是兩個韻部》，《音韻學研究（一）》，中華書局 1984 年版，第 286—295 頁。
② 周長楫：《〈詩經〉通韻合韻說疑釋》，《廈門大學學報》（哲學社會科學版）1995 年第 3 期。
③ 潘悟雲：《漢語歷史音韻學》，上海教育出版社 2000 年版，第 174 頁。
④ 胡安順：《漢語輔音韻尾對韻腹的穩定作用》，《方言》2002 年第 1 期。
⑤ 魯國堯：《宋詞陰入通叶現象的考察》，《音韻學研究（二）》，中華書局 1986 年版，第 140—147 頁。

了一定的參考。

二 本專題研究的相關說明

本章題目陰、入聲韻關係中的陰、入聲韻，主要指王力先生擬音爲[-k]收尾入聲韻及其相配的陰聲韻，即陰聲韻之、幽、宵、侯、魚、支部，和入聲韻職、覺、藥、屋、鐸、錫部，共12個韻部。

王力先生認爲上古有四個調類，分別是平聲、上聲、長入和短入，即上古無去聲[1]。很多去聲字在王先生的上古韻字表中都被歸入到了入聲韻里。我們認爲王先生的"長入說"難以成立[2]，上古應有平、上、去、入四聲，對於上古入聲韻部歸字的劃分我們與王力先生有所不同[3]。王力先生的入聲韻字參考王力主編《古代漢語》第二册所附《上古韻部及常用字歸部表》[4]，我們將王先生的六部入聲韻字按其《廣韻》中的聲調分類列出（參見表4-1），表4-1中《廣韻》中的去聲字我們如今歸入與入聲韻相配的陰聲韻。如王力先生歸爲職部的"代"字，在《廣韻》中屬去聲代部，我們則將其歸入之部。表中的去、入兩讀字我們將根據具體材料中的韻讀情況再作分析。

表 4-1　　　　王力上古入聲韻部字《廣韻》聲調分類表[5]

《廣韻》声调＼王力韻部	去聲字	去、入兩讀字	入聲字
職部	置試弒代袋岱貸戒誡械織幟熾意糞驥異賽富背邶備憊	扃值植巫識幅食塞輻副伏劾囿踣	則側惻測直殖式軾拭殛極弋戠職革勒國馘或惑域蜮或緎墨默黑息熄媳薏憶臆翼趣蝕飾畐逼偪福蝠幅葍匐茯北慝匿曘力飭刻核昱煜服鵩立翊翌昊稷愸德特麥忒得陟騭敕奭牧色嗇穡克剋棘賊

---

[1] 王力：《漢語語音史》，中國社會科學出版社1985年版，第73頁。
[2] 胡安順：《長入說質疑》，《陝西師範大學學報》1991年第4期。
[3] 周祖謨先生即持"古有四聲"說，其《詩經韻字表》就與王力先生上古韻部常用字表有所不同。
[4] 王力：《古代漢語（第二册）》，中華書局1981年版，第672—677頁。入聲字表見表4-1，限於篇幅，將陰聲韻字表放在附錄。
[5] 根據《宋本廣韻》統計。（宋）陳彭年、丘雍：《宋本廣韻》，中國書店1982年版。

續表

《廣韻》声调 王力韻部	去聲字	去、入兩讀字	入聲字
覺部	奧告誥窖箘靠竈	複覆復燠①澳隩宿畜嫪祝覺犥	寂督俶俶叔菽淑戚慼蹙目苜睦陸稑腹蝮复鰒馥匊菊鞠趨薁梏酷觳鵠竺築縮蓄育毓鷟粥軸迪孰熟滌敖學逐肅夙肉六鞠旭穆篤竹毒
藥部	悼淖罩豹釣貌翟耀燿矅籲	掉②約兒濯瀑曝暴爆樂爚溺激較	卓桌焯綽勺酌灼妁的邈攉躍翟玀鶴催礭推虐瘧謔爍鑠樂礫爵搦弱龠籥礉鑿鑿駮擧沃削
屋部	赴訃賣竇裕漱縠奏湊媵鬭	足讀續蔟嗽槈	握渥幄屋豖琢啄杽捉浞觸促蜀濁鐲獨躅躑燭囑矚屬觸猭撲濮僕璞卜扑木沐禿櫝牘瀆犢贖錄剝禄碌錄綠鹿麓漉簏轆族鏃簇俗谷欲欲慾浴速束辱褥縟廖角斛穀嶽獄殼鷇穀轂縠毂穀局跼踘曲玉玨禿粟哭
鐸部	暮慕墓詐榨乍祚阼胙吒詫潞賂貉露鷺璐赦渡措厝醋姤柘護夜謝樹霸壩庶步	怕作斁嚇度錯借濩恕射麝斥縛搏惡③掠	陌貊百泊箔伯帛舶粕迫魄白柏拍莫寞漠幕各柞窄乇毫乇宅胳擱閣格骼各客堊額貉洛落絡駱烙雒略酪擇澤鐸鐸釋譯懌驛繹亦奕弈赫赤藉籍惜昔郭椁廓槨廓石斫碧碩蔓蠖穫鑊獲霍藿朔槊逆諾箬掖液腋夕腳卻郤坼拆拆薄鎛膊博蹠席蓆虢尺戟隙迮
錫部	漬懈邂束賜壁臂避譬帝蒂諦禘靘縊隘繫系係派寘	畫積刺易	劃賾簀幘績謫讁滴嫡摘鏑敵鬲隔膈阨軛扼策埸惕剔惕錫裼媞渥辟璧擗霹癖僻鬩蹙狄荻逖溢鎰益鷁析淅晰晳役疫曆歷擊瘠脊脈翟冊覈鷊鬩迹

另外，王力先生上古入聲韻部字中，還有一些在《廣韻》裏屬於其他類型的陰、入兩讀字，如平、入兩讀字，上、入兩讀字等，我們將這些字列出如下（字后括號內即此字在《廣韻》中的聲調類型）：

王力覺部：妯(平、入) 菌(平、入) 簼(平、入)

王力藥部：掉(上、去、入) 芍(上、入) 杓(平、入) 藐(上、入)

王力屋部：樸(平、入)

---

① "燠"字在《廣韻》中有上聲、去聲、入聲三讀。
② "掉"字在《廣韻》中有上聲、去聲、入聲三讀。
③ "惡"字在《廣韻》中有平聲、去聲、入聲三讀。

王力鐸部：摸₍平、入₎膜₍平、入₎若₍上、平、入₎惡₍平、去、入₎

王先生的"長入説"主要是爲解釋一部分去聲字在上古與入聲字關係密切這一現象而提出的。將去聲字歸入入聲字是否就可以劃清上古陰聲韻與入聲韻之間的界限呢？爲搞清這一問題，我們將根據王力先生的和本書的韻部劃分標準分別對韻文材料進行統計，對牽連韻部歸字差異的韻段一一分析，重新劃分其入韻類型并進行統計，再將兩種統計結果進行對比，以期更好地觀察陰、入聲韻之間的關係。

第二節 從先秦詩文用韻情況看陰、入聲韻關係

一 金文陰、入聲韻諸部用韻情況

沿用前一章的做法，我們分西周、東周兩個時期對金文中陰、入聲韻諸部用韻的數量進行統計，並對統計結果進行分析。所用材料及說明詳見第二章第二節。

（一）西周金文陰、入諸部用韻考察

根據王力先生的韻部劃分來統計，西周金文用韻陰聲韻合計入韻74例，其中之部、幽部、魚部相對入韻次數較多，比較起來，入聲韻入韻次數較少，職、鐸、錫三部合起來僅6例（統計結果見表4-2）。

表 4-2　　　　西周金文陰、入聲韻諸部獨用合用統計表

獨用次數＼上古韻部＼金文材料	之	職	之職	幽	覺	幽覺	宵	藥	宵藥	侯	屋	侯屋	魚	鐸	魚鐸	支	錫	支錫	幽職	幽藥	之職	脂	微	微職	之幽	之脂	幽侯
兩周金石文韻讀	1	1	—	5	—	—	—	—	—	—	—	—	1	—	—	—	—	—	—	—	1	—	—	—	—	—	—
金文韻讀補遺	3	1	—	8	—	1	—	—	—	—	—	—	1	1	—	—	—	—	—	—	—	—	—	—	—	—	1
金文韻讀續輯	1	1	3	22	—	—	—	—	1	—	—	—	1	—	1	—	1	—	—	1	—	—	—	—	3	1	—
兩周金文韻讀輯遺	1	1	2	10	—	—	—	—	—	—	—	—	3	—	—	—	3	—	3	—	—	1	1	2	2	—
金文韻讀續補	—	—	—	14	—	—	—	—	—	—	—	—	2	—	—	—	—	—	—	—	—	2	—	—	—	—	—
合計	6	4	5	59	—	1	—	—	1	—	—	—	8	1	1	—	1	—	3	1	3	1	1	1	7	3	1

從合韻情況來看，陰、入聲韻 12 部通押的韻例爲 7 例，以下是合韻韻譜：

之職合韻 5 例：1 德德子 ₃沙其鐘 2 福子 ₄₃克盨 3 福子巫 ₄₄伯沙其盨 4 德佩祀 ₁瘋鐘(甲) 5 啟戈每祀 ₅₀㢭尊

幽覺合韻 1 例：1 周祝考休壽 ₇微䋣鼎

魚鐸合韻 1 例：1 下斁 ₄₆牆盤

入聲韻獨用 6 例，分別是：

職部 4 例：1 飤福 ₂₃㝬仲簋　　2 福國 ₉宗婦鼎　　3 德德 ₂井人妄鐘　　4 服巫鞎 ₂₆班簋

鐸部 1 例：1 貫伯 ₁₄召伯虎簋

錫部 1 例：1 諫歷曆 ₄₆牆盤

按照王力先生的韻部劃分，陰聲韻獨用 74 例，入聲韻獨用 6 例，陰、入聲韻合韻 7 例，共計 87 例，陰、入合韻數占全數的 8.04%。

以上韻段中，"飤"字在《廣韻》中讀去聲，"巫、祝、斁"在《廣韻》中是去、入兩讀字。因西周金文用韻數并不多，不能綜合對比，去、入兩讀字的歸屬難以斷言，我們只能先將材料放在這裡，待考察《詩經》韻讀材料之後，加以對比再進行說明。

（二）東周金文陰、入諸部用韻考察

東周金文用韻中陰聲韻合計入韻 103 例，仍舊是之部、幽部、魚部相對入韻次數較多。比較起來，入聲韻入韻次數少得多，職、藥、屋、鐸四部合起來僅 7 例。從合韻情況來看，陰、入聲韻 12 部通押 20 例（統計結果見表 4-3）。

表 4-3　　　　　　　東周金文陰、入諸部獨用合用統計表

獨用次數 金文材料	之	之職	幽	幽覺	宵	宵藥	侯	侯屋	魚	魚鐸	支	錫	支錫	幽職	幽藥	魚職	之脂質	之幽	之脂	之魚	幽宵	魚陽
兩周金石文韻讀	13	—	3	10	—	—	1	—	1	—	7	2	4	—	—	—	—	1	—	1	—	1	—
金文韻讀補遺	5	1	3	4	—	—	—	—	3	1	2	—	—	—	1	1	—	1	—	2	—	1	—
金文韻讀續輯	7	1	5	4	—	1	—	—	2	—	2	—	—	1	—	—	—	—	—	—	—	—	—
兩周金文韻讀輯遺	7	—	—	8	—	—	—	—	3	—	—	—	—	2	—	—	—	1	3	2	—	—	—

第四章　上古陰、入聲韻關係考

續表

獨用次數＼上古韻部＼金文材料	之職	之職	幽覺	幽覺	宵藥	幽藥	侯屋	侯屋	魚鐸	魚鐸	支錫	支錫	幽職	幽藥	魚職	之脂質	之幽物	之脂幽	之之脂魚	之幽支宵	魚陽
金文韻讀續補	4	—	—	22	—	—	—	—	3	—	1	—	—	—	—	—	—	3	1	2	—	5
合計	36	2	11	48	—	—	1	1	18	3	9	—	2	1	1	2	1	8	3	4	1	5

我們將其中的陰、入聲韻12部合韻韻譜列出如下：

之職合韻11例：1 子德祀福敕士事 2秦盄和鐘　2 趙德飤喜友德國起諆之 10王孫遺諸鐘　3 寺時趙愋時 38甲鼓　4 子德敕士祀 20秦公簋　5 士右國 35晉公盞　6 子德祀福敕士事 36秦公鐘　7 之忒 6越王鐘　8 忌德國忒期之 8蔡侯鐘　9 祀福士右德國服 10秦武公鐘　10 翼嗣福 40中山王方壺　11 德之 5者汈鐘

魚鐸合韻9例：1 庶趙 39乙鼓　2 寫射庶兔 40丙鼓　3 車碩寫庶搏 41丁鼓　4 祖各 20秦公簋　5 壺客叚 27曾伯陭壺　6 搾者女 35晉公盞　7 家各 6越王鐘　8 獲余 60吳太子劍　9 鎛祖 3邾公孫班鐘

入聲韻獨用7例，分別是：

職部2例：1 亟德勒 8晉姜鼎　2 德得 41好蚉圜壺

藥部1例：1 遴樂 40丙鼓

屋部1例：1 速樸遺蜀 38甲鼓

鐸部3例：1 迮客若 16簷鼎　2 各射 40丙鼓　3 客若 10郐王糧鼎

按照王力先生的韻部劃分，陰聲韻獨用103例，入聲韻獨用7例，陰、入聲韻合韻20例，共計130例，陰、入合韻數占全數的15.38%。

在以上韻段中，"飤""庶"在《廣韻》中是去聲字，"射""亟""樂"在《廣韻》中是去、入兩讀字，"若"在《廣韻》中是平、上、入三讀字。同樣，東周金文用韻數并不多，不能綜合對比，我們難以斷定去、入兩讀字的歸屬。以下我們考察《詩經》韻讀材料後，再進行比較說明（見第四章第五節）。

二　《詩經》陰、入聲韻諸部用韻情況

與前兩章的做法相同，我們首先將《詩經》篇章按產生年代大略分爲西周前期和東周初期兩個斷面，按時間分期來統計陰、入聲韻部用韻

的情況①。以了解在西周、東周時期陰、入聲韻諸部的用韻情況是否有所不同。表4-4是《詩經》篇章分時期的用韻情況比較表：

表4-4　《詩經》分時期陰、入聲韻諸部獨用合用統計比較表

獨用或合用次數＼上古韻部　時期	之	職	之職	幽	覺	幽覺	宵	藥	宵藥	侯	屋	侯屋	魚	鐸	魚鐸	支	錫	幽職	幽侯屋	之魚	之宵	幽宵	幽侯	魚覺	職緝	屋覺	之蒸
西周前期	27	15	5	8	2	1	4	—	1	4	2	1	16	1	5	—	3	—	—	—	—	4	1	3	—	2	2	2	1	—	—
東周初期	43	27	2	45	6	4	17	7	3	9	3	—	61	15	7	2	4	3	2	1	—	1	6	1	—	2	—	1	1

西周前期陰聲韻6個韻部獨用共59例，入聲韻6個韻部獨用共23例，陰、入聲韻通押13次，合計95次，陰、入通押占全數的13.68%。

東周初期陰聲韻6個韻部獨用共177例，入聲韻6個韻部獨用共62例，陰、入聲韻通押19次，合計258次，陰、入通押占全數的7.36%。

很明顯，東周比西周陰、入通押的比例低一些。

表4-5是我們根據王力先生古韻分部對《詩經》305篇進行統計的結果：

表4-5　王力韻部《詩經》陰、入聲韻諸部獨用合用統計比較表

獨用或合用次數＼上古韻部　合計	之	職	之職	幽	覺	幽覺	宵	藥	宵藥	侯	屋	侯屋	魚	鐸	魚鐸	支	錫	支錫
合計	157	87	24	117	14	7	45	13	10	26	25	4	172	40	22	8	12	5

獨用或合用次數＼上古韻部　合計	歌錫	之幽	之魚	幽宵	之侯	幽侯	魚侯	職覺	屋覺	職緝	屋錫	鐸盍	侯東	之蒸
合計	1	6	5	14	1	4	4	5	2	2	1	1	1	1

陰聲韻獨用共525例，入聲韻獨用共191例，陰、入聲韻通押72次，合計788次，陰、入通押占全數的9.13%。

爲深入比較，我們分開看每一組相配的陰、入聲韻的通押比例：

---

① 分類方法、標準具體參見第二章第二節說明。

第四章　上古陰、入聲韻關係考

之、職部合計用韻 157+87+24＝268 次，之、職部合用 24 次，合用比例是 8.96%。

幽、覺部合計用韻 117+14+7＝138 次，幽、覺部合用 7 次，合用比例是 5.07%。

宵、藥部合計用韻 45+13+10＝68 次，宵、藥部合用 10 次，合用比例是 14.7%。

侯、屋部合計用韻 26+25+4＝55 次，侯、屋部合用 4 次，合用比例是 7.27%。

魚、鐸部合計用韻 172+40+22＝234 次，魚、鐸部合用 22 次，合用比例是 9.4%。

支、錫部合計用韻 8+12+5＝25 次，支、錫部合用 5 次，合用比例是 20%。

以上是根據王力先生韻部劃分統計出來的數字。我們將王力先生歸入入聲韻的去聲字重新歸入陰聲韻，再考察《詩經》陰、入聲韻的用韻情況。

第一步，我們找出陰、入合用及入聲獨用韻段中的《廣韻》去聲字。以之、職部爲例，我們按照王力先生韻部劃分統計的結果是：之職合用 24 例，職部獨用 87 例，之部獨用 157 例。在之職合韻、職部獨用韻段①中，帶有《廣韻》去聲字也就是我們歸爲陰聲的王力入聲字（用 X 表示）的韻段有：

之職合韻：＊1 異貽 42 邶風・靜女3章　＊2 背痗 62 衛風・伯兮4章　＊4 止止試止 178 小雅・采芑3章　5 輻載意 192 小雅・正月10章　6 克富又 196 小雅・小宛2章　＊8 戒事耜畝 212 小雅・大田1章　14 載備祀福 239 大雅・旱麓4章　21 忒背極慝倍識事織 264 大雅・瞻卬4章　＊22 富忌 264 大雅・瞻卬5章　＊23 富時疧茲 265 大雅・召旻5章

職部獨用：27 翼服戒棘 167 小雅・采薇5章　31 試翼奭服革 178 小雅・采芑1章　32 嗇特富異 188 小雅・我行其野3章　39 服試 203 小雅・大東4章　62 背翼福 246 大雅・行葦4章　73 極背克力 257 大雅・桑柔15章　79 戒國 263 大雅・常武1章　＊85 熾富背試 300 魯頌・閟宮5章

我們將帶下劃綫的字歸入陰聲韻"之部"后，有 7 個韻段轉成了之

---

① 限於篇幅，未列出所有韻段。完整的韻譜見附錄三第三表，爲便於比較，韻段序號不變。

部獨韻例（韻段序號前加"＊"則是）。然而，從表面看，職部獨用的一些例子則又要轉成之職合用的例子了。我們列出這些韻段所在的《詩經》詩文，以作深入探討。

27《小雅·采薇 5 章》："四牡翼翼_職_，象弭魚服_職_；豈不日戒_之_，玁狁孔棘_職_。"

31《小雅·采芑 1 章》："薄言采芑_之_，于彼新田_真_，于此菑畝_之_。方叔涖止_之_，其車三千_真_，師干之試_之_。方叔率止_之_，乘其四騏_之_，四騏翼翼_職_。路車有奭_職_，簟茀魚服_職_，鉤膺鞗革_職_。"

32《小雅·我行其野 3 章》："我行其野，言采其葍_職_。不思舊姻，求爾新特_職_。成不以富_之_，亦祇以異_之_。"

39《小雅·大東 4 章》："東人之子，職勞不來_之_；西人之子，粲粲衣服_職_，舟人之子，熊羆是裘_之_；私人之子，百僚是試_之_。"

62《大雅·行葦 4 章》："黃耇臺背_之_，以引以翼_職_。壽考維祺_之_，以介景福_職_。"

73《大雅·桑柔 15 章》："民之罔極_職_，職涼善背_之_；爲民不利，如云不克_職_。民之回遹，職競用力_職_。"

79《大雅·常武 1 章》："既敬既戒_之_，惠此南國_職_。"

韻段 27、62 中的"戒""背"應不入韻。例 32 可認爲是之、職換韻。而例 31、39 很有意思，"試"字所在的韻腳位置正好證明了它應是陰聲韻字。這樣看來只有例 73、79 可以轉爲之職合韻例。

重新計算，則之職合用 20 例，職部獨用 84 例，之部獨用 164 例。

第二步，我們找出陰、入合用及入聲獨用韻段中的《廣韻》去、入（用×表示）兩讀字。在之、職部韻段中，這些字有：

輻：《廣韻》方副切，去聲宥部；方六切，入聲屋部。

識：《廣韻》職吏切，去聲志部；賞職切，入聲職部。

亟：《廣韻》去吏切，去聲志部；紀力切，入聲職部。

囿：《廣韻》于救切，去聲宥部；于六切，入聲屋部。

伏：《廣韻》扶富切，去聲宥部；房六切，入聲屋部。

塞：《廣韻》先代切，去聲代部；蘇則切，入聲德部。

食：《廣韻》羊吏切，去聲志部；乘力切，入聲職部。

出現"輻"字的韻段有 1 例，與陰聲相押：

第四章　上古陰、入聲韻關係考　　123

5 輻載意 192小雅·正月10章
　△·　·

出現"識"字的韻段有 2 例，1 例與陰聲韻段相押，1 例與陰、入聲韻段混押，分別是：

9 否史恥怠識又 220小雅·賓之初筵5章　　21 忒背極憝倍識事織 264大雅·瞻卬4章
　··· △ ·　　　　　　　　　　　　　 ·△· ·· △ ·

"亟""囿""伏"出現在同一個韻段，是與陰聲字相押：

15 亟來囿伏 242大雅·靈臺2章
　△ · △ △

出現"塞"字的韻段有 1 例，與陰聲相押：

20 塞來 263大雅·常武6章
　△ ·

我們會發現，上列韻段都出現於《小雅》或《大雅》。去、入兩讀字是和陰聲字相拼還是和入聲字相拼是否有方言條件的影響呢？可惜上述例子太少，不好斷言。《詩經》中出現"食"字的韻段較多，共有 17 次，我們可以以此來驗證我們的疑問。表 4-6 是"食"字入韻類型表：

表 4-6　　　　　　　《詩經》分地區"食"字入韻類型表①

《詩經》篇目所屬地域	"食"與陰聲韻相押	"食"與入聲韻相押	"食"與陰、入聲韻混押
中部地區	—	2 革緎食 18召南·羔羊2章 10 麥國國食 74王風·丘中有麻2章 12 食息 86鄭風·狡童2章 15 棘食國極 109魏風·園有桃2章 16 側直億特食 112魏風·伐檀2章 18 翼棘稷食極 121唐風·鴇羽2章 19 食食 123唐風·有杕之杜1,2章	—
西部地區	—	61 匍巖食 245大雅·生民4章 71 穡食 257大雅·桑柔6章	—
東部地區	—	—	—

---

① 《詩經》篇目分區域說明見第二章第三節。

續表

《詩經》篇目所屬地域	"食"與陰聲韻相押	"食"與入聲韻相押	"食"與陰、入聲韻混押
未知地區（《小雅》）	10 食誨載△ 230小雅·綿蠻1章 11 食誨載△ 230小雅·綿蠻2章	26 福食德△ 166小雅·天保5章 37 食北△ 200小雅·巷伯6章 42 棘稷翼億食福△ 209小雅·楚茨1章 43 食福式稷敕極億△ 209小雅·楚茨4章 44 翼彧穧食△ 210小雅·信南山3章	12 側極食誨載△ 230小雅·綿蠻3章

　　從表中可以看出："食"字與陰聲韻互押以及與陰、入聲韻混押的例子只出現在《小雅》中，而"食"字與入聲韻相押的例子出現在大部分地區的《詩經》篇章中。結合其他幾個去、入兩讀字的入韻特點，我們推定：去入兩讀字在西部地區讀爲陰聲，常與陰聲字相押；而在中、東部地區讀爲入聲字，常與入聲字相押。

　　如果是這樣，則去入兩讀字在西部地區與陰聲字互押的例子應屬於陰聲韻獨用例，而其在西部地區以外與入聲字互押的例子應屬與入聲韻獨用例，其他情況則視爲陰、入互押例。如此重新統計，則之職合用14例，職部獨用84例，之部獨用170例，共計268例，之職合用占總數的5.22%。

　　爲進一步證明我們的觀點，我們再來看看《詩經》魚、鐸部的入韻情況。按照王力先生韻部劃分統計的結果是：魚鐸合用22例，鐸部獨用40例，魚部獨用172例。

　　同樣，第一步，我們找出魚、鐸部陰、入合用及入聲獨用韻段中的《廣韻》去聲字。在魚鐸合韻、鐸部獨用韻段中，帶有《廣韻》去聲字也就是我們歸爲陰聲的王力入聲字（用 X̲ 表示）的韻段有①：

　　魚鐸合韻：*1 居御̣ 12召南·鵲巢1章　　*3 故露̣ 36邶風·式微1章　　4 路祛惡故̣ 81鄭風·遵大路2章　　5 洳莫度度路̣ 108魏風·汾沮洳1章　　*7 夜居̣ 124唐風·葛生4章　　*8 固除庶̣ 166小雅·天保1章　　10 除莫庶暇顧怒̣ 207小雅·小明2章　　*12 御旅處̣ 227小雅·黍苗3章　　*13 椐柘路固̣ 241大雅·皇矣2章　　*14 去呱訏路̣ 245大雅·生民3章

---

① 完整的韻譜見附錄三，爲便於比較，韻段序號不變。

第四章 上古陰、入聲韻關係考

15 席御酢𦥯炙膴𠂤 246大雅·行葦2章　＊16 呼夜 255大雅·蕩5章　20 惡數夜譽 278周頌·振鷺1章　＊22 鷺下舞 298魯頌·有駜1章

鐸部獨用：＊2 露夜露 17召南·行露1章　6 射御 78鄭風·大叔于田2章　9 夜莫 100齊風·東方未明3章　22 夜夕惡 194小雅·雨無正2章

我們將帶下劃綫的字歸入陰聲韻"魚部"后，有10個韻段轉成了魚部獨韻例（韻段序號前加"＊"則是）。然而，鐸部獨用的第6、9、22個共3例則又要轉成魚鐸合用的例子了。重新計算則：魚鐸合用15例，鐸部獨用37例，魚部獨用182例。

第二步，我們找出陰、入合用及入聲獨用韻段中的《廣韻》去、入（用×表示）兩讀字（亦包括舒、入兩讀字）。在魚、鐸部韻段中，這些字有：

惡：烏路切，去聲暮韻；烏各切，入聲鐸韻；哀都切，平聲模韻。

度：徒故切，去聲暮韻；徒落切，入聲鐸韻。

若：人者切，上聲馬元；而灼切，入聲藥韻；人賒切，平聲麻韻。

數：當故切，去聲暮韻；徒故切，去聲暮韻；羊益切，入聲昔韻。

射：神夜切，去聲禡韻；食亦切，入聲昔韻；羊益切，入聲昔韻；羊謝切，去聲禡韻。

作：則箇切，去聲箇韻；臧祚切，去聲暮韻；則落切，入聲鐸韻。

愬：桑故切，去聲暮韻；山責切，入聲麥韻。

酢：倉故切，去聲暮韻；在各切，入聲鐸韻。

炙：之夜切，去聲禡韻；之石切，入聲昔韻。

錯：倉故切，去聲暮韻；倉各切，入聲鐸韻。

我們將出現次數較多的"惡""度"等幾個多讀字用表格列出它們的入韻類型（見表4-7）：

表 4-7　　部分多讀字《詩經》分地區入韻類型表

入韻字	《詩經》篇目所屬地域	與陰聲韻相押	與入聲韻相押	與陰、入聲韻混押
惡₄	中部地區	—	21 惡懌 191小雅·節南山8章 22 夜夕惡 194小雅·雨無正2章	4 路袪惡故 81鄭風·遵大路2章
	西部地區	20 惡數夜譽 278周頌·振鷺1章	—	—

續表

入韻字	《詩經》篇目所屬地域	與陰聲韻相押	與入聲韻相押	與陰、入聲韻混押
度₇	中部地區	—	—	5 洳莫度度路 108 魏風·汾沮洳1章
	西部地區	17 度虞 256 大雅·抑5章	29 赫莫獲度廓宅 241 大雅·皇矣1章 31 格度射 256 大雅·抑7章	
	東部地區	—	39 柏度尺舄碩奕作碩若 300 魯頌·閟宮9章	
	未知地區（《小雅》）	—	14 駱若度 163 小雅·皇皇者華4章 24 踏碩炙莫客錯度獲格酢 209 小雅·楚茨3章	
若₇	西部地區	19 若賦 260 大雅·烝民2章		
	東部地區	—	4 落若 58 衛風·氓3章 38 繹宅貊諾若 300 魯頌·閟宮7章 39 柏度尺舄碩奕作碩若 300 魯頌·閟宮9章	
	未知地區（《小雅》）	—	14 駱若度 163 小雅·皇皇者華4章 25 碩若 212 小雅·大田1章 26 白駱駱若 214 小雅·裳裳者華3章	
斁₅	中部地區	—	1 莫濩綌斁 2 周南·葛覃2章	
	西部地區	20 惡斁夜譽 278 周頌·振鷺1章		
	東部地區		36 駱雒繹斁作 297 魯頌·駉3章 37 博斁逆獲 299 魯頌·泮水7章 40 斁奕客懌昔作夕恪 301 商頌·那1章	
射₃	中部地區	—	6 射御 78 鄭風·大叔于田2章	—
	西部地區		31 格度射 256 大雅·抑7章	
	未知地區（《小雅》）	11 譽射 218 小雅·車舝2章	—	—

第四章　上古陰、入聲韻關係考

續表

入韻字	《詩經》篇目所屬地域	與陰聲韻相押	與入聲韻相押	與陰、入聲韻混押
作₈	中部地區	—	5 蓆作 75鄭風·緇衣3章	—
	西部地區	—	12 澤戟作 133秦風·無衣2章 32 作獲赫 257大雅·桑柔14章	—
	東部地區	—	36 駱雒繹斁作 297魯頌·駉3章 39 柏度尺舃碩奕作碩若 300魯頌·閟宮9章 40 斁奕客懌昔作夕恪 301商頌·那1章	—
	未知地區（《小雅》）	—	15 作莫 167小雅·采薇1章 17 澤作宅 181小雅·鴻雁2章	—

此表進一步證實了我們推論：去入兩讀字在西部地區讀爲陰聲，常與陰聲字相押；而在中、東部地區讀爲入聲字，常與入聲字相押。

則去入兩讀字在西部地區與魚韻字互押的例子應屬於魚韻獨用例，而其在西部地區以外與鐸韻字互押的例子應屬於鐸韻獨用例，其他情況則視爲陰、入互押例。

另外，出現"愬""酢""炙""錯"字的韻段有：

2 茹據愬怒 26邶風·柏舟2章　　15 席御酢斝炙臄咢 246大雅·行葦2章　　18 擇石錯 184小雅·鶴鳴1章　24 蹻碩炙莫客錯度獲格酢 209小雅·楚茨3章　28 炙酢 231小雅·瓠葉3章

這些韻段皆爲陰入合韻例。再次重新統計后，則魚鐸合用12例，鐸部獨用36例，魚部獨用186例，共計234例，魚鐸合用占總數的5.13%。

我們照此步驟將《詩經》入韻情況重新統計，結果如表4-8：

表4-8　　《詩經》陰、入聲韻諸部獨用合用統計比較表

獨用或合用次數 劃分標準	之	職	之職	幽	覺	幽覺	宵	藥	宵藥	侯	屋	侯屋	魚	鐸	魚鐸	支	錫	支錫
王力古韻分部	157	87	24	117	14	7	45	13	10	26	25	4	172	40	22	8	12	5
本書古韻分部	170	84	14	119	14	5	51	12	5	28	24	3	186	36	12	10	11	4

各組陰入合韻的數量都有所降低，如果從各組陰入合韻所占用韻總數的比例（即陰入合韻數／［陰聲獨用數＋入聲獨用數＋陰入合韻數］）來看：

	之、職部	幽、覺部	宵、藥部	侯、屋部	魚、鐸部	支、錫部
王力古韻分部	8.96%	5.07%	14.7%	7.27%	9.4%	20%
本書古韻分部	5.22%	3.62%	7.35%	5.45%	5.13%	16%

則陰入合韻的比例也明顯降低了。

三　《楚辭》陰、入聲韻諸部用韻情況

再來看看《楚辭》的用韻情況。從時代看，《楚辭》略晚於《詩經》二三百年。從地域看，屈原是戰國楚國人，宋玉相傳是屈原的學生，《楚辭》中的作品大致反映了戰國時期郢都及其周圍一帶的語音。現今學者大多將《楚辭》視爲先秦楚方言的代表材料。鑒於舊題宋玉的作品的作者歸屬及成文時代有爭議，我們將屈賦、宋賦的用韻統計分開列表[①]。

我們先根據王力先生的古韻分部對《楚辭》用韻情況進行統計。屈賦中陰、入聲韻通押 39 次，而陰聲韻互押 9 次，前者數量遠遠高於後者，另有入聲韻互押 2 次。宋賦中陰、入聲韻通押 5 次，而陰聲韻互押 7 次，另有陰、陽聲韻互押 2 次（見表 4-9）。總的來看，《楚辭》中陰聲韻和入聲韻的關係比較較緊密，尤其是屈賦中陰、入通押的例子非常多。

表 4-9　　王力韻部《楚辭》陰、入聲韻諸部獨用合用統計表

獨用或合用次數＼上古韻部＼作品	之	職	之職	幽	覺	幽覺	宵	藥	宵藥	侯	屋	侯屋	魚	鐸	魚鐸	支	錫	支錫
屈賦	49	17	14	23	3	1	3	1	4	3	4	2	43	16	16	—	4	1
宋賦	12	2	—	2	—	—	—	—	—	—	4	1	2	—	1	—	—
合計	61	19	14	25	3	1	3	1	4	3	4	2	47	17	18	—	5	1

---

①　據江永誥《音學十書》中《楚辭韻讀》統計，見《續修四庫全書》第 248 册。江有誥陰、入聲韻不分，據王力韻部重新劃分后進行統計。

續表

獨用或合用次數＼上古韻部＼作品	幽職	宵職	之幽覺	之幽	之魚	之侯	幽侯	幽宵	魚侯	支歌	魚宵	魚歌	魚支	幽侯宵	錫鐸	職覺	魚陽	魚侯陽	魚鐸陽
屈賦	—	—	1	3	—	—	—	—	2	1	1	1	1	1	1	1	1	—	1
宋賦	1	1	1	1	1	—	—	1	2	—	1	1	—	—	—	—	—	1	—
合計	1	1	2	4	1	0	0	1	2	2	2	2	1	1	1	1	1	1	1

與前文方法相同，我們根據本書韻部劃分標準重新統計入韻情況，以之、職部爲例。之職合韻原有14例：

1 代意置載備異再識《楚辭·九章》 2 服國志喜《楚辭·九章》 3 服直肱之《楚辭·九章》 4 極得子婦尤之期之《楚辭·天問》 5 極服悔醢《楚辭·離騷》 6 佩異態娭《楚辭·九章》 7 食得極賊止里久《楚辭·招魂》 8 識喜《楚辭·天問》 9 巿姒佑惑服《楚辭·天問》 10 思事意異《楚辭·九辨》 11 䬹測凝極《楚辭·大招》 12 異佩《楚辭·離騷》 13 異喜《楚辭·九章》 14 之疑辭之戒得《楚辭·九章》

其中，可以轉入之部獨用的有4例：佩異態娭《楚辭·九章》 思事意異《楚辭·九辨》 異佩《楚辭·離騷》 異喜《楚辭·九章》。

兩外2例：代意置載備異再識《楚辭·九章》 識喜《楚辭·天問》。"識"字是《廣韻》中的去、入兩讀字，"識"在這裡歸爲陰聲，則此2例也可轉爲之部獨用。

《楚辭》中職部獨用19次：

1 北域側得息《楚辭·九章》 2 備代《楚辭·招魂》 3 代意《楚辭·招魂》 4 得極《楚辭·天問》 5 得則《楚辭·遠遊》 6 服則《楚辭·離騷》 7 極得《楚辭·九章》 8 極識《楚辭·天問》 9 極息側《楚辭·九歌》 10 極翼《楚辭·離騷》 11 戒代《楚辭·天問》 12 默得《楚辭·九章》 13 牧國《楚辭·天問》 14 食得德極《楚辭·九辨》 15 息服《楚辭·離騷》 16 息軾得惑極直《楚辭·九辨》 17 意極《楚辭·天問》 18 飾翼極式色《楚辭·神女賦》 19 翼域《楚辭·笛賦》．

這些韻例中有1例"意極《楚辭·天問》"應轉爲之職合韻例，而有3例韻例："備代《楚辭·招魂》、代意《楚辭·招魂》、戒代《楚辭·天問》"應轉入之部獨用例。另外，"極識《楚辭·天問》、食得德極《楚辭·九辨》"中的"識"字我們歸入陰聲，"食"也與陰聲相通，故這2例韻段由入聲獨用轉入之職合用例。重新統計后，之部獨韻 58 例，職部獨韻 11 例，之職合韻 11 例。

照此法重新《楚辭》用韻情況，則屈賦中陰、入聲韻通押 16 次，而陰聲韻互押 10 次，另有入聲韻互押 2 例。宋賦中陰、入聲韻通押 2 次，而陰聲韻互押 7 次。

表 4-10　本書韻部《楚辭》陰、入聲韻諸部獨用合用統計表

獨用或合用次數＼上古韻部＼作品	之	職	之職	幽	覺	幽覺	宵	藥	宵藥	侯	屋	侯屋	魚	鐸	魚鐸	支	錫	支錫
屈賦	58	11	11	24	3	—	7	1	—	3	4	2	58	14	7	1	3	—
宋賦	12	2	—	2	—	—	—	—	—	—	—	—	4	1	2	—	1	—
合計	70	13	11	26	3	—	7	1	—	3	4	2	62	15	9	1	4	—

獨用或合用次數＼上古韻部＼作品	幽職	宵職	之幽覺	之幽	之魚	之宵	幽侯	幽宵	魚侯	支歌	魚宵	魚歌	魚支	幽侯宵	錫鐸	職覺	魚陽	魚侯陽	魚鐸陽
屈賦	—	—	4	—	—	—	—	—	2	1	1	1	1	1	1	1	—	—	—
宋賦	—	—	3	1	1	—	1	2	—	1	1	—	—	—	—	—	—	1	—
合計	—	—	7	1	1	—	1	2	2	2	2	1	1	1	1	1	1	—	—

重新統計后，陰、入聲韻合韻的數量就大幅減少了。我們以合計的數字將六組陰、入聲韻合韻比例分兩種統計方式進行比較：

　　　　　　　之、職部　幽、覺部　宵、藥部　侯、屋部　魚、鐸部　支、錫部
王力古韻分部　14.89%　　3.45%　　　50%　　　22.22%　　21.95%　　16.67%
本書古韻分部　11.7%　　　—　　　　—　　　22.22%　　10.47%　　　—

除了侯屋合韻的比例保持不變以外，其他幾組的比例都有所降低，特別是幽覺等部的合韻例都轉入了獨用例。重新統計后，陰入合韻的比例明顯降低，這與前文對《詩經》用韻情況的考察一致，説明將入聲韻中的去聲字轉入陰聲之後，陰聲與入聲韻的界限更加分明了。

另外，《楚辭》與《詩經》在陰、入聲韻諸部的用韻特點上較爲一致，説明陰入合韻并不僅是楚方言的語音特點。

四 周秦其他韻文中陰、入聲韻諸部用韻情況

我們再看看周秦其他韻文材料中的情況：我們先根據王力先生的古韻分部對周秦群經諸子韻文用韻情況進行統計①（統計結果見表4-11），再采用本書的韻部劃分標準進行統計，然後對兩種結果進行對比。

表4-11　王力韻部周秦群經諸子韻文陰、入諸部獨用合用統計表

獨用或合用次數 \ 上古韻部 作品	之	職	之職	幽	覺	幽覺	宵	藥	宵藥	侯	屋	侯屋	魚	鐸	魚鐸	支	錫	支錫
《易》	17	17	8	16	3	—	2	—	1	6	3	—	23	3	1	—	—	—
《書經》	4	6	1	2	1	—	—	—	—	—	—	—	6	1	—	—	—	—
《儀禮》	16	9	3	2	1	1	1	—	—	1	1	—	17	7	8	—	—	—
《左傳》	7	1	2	4	2	—	1	—	—	3	2	1	12	2	2	—	1	1
《論語》	2	—	1	1	—	—	—	—	—	—	—	—	1	—	—	—	—	—
《孟子》	2	1	1	—	—	—	2	—	—	—	—	—	3	—	—	—	—	—
《爾雅》	—	—	—	—	—	—	—	—	—	—	—	—	2	—	—	—	—	—
《國語》	4	3	1	5	—	—	—	—	—	—	—	—	5	2	—	—	—	—
《老子》	16	5	2	2	3	1	1	—	—	4	4	1	9	4	3	—	2	—
《管子》	33	17	12	5	—	—	3	—	—	1	3	—	23	6	16	—	—	—
《孫武子》	4	2	2	—	—	—	—	—	—	1	—	—	3	—	—	—	—	—
《晏子春秋》	—	—	—	—	—	—	—	—	—	—	—	—	1	—	—	—	—	—
《家語》	2	2	2	—	—	—	—	—	—	1	—	—	1	—	—	—	—	—
《莊子》	13	9	4	2	—	1	—	—	—	4	4	1	15	3	2	3	—	1
《列子》	1	2	—	—	—	—	—	—	—	—	—	—	—	—	—	—	—	—
《吳子》	6	—	—	1	—	—	—	—	—	—	—	—	4	—	2	—	1	—
《山海經》	—	—	—	—	—	—	—	—	—	1	—	—	—	—	—	—	—	—
《穆天子傳》	1	—	1	—	—	—	—	—	—	—	—	—	2	—	—	—	—	—
《逸周書》	16	2	5	2	—	—	1	—	—	1	1	—	10	5	3	—	—	1
《六韜》	4	4	—	2	—	—	—	—	—	—	—	—	1	1	—	1	—	—
《三略》	2	4	1	2	—	—	1	—	—	1	—	—	5	2	1	1	—	—
《戰國策》	2	1	2	1	—	—	—	—	—	1	1	3	3	—	—	—	—	—
《墨子》	2	3	2	2	—	—	2	1	—	2	—	—	3	—	—	—	—	—
《文子》	31	17	5	8	—	1	9	1	—	5	7	1	25	6	—	1	2	1
《荀子》	19	4	9	3	—	—	1	—	—	1	1	—	8	2	2	1	1	—
《韓非子》	9	6	6	5	—	—	1	—	—	1	2	1	10	2	4	1	—	—
《呂氏春秋》	11	8	2	6	—	—	2	—	—	2	1	2	15	4	1	1	—	—
《鶡冠子》	1	3	—	—	—	—	—	—	—	—	—	—	1	1	1	—	—	—
《素問》	14	4	1	2	—	—	—	—	—	1	1	—	6	1	4	2	—	—

---

① 據江永誥《音學十書》中《群經韻讀》《先秦韻讀》統計，見《續修四庫全書》第248冊。江有誥陰、入聲韻不分，據王力韻部重新劃分后進行統計。

續表

獨用或合用次數 作品＼上古韻部	之	職	之職	幽	覺	幽覺	宵	藥	宵藥	侯	屋	侯屋	魚	鐸	魚鐸	支	錫	支錫
《靈樞》	15	1	1	3	2	—	2	—	—	—	1	—	11	4	1	—	1	—
《鬼谷子》	4	3	2	1	—	—	—	—	—	—	—	—	2	—	—	1	—	—
秦文	4	1	3	—	—	—	—	—	—	—	—	—	2	—	—	—	—	—
合計	262	139	79	78	13	4	28	3	4	36	34	10	224	51	58	11	10	4

獨用或合用次數 作品＼上古韻部	幽職	宵屋	宵覺	之鐸	歌鐸	之幽	之魚	之侯	之宵	幽宵	幽侯	魚宵	魚侯	支歌	職藥	屋鐸	物錫	職覺	職緝	其他
《易》	—	—	—	—	7	—	—	1	1	1	—	1	—	—	—	—	—	—	1	之職幽1例
《書經》	1	1	—	—	—	—	1	—	—	—	—	—	—	—	—	—	—	—	—	—
《儀禮》	—	—	1	—	—	1	1	2	—	—	—	—	—	—	—	—	—	—	—	魚鐸之1例
《左傳》	—	—	—	—	—	—	1	—	—	—	—	—	—	—	—	—	—	—	—	—
《爾雅》	—	—	—	—	—	—	—	—	—	—	—	—	—	—	—	—	—	—	—	幽覺職緝1例
《老子》	—	—	—	—	6	1	—	1	1	2	—	2	—	—	—	—	—	—	—	之職幽覺1例
《管子》	—	—	1	1	3	—	—	2	1	1	1	—	1	—	—	—	—	—	—	—
《家語》	—	—	—	—	—	—	—	—	—	—	—	—	1	—	—	—	—	—	—	魚鐸侯1例
《莊子》	—	—	—	—	1	—	—	—	—	—	—	—	—	—	—	—	—	—	—	支歌微1例
《山海經》	—	—	—	—	—	—	—	—	—	1	—	—	—	—	—	—	—	—	—	—
《穆天子傳》	—	—	—	—	—	—	—	—	—	—	—	—	—	1	—	—	—	—	—	—
《逸周書》	1	—	—	1	3	—	—	—	—	1	—	—	—	—	—	—	—	—	—	2①
《三略》	—	—	—	—	1	—	—	—	—	1	1	—	1	—	—	—	—	—	—	3②
《墨子》	—	—	—	—	—	—	—	—	1	—	—	—	—	—	—	—	—	—	—	—
《文子》	—	—	—	—	5	—	1	6	1	4	—	1	1	2	1	1	—	—	—	8③
《荀子》	—	—	—	—	1	—	—	—	—	—	—	—	—	—	—	—	—	—	—	職歌1例
《韓非子》	—	—	—	—	—	—	—	—	—	—	1	2	—	—	—	—	—	—	—	2④
《吕氏春秋》	—	—	—	—	1	—	1	—	—	1	—	—	—	—	—	—	—	—	—	屋覺1例

---

① 此處爲支歌脂1例，魚支1例。
② 此處爲屋藥合韻1例，宵侯合韻1例，之幽宵合韻1例。
③ 此處爲魚鐸屋合韻1例，之職覺合韻1例，職屋3例，魚屋1例，魚歌2例。
④ 此處爲錫歌合韻1例，魚微合韻1例。

續表

獨用或合用次數\作品	幽職	宵屋	宵覺	之鐸	歌鐸	之幽	之魚	之侯	之宵	幽侯	幽宵	魚宵	魚侯	支歌	職藥	屋鐸	物錫	職覺	職緝	其他
《鶡冠子》	—	—	—	—	—	3	—	1	—	1	—	—	1	—	1	—	—	1	1	2①
《素問》	—	—	1	—	—	5	—	1	—	—	1	1	1	—	1	—	—	—	1	7②
《靈樞》	—	—	—	—	—	1	4	2	—	1	—	3	—	—	—	—	—	1	1	8③
《鬼谷子》	—	—	—	—	—	2	—	—	—	—	—	1	—	—	—	—	—	—	—	之職緝1例
秦文	—	—	—	—	—	—	—	—	—	—	—	—	—	—	—	—	—	—	—	錫歌1例
合計	2	1	1	2	2	39	8	6	3	14	5	15	1	14	3	3	5	4	3	42

表 4-11 中《論語》《孟子》《國語》《孫武子》《晏子春秋》《列子》《吴子》《六韜》《戰國策》等材料没有相關韻例，故未列出。

我們再根據本書的韻部劃分標準重新統計，限於篇幅，不再舉例，統計結果見表 4-12。

表 4-12　本書韻部周秦群經諸子韻文陰、入諸部獨用合用統計表

獨用或合用次數\作品	之	職	之職	幽	覺	幽覺	宵	藥	宵藥	侯	屋	侯屋	魚	鐸	魚鐸	支	錫	支錫
《易》	24	15	3	16	3	—	2	—	1	6	3	—	24	3	—	—	—	—
《書經》	4	6	1	2	1	—	—	—	—	—	—	—	7	—	—	—	—	—
《儀禮》	16	9	3	3	1	—	1	—	—	1	1	—	23	6	3	—	—	—
《左傳》	8	1	1	4	2	—	1	—	—	4	2	—	14	2	—	1	1	—
《論語》	3	—	—	1	—	—	—	—	—	—	—	—	1	—	—	—	—	—
《孟子》	2	1	1	2	—	—	2	—	—	—	—	—	2	1	—	—	—	—
《爾雅》	—	—	—	—	—	—	—	—	—	—	—	—	2	—	—	—	—	—
《國語》	4	2	2	5	—	—	—	—	—	—	—	—	5	2	—	—	—	—
《老子》	18	5	—	3	3	—	—	—	—	4	4	1	12	3	1	1	1	1

---

① 此處爲魚歌合韻 2 例。

② 此處爲錫月合韻 1 例，魚幽合韻 1 例，之職幽侯 1 例，魚鐸侯合韻 1 例，魚鐸屋合韻 1 例，之幽侯合韻 2 例。

③ 此處爲鐸藥合韻 1 例，質鐸合韻 1 例，之幽魚合韻 1 例，之幽魚侯合韻 1 例，之魚宵合韻 2 例，之侯魚合韻 2 例。

續表

獨用或合用次數 \ 上古韻部 \ 作品	之	職	之職	幽	覺	幽覺	宵	藥	宵藥	侯	屋	侯屋	魚	鐸	魚鐸	支	錫	支錫
《管子》	39	14	9	5	—	—	3	—	—	1	3	—	35	5	5	—	—	—
《孫武子》	6	1	1	—	—	—	—	—	—	1	—	—	3	—	—	—	—	—
《晏子春秋》	—	—	—	—	—	—	—	—	—	—	—	—	1	—	—	—	—	—
《家語》	3	2	1	—	—	—	—	—	—	1	—	—	1	—	—	—	—	—
《莊子》	15	9	2	2	—	1	—	—	—	4	4	1	17	3	—	3	—	1
《列子》	1	2	—	—	—	—	—	—	—	—	—	—	—	—	—	—	—	—
《吴子》	6	—	—	1	—	—	—	—	—	—	—	—	6	—	—	1	—	—
《山海經》	—	—	—	—	—	—	—	—	—	—	1	—	—	—	—	—	—	—
《穆天子傳》	1	—	1	—	—	—	—	—	—	—	—	—	2	—	—	—	—	—
《逸周書》	17	2	4	2	—	—	2	—	—	1	1	—	12	5	1	1	—	—
《六韜》	4	4	—	2	—	—	—	—	—	—	—	—	2	—	—	—	1	—
《三略》	3	4	—	2	—	—	1	—	—	1	—	—	6	—	—	1	—	—
《戰國策》	2	1	2	—	—	—	1	—	—	1	3	—	3	—	—	—	—	—
《墨子》	3	3	1	2	—	—	2	1	—	2	—	—	3	—	—	—	—	—
《文子》	32	17	4	8	—	—	10	1	—	6	7	—	26	4	1	2	1	1
《荀子》	23	8	5	3	—	—	1	—	—	1	—	1	10	2	—	1	—	—
《韓非子》	14	3	4	5	—	—	1	—	—	2	2	—	15	—	—	1	1	—
《呂氏春秋》	13	7	1	6	—	—	2	—	—	2	1	2	18	1	1	1	—	—
《鶡冠子》	1	2	—	—	—	—	—	—	—	1	1	—	—	—	—	—	—	—
《素問》	14	2	3	2	—	—	1	—	—	1	1	—	10	1	—	—	—	—
《靈樞》	15	1	1	3	2	—	—	—	—	—	—	1	12	4	—	—	—	1
《鬼谷子》	5	3	1	1	—	—	—	—	—	—	—	—	2	—	—	—	—	—
秦文	5	1	2	—	—	—	—	—	—	—	—	—	2	—	—	—	—	—
合計	301	125	54	81	12	1	30	4	1	40	34	6	276	43	14	15	4	6

獨用或合用次數 \ 上古韻部 \ 作品	幽職	宵覺	之鐸	宵侯	歌魚	之幽	之魚	之侯	之宵	幽侯	幽宵	魚侯	魚宵	支歌	職藥	屋鐸	物錫	職覺	職緝	其他
《易》	—	—	—	—	8	—	1	1	1	—	1	—	—	—	—	—	1	—	—	—
《書經》	1	—	—	1	—	1	—	—	—	—	—	—	—	—	—	—	—	—	—	—
《儀禮》	—	1	—	—	1	2	2	—	—	—	—	—	—	—	—	—	—	—	—	—
《左傳》	—	—	—	—	—	—	1	—	—	—	—	—	—	—	—	—	—	—	—	—
《爾雅》	—	—	—	—	—	—	—	—	—	—	—	—	—	—	—	—	—	—	—	幽覺職緝1例
《老子》	—	—	—	—	—	6	1	—	1	1	1	2	—	2	—	—	—	—	—	之職幽覺1例

續表

獨用或合用次數 作品＼上古韻部	幽職	宵覺	之鐸	宵侯	歌魚	之幽	之魚	之侯	之宵	幽侯	幽宵	魚侯	魚宵	支歌	職藥	屋鐸	物錫	職覺	職緝	其他
《管子》	—	—	1	—	1	3	—	—	—	2	1	1	1	—	—	1	—	—	—	—
《家語》	—	—	—	—	—	—	—	—	—	1	—	1	—	—	1	—	—	—	—	—
《莊子》	—	—	—	—	—	1	—	—	—	1	—	—	—	—	1	—	—	—	—	支歌微1例
《山海經》	—	—	—	—	—	—	—	—	—	1	—	—	—	—	—	—	—	—	—	—
《穆天子傳》	—	—	—	—	—	—	—	—	—	—	—	—	—	—	—	—	1	—	—	—
《逸周書》	1	—	—	—	3	1	—	—	—	—	—	1	—	—	—	—	—	—	—	2
《三略》	—	—	—	—	—	1	—	—	—	—	—	—	—	—	1	1	—	—	—	3
《墨子》	—	—	—	—	—	—	—	1	—	—	—	—	—	—	—	—	—	—	—	—
《文子》	—	—	—	—	6	—	—	1	6	1	4	—	1	1	2	1	2	1	—	7
《荀子》	—	—	—	—	—	1	—	—	—	—	—	—	—	—	—	—	—	—	—	職歌1例
《韓非子》	—	—	—	—	—	—	—	—	—	—	1	2	—	—	—	—	—	—	—	2
《呂氏春秋》	—	—	—	—	—	1	—	1	—	—	—	1	—	—	—	—	—	—	—	屋覺1例
《鶡冠子》	—	—	—	—	3	—	1	—	—	1	—	—	—	1	—	—	1	1	—	2
《素問》	—	1	—	—	5	—	—	1	—	—	1	2	—	—	1	—	—	1	—	6
《靈樞》	—	—	—	—	1	4	2	—	1	—	3	—	—	—	—	—	1	1	—	8
《鬼谷子》	—	—	—	—	2	—	—	—	—	—	—	1	—	—	—	—	—	—	—	之職緝1例
秦文	—	—	—	—	—	—	—	—	—	—	—	—	—	—	—	—	—	—	—	錫歌1例
合計	2	1	1	1	2	41	10	6	3	14	5	17	1	14	3	3	5	5	3	37①

重新統計以後，陰入合韻的數量有所減少（見表4-13）。

---

① 其中：《逸周書》中支歌脂1例，魚支1例。《三略》中屋藥合韻1例，宵侯合韻1例，之幽宵合韻1例。《文子》中魚屋合韻1例，職屋3例，魚屋1例，魚歌2例。《韓非子》中錫歌合韻1例，魚微合韻1例。《鶡冠子》中魚歌合韻2例。《素問》中錫月合韻1例，魚幽合韻1例，之職幽侯1例，魚鐸屋合韻1例，之幽侯合韻2例。《靈樞》中鐸藥合韻1例，質鐸合韻1例，之幽魚合韻1例，之幽魚侯合韻1例，之魚宵合韻2例，之魚侯鐸合韻1例，之侯魚合韻1例。

表 4-13　周秦群經諸子韻文陰、入聲韻諸部獨用合用統計比較表

獨用或合用次數＼上古韻部劃分標準	之	職	之職	幽	覺	幽覺	宵	藥	宵藥	侯	屋	侯屋	魚	鐸	魚鐸	支	錫	支錫
王力古韻分部	262	139	79	78	13	4	28	3	4	36	34	10	224	51	58	11	10	4
本書古韻分部	301	125	54	81	12	1	30	4	1	40	34	6	276	43	14	15	4	6

我們將依照兩種韻部分類標準統計的陰入合韻比例（陰入合韻數/[陰聲韻獨用數+入聲韻獨用數+陰入合韻數]）列在下面：

　　　　　　之、職部　幽、覺部　宵、藥部　侯、屋部　魚、鐸部　支、錫部
王力古韻分部　16.46%　　4.21%　　11.43%　　12.5%　　17.42%　　16%
本書古韻分部　11.25%　　1.06%　　2.86%　　7.5%　　4.2%　　24%

除了支錫合韻以外，別的合韻比例都有所降低。特別是宵藥合韻、魚鐸合韻的比例都大幅減少。

在《詩經》《楚辭》、周秦群經諸子韻文這三種材料中，從陰、入聲韻合用與陰、入聲韻獨用的比例上反映出的基本特點是一致的：

①根據王力先生韻部劃分統計出來的數字表明，三種材料都反映出來陰、入聲韻的關係確實很密切，其緊密程度并無明顯區分。相對來說《楚辭》中陰入通押的比例更大一些。

②如果根據本書韻部劃分重新統計，則三種材料的陰入合韻比例基本都有所降低。特別是魚鐸合韻的比例大幅降低，但支錫合韻比例反而有所提高。

③對比兩種統計結果可知，將王力先生入聲韻部字中的去聲字歸爲相配的陰聲韻后，陰聲韻與入聲韻的界限更加清晰。雖然陰入仍有合韻例，可是從合韻所占比例來看，陰、入聲韻并不必合并爲一。

既然先秦韻文材料中的陰入合韻例并不能説明陰、入聲韻之間應該合并，我們是否能從方言的角度來解釋陰、入聲韻的在某些材料上的密切關係呢？

五　先秦陰、入聲韻合韻關係中的方言特點

在本節開始我們先考察了兩周金文材料的用韻情況，因材料數量少

第四章　上古陰、入聲韻關係考　　137

没有作分析，現在我們已經考察了先秦大量的韻文材料，便可用以參考了。

以下是西周陰、入聲韻合韻韻譜：

之職合韻 5 例：1 德德子 ₃汈其鐘 2 福子 ₄₃克盨 3 福子㠭 ₄₄伯汈其盨 4 德佩祀 ₁瘨鐘(甲) 5 哉戈每祀 ₅₀寽尊

幽覺合韻 1 例：1 周祝考休壽 ₇微㝈鼎

魚鐸合韻 1 例：1 下斁 ₄₆牆盤

參考《詩經》的用韻特點，"㠭、祝、斁"常與陰聲韻字相押，我們認爲其是陰聲字。則幽覺合韻 1 例、魚鐸合韻 1 例都可成爲幽部獨韻 1 例，魚部獨韻 1 例。

"福"在《廣韻》中是入聲字，但"福"字在西周金文中入韻的特殊情況，引起了我們的注意。"福"字在西周金文中共入韻 10 次，其中與陰聲韻相押 8 次（"飤"字在《廣韻》中讀去聲，我們將其歸爲陰聲），與陰、入聲韻相押 1 次，與入聲韻相押 1 次。西周銅器的出土地主要集中在陝西和河南，尤以陝西爲大宗。《詩經》中西部地區的篇章中去聲字與入聲字的關係尤爲密切一些。古籍中"福"常通"富"字，故而不排除"福"在西部地區就讀爲陰聲韻的可能。

東周雖然王室權威漸漸衰落，可製作銅器是"禮"的體現，有着嚴格統一的規範，并不能隨意改動禮制。東周陰、入聲韻的合韻數較西周更多一些。而按照王力先生的韻部劃分和本書的標準分別進行統計，兩種結果差別并不大。看來東周中陰聲韻和入聲韻的關係并不是由去聲字與入聲字的關係密切而造成的。

《詩經》305 篇的地域歸屬爲我們尋求上古方言面貌提供了線索。《詩經》篇章所涉及的範圍東至山東，西至陝西，爲了使統計更加全面細緻，我們將《诗经》篇目按地域大体分为三個區域，小雅因所屬地域不詳，不列入統計範圍。劃分的細則見論文 2.3.1：

我們根據王力先生的古韻分部統計的結果見表 4-14-1[①]：

[①] 限於篇幅，我們將《詩經》篇章統計詳表放在附錄中，正文只列出地域分類統計表。

表 4-14-1　王力韻部《詩經》分地域陰、入聲韻部獨用合用統計表

獨用或合用次數＼韻部＼風雅頌	之	職	之職	幽	覺	幽覺	宵	藥	宵藥	侯	屋	侯屋	魚	鐸	魚鐸	支	錫	支錫
東部地區	24	15	4	20	4	0	9	3	3	5	1	0	29	7	5	1	3	2
中部地區	29	13	0	25	2	4	10	3	2	5	6	0	42	6	5	2	1	1
西部地區	48	30	13	28	5	2	7	4	3	7	4	2	43	10	9	0	7	2

根據本書的韻部劃分，我們將合韻段分別列出如下：

之職合韻 14 例：1 牧來載棘 168 小雅・出車1章　2 克富又 196 小雅・小宛2章　3 載息 203 小雅・大東3章　4 側極食誨載 230 小雅・綿蠻3章　5 直載翼 237 大雅・綿5章　6 載備祀福 239 大雅・旱麓4章　7 字翼 245 大雅・生民3章　8 子德 249 大雅・假樂1章　9 式止晦 255 大雅・蕩5章　10 極背克力 257 大雅・柔桑15章　11 事式 259 大雅・崧高2章　12 戒國 263 大雅・常武1章　13 忒背極應倍識事織 264 大雅・瞻卬4章　14 鮪鯉祀福 281 周頌・潛1章

幽覺合韻 5 例：1 修歗歗淑 69 王風・中穀有蓷2章　2 罦造憂覺 70 王風・兔爰2章　3 軸陶抽好 79 鄭風・清人3章　4 皓繡鵠憂 116 唐風・揚之水2章　5 收篤 267 周頌・維天之命1章

宵藥通韻 5 例：1 芼樂 1 周南・關雎3章　2 沼樂炤虐 192 小雅・正月11章　3 濯翯沼躍① 242 大雅・靈臺3章　4 昭樂懆藐教虐耄② 256 大雅・抑11章　5 藻蹻蹻昭笑教 299 魯頌・泮水2章

侯屋通韻 3 例：1 奏祿 209 小雅・楚茨6章　2 木附屬 223 小雅・角弓6章　3 谷穀垢 257 大雅・桑柔12章

魚鐸合韻 12 例：1 茹據愬怒 26 邶風・柏舟2章　1 射御 78 鄭風・大叔于田2章　2 路袪惡故 81 鄭風・遵大路2章　2 夜莫 100 齊風・東方未明3章　3 洳莫度度路 108 魏風・汾沮洳1章　4 莫除居瞿 114 唐風・蟋蟀1章　5 茹獲 177 小雅・六月4章　3 夜夕惡 194 小雅・雨無正2章　6 除莫庶暇顧怒 207 小雅・小明2章　7 席御酢斝炙臄呉 246 大雅・行葦2章　8 去故莫虞怒 258 大雅・云漢6章　9 柞澤伯旅 290 周頌・載芟1章

支錫通韻 4 例：1 提辟揥刺 107 魏風・葛屨2章　2 易知祇 199 小雅・何人斯6章　3

---

① 江有誥言"沼"入韻，"沼"王力言不入韻，歸宵韻。
② 江有誥、王力皆言"慘"當作"懆"。

解易辟 261大雅·韓奕1章　　4 辟績辟適解 305商頌·殷武3章

表4-14-2　　本書韻部《詩經》分地域陰、入聲韻部合用統計表

合用次數＼韻部＼風雅頌	之職合韻	幽覺合韻	宵藥合韻	侯屋合韻	魚鐸合韻	支錫合韻
東部地區	—	—	1	—	2	1
中部地區	—	4	1	—	4	1
西部地區	10	1	2	1	3	1
未知地區（《小雅》）	4	—	1	2	3	1

可以看出，儘管陰入合韻不是西部地區所獨有的現象，西部地區出現合用例的次數還是明顯比別的地區要高一些。前面我們在考察《詩經》陰入互押情況時曾發現，在《廣韻》中有去、入兩聲的字在《詩經》西部地區篇章（特別是《大雅》）和《小雅》中可以和陰聲韻字互押，也可以和入聲韻字互押；而在其他地區的詩篇中，主要和入聲韻字相押。

《楚辭》是楚方言的語言材料，《楚辭》中的陰入合韻比例也比較高。《廣韻》去、入兩聲字像"食""識"等，就可以和陰聲韻字互押，也可以和入聲韻字互押。

周秦群經諸子韻文的作者籍貫遍布各地，而幾乎每本著作都出現了陰、入聲韻通押的例子，而且數量也不低。觀察其合韻情況，其中的去、入兩讀字還是比較重要。我們將其中一些較特殊的韻字的入韻類型列出詳表，以深入考察。

下面分別列出"食""惡""度"三字的入韻情況（見表4-15至表4-17），因這三個字出現的頻率比較高。表4-15告訴我們，"食"字主要和入聲韻字相押，但是在《易》《管子》《墨子》中，它也可以和陰聲韻相押。"惡"字既和陰聲韻字相押，也和入聲韻字相押，而"度"字則主要和陰聲韻字相押了。

從文獻材料來看，《易》《管子》中入韻類型最多，這兩部書的作者皆非一人，故而用語習慣較爲複雜。另如《老子》《韓非子》等也有去、入兩讀字同時和陰、入聲韻相押的現象，可能是作者實際語言狀況的反映。

表 4-15　　　　　　"食"字周秦群經諸子韻文入韻類型表

韻文材料	"食"與陰聲韻相押	"食"與入聲韻相押	"食"與陰、入聲韻混押
《易》	3 食來祀《易·困》	8 食則得意息國則《易·明》 16 食息《易·豐》	1 革塞食悔《易·鼎》 2 起止始時災來怠食色伏飭《易·襐卦傳》
《書》	—	23 德直克克直克克克克福食食國忒《書·洪範》	—
《穆天子傳》	—	—	40 得食富事《穆天子傳》
《左傳》	14 食志祐《左傳·昭公》	—	
《管子》	24 食事士《管子·四稱》 28 已起食《管子·度地》	43 得食服匿《管子·牧民》	
《墨子》	49 食事《墨子·七患》	88 食力翼式《墨子·非樂上》	
《儀禮》	—	28 食福《儀禮·梓人》	
《孟子》	—	34 食食息慝《孟子·梁惠王》	
《國語》	—	37 德力食殖《國語·越語》	
《孫武子》	—	60 克食力測北德力《孫武子·九地》	
《列子》	—	74 食息《列子·楊朱》	
《逸周書》	—	76 仄食《逸周書·周祝解》	
《文子》	—	92 食德《文子·道原》	
《荀子》	—	110 職食極力《荀子·成相》 111 職食服得《荀子·成相》	

表 4-16　　　　　　"惡"字周秦群經諸子韻文入韻類型表

韻文材料	與陰聲韻相押	與入聲韻相押	與陰、入聲韻混押
《書》	—	4 惡路《書·洪範》	—
《儀禮》	—	11 惡碩《儀禮·大學》	—
《管子》	—	20 路惡《管子·牧民》	23 惡度助《管子·牧民》
《逸周書》	—	30 柏宅獲惡《逸周書·鄭保解》	—
《老子》	16 惡處《老子·苦恩》 17 惡故《老子·任為》	17 惡若《老子·異俗》	—

續表

韻文材料	與陰聲韻相押	與入聲韻相押	與陰、入聲韻混押
《韓非子》	46 惡舍《韓非子·揚權》 47 惡素《韓非子·主道》	45 惡路《韓非子·有度》	—
《呂氏春秋》	53 助惡《呂氏春秋·慎行論》	—	—

表 4-17　　　　　"度"字周秦群經諸子韻文入韻類型表

韻文材料	與陰聲韻相押	與入聲韻相押	與陰、入聲韻混押
《易》	1 度懼故《易·繫辭》	—	—
《左傳》	—	12 度擇《左傳·隱公》	—
《儀禮》	2 嘏度御序《儀禮·禮運》	—	9 作度固《儀禮·禮運》
《孟子》	13 豫助豫度《孟子·梁惠王》	—	—
《管子》	19 度固《管子·牧民》 21 度圖《管子·內業》 22 度圖慮《管子·內業》 24 固度素《管子·七臣七主》 26 居舍度《管子·白心》 29 舍圖度下所《管子·內業》	—	20 度赦懼《管子·版法》 23 惡度助《管子·牧民》
《莊子》	35 度舍居故《莊子·知北游》	—	—
《逸周書》	39 度故《逸周書·周祝解》 41 懼度《逸周書·太子晉解》	—	—
《韓非子》	49 圖度《韓非子·揚權》	—	—
《黃帝內經》	54 固夏度《素問·生氣通天論》	49 度度夜《靈樞·營衛生會第十》 51 夜度《靈樞·刺節真邪第七十五》	—

　　從先秦的韻文材料來看，陰、入聲韻關係較爲密切，而且這種關係帶有一定的方言特點。這就是：在西部地區，一些去入兩讀字同時和陰聲韻、入聲韻都有互押關係，使得陰、入聲韻的關係顯得較爲突出。既然在西部地區陰、入聲韻有一定的密切關係，隨着歷史的發展，這種密

切關係會不會發展爲兩個韻部合而爲一呢？并不是這樣的。

第三節 從兩漢詩文用韻情況看陰、入聲韻的關係

一 兩漢陰、入聲韻諸部用韻情況

了解兩漢詩文用韻中陰、入聲韻用韻的情況可以爲我們理解先秦陰入聲關係的性質提供參考。我們根據羅常培、周祖謨先生的《漢魏晋南北朝韻部演變研究》來統計兩漢陰、入聲韻的用韻情況。周先生認爲上古和兩漢都有平、上、去、入四聲，王先生則認爲古無去聲，漢代也還没有產生去聲[1]。故而兩位先生的韻字劃分有所不同。王力先生的一些古入聲字周先生認爲是陰聲韻去聲字。爲求本書的前後統一，我們仍舊先按王力先生的古韻分部對羅、周書中的韻譜重新劃分、進行統計（統計結果見表4-18），再直接對羅、周書的韻譜進行統計（統計結果見表4-19），對比其結果。羅、周二先生認爲兩漢時代魚、侯部合爲一部，稱魚部。

表4-18　　　　王力韻部兩漢詩文陰、入聲韻諸部用韻表

獨用或合用次數＼兩汉韻部＼时代	之	職	之職	幽	覺	幽覺	宵	藥	宵藥	屋	魚屋	魚	鐸	魚鐸	支	錫	支錫
西漢	190	131	27	79	9	0	30	8	6	42	11	297	68	38	7	17	4
東漢	149	83	25	85	12	2	21	8	7	36	3	227	29	21	72	12	5
合計	339	214	52	164	21	2	51	16	13	78	14	524	97	59	79	29	9

獨用或合用次數＼兩汉韻部＼时代	之幽	之魚	幽魚	幽宵	魚宵	魚歌	之脂	支歌	鐸屋覺	屋鐸	職藥鐸	藥鐸	職屋	職緝	職覺	職葉
西漢	14	9	17	19	6	2	3	4	9	7	3	4	6	4	1	1
東漢	23	12	27	15	13	17	1	5	3	7	4	5	4	8	3	0
合計	37	21	44	34	19	19	4	9	12	14	7	9	10	12	4	1

如果根據羅常培、周祖謨二先生的韻部（表題簡稱羅、常韻部）直

---

[1] 王力：《漢語語音史》，中國社會科學出版社1985年版，第105頁。

接進行統計，則兩漢陰、入聲韻分用的特點十分明顯（見表4-19）：

表4-19 羅、周韻部兩漢詩文陰、入聲韻諸部用韻表

獨用或合用次數＼兩汉韻部＼时代	之	職	之職	幽	覺	幽覺	宵	藥	宵藥	屋	魚屋	魚	鐸	魚鐸	支	錫	支錫
西　漢	118	73	2	60	9	—	17	4	1	18	4	199	32	9	6	8	1
東　漢	176	80	1	87	12	—	27	8	1	36	2	251	25	1	77	10	2
合　計	294	153	3	147	21	—	44	12	2	54	6	450	57	10	83	18	3

獨用或合用次數＼兩汉韻部＼时代	之幽	之魚	幽宵	幽宵	魚宵	魚歌	之脂	支歌	鐸屋	屋覺	職鐸	藥鐸	職屋	職緝	職覺	職葉
西　漢	11	6	11	18	7	1	11	3	4	6	2	4	4	5	5	1
東　漢	26	12	27	16	14	19	11	5	3	7	4	4	4	8	3	0
合　計	37	18	38	34	21	20	22	13	7	13	6	8	8	13	8	1

兩漢陰聲、入聲韻12部獨用合計1333例，而陰入合用僅24例。羅常培、周祖謨先生認爲"如果我們本着前人分析《詩經》押韻的辦法來研究兩漢的韻文，很容易可以看到漢人對聲調的分別一般是很細緻的。平聲字和上聲字在一起押韻的情況極少見，去聲字和入聲字在一起押韻的爲情況數也不多，而且只限於少數幾部字。①"

我們也認爲陰、入聲韻到了兩漢時期，其界限分明，西漢陰、入聲韻間尚且還有少數通押現象，到了東漢詩人作家已經開始明確地分辨兩種韻部的不同了。

二　兩漢陰、入聲韻合韻關係中的方言特點

兩漢還存在少數的陰、入合韻現象，這種合韻現象會不會反映出某地方言的語音特點呢？我們沿襲上文的做法，將兩漢文學家根據他們的籍貫，按地域分別統計其作品中陰、入聲韻諸部用韻的情況，從而考察其是否爲方言現象。

---

① 羅常培、周祖謨：《漢魏晋南北朝韻部演變研究（第一分冊）》，科學出版社1958年版，第67頁。

表 4-20 是按照王力先生韻部劃分將西漢作家籍貫地区分类对陰、入聲韻諸部用韻的情況所作的統計①：

表 4-20　王力韻部西漢詩文分地域陰、入聲韻諸部獨用合用統計表

獨用或合用次數　地區 \ 兩漢韻部	之	職	之職	幽	覺	幽覺	宵	藥	宵藥	屋	魚屋	魚	鐸	魚鐸	支	錫	支錫
江蘇	25	12	5	17	2	—	—	—	—	7	—	29	8	5	1	3	1
河南	5	8	1	1	—	—	—	1	—	—	—	9	1	1	—	—	—
河北	2	—	—	—	—	—	—	—	—	—	—	3	—	—	—	1	—
山東	16	6	—	5	1	—	1	—	—	—	—	17	5	5	—	—	—
山西																	
四川	45	29	1	27	3	—	9	4	1	6	2	95	20	11	—	5	3
陝西	2	—	—	1	1	—	—	—	—	—	—	1	—	2	—	—	—
籍貫不明	16	19	1	9	2	—	4	1	—	5	—	23	4	1	—	1	—
合計	111	74	8	60	9	—	14	5	3	18	2	177	38	25	1	10	4

我們在考察《詩經》陰、入聲韻的用韻情況時（見前文表 4-14），發現宵藥合韻、魚鐸合韻、支錫合韻出現的範圍比較廣，特別是魚鐸合韻的數量也比較多。而之職合韻、侯屋合韻多出現在某一地區。上表和表 4-14 有許多一致的地方，西漢也是宵藥合韻、魚鐸合韻、支錫合韻出現的範圍比較廣，而魚鐸合韻的數量也比較多。只是《詩經》材料中，之職合韻例多出現在西部地區，而在西漢之職合韻共 8 例，其中 5 例都出現在江蘇。

我們再來看看東漢的情況。表 4-21 是根據東漢作家籍貫地区分类对陰、入聲韻諸部用韻的情況的统计。在東漢，陝西、河北、河南等地的韻文材料較多，其次是江蘇、四川等地區。分地區來看，陝西地區的陰入互押的比例還是要高一些，其次是河南地區，然後是河北地區。可以這樣説，在通語逐漸變化的過程中，陝西、河南等地還是保留着先秦時期陰、入聲韻關係緊密的一些特點。

---

① 兩漢作家籍貫參見第二章第二節。

第四章　上古陰、入聲韻關係考

表 4-21　王力韻部東漢詩文分地域陰、入聲韻諸部獨用合用統計表

獨用或合用次數＼上古韻部＼地區	之	職	之職	幽	覺	幽覺	宵	藥	宵藥	屋	魚屋	魚	鐸	魚鐸	支	錫	支錫
陝西	31	23	11	19	4	—	1	4	2	10	—	51	12	6	15	7	3
河北	14	13	2	9	—	—	1	1	—	4	—	18	4	3	12	1	—
河南	51	20	6	27	5	1	12	3	3	12	3	73	6	6	21	2	1
江蘇	3	—	—	2	—	—	—	—	—	—	—	—	—	—	1	—	—
四川	8	2	1	5	1	—	—	—	—	2	—	7	—	1	7	—	—
甘肅	—	—	—	—	—	—	—	—	—	2	—	1	—	—	—	—	—
湖北	1	2	—	1	—	—	2	—	—	2	—	15	—	1	6	1	1
山東	—	—	—	—	—	—	—	—	—	—	—	2	—	1	1	—	—
寧夏	—	—	—	—	—	—	—	—	1	—	—	—	—	—	—	—	—
籍貫不明	41	23	5	18	2	1	5	—	1	4	—	58	7	3	8	1	—
合計	149	83	25	85	12	2	21	8	7	36	3	227	29	21	71	12	5

下面，我們來看看羅、周二先生韻譜所列的陰入合韻例及其地域歸屬。因爲韻例不多，就直接列出合韻譜：

西漢 17 例

之職合韻 2 例：

江蘇地區 2 例：1 識事意側翼 _{枚乘《七發》}　2 喜嘔 _{劉去《歌一首》}

宵藥合韻 1 例：

四川地區 1 例：1 縞削髾 _{司馬相如《子虛賦》}

魚屋合韻 4 例

四川地區 4 例：1 鼓斯後睹 _{楊雄《解難》}　2 趣欲 _{楊雄《羽獵賦》}　3 射_鐸鏃_屋處_魚鶩_魚欲_屋拊_魚兔_魚仆_魚寇_魚 王褒《四子講德論》　4 榛朴 _{司馬相如《子虛賦》}

魚鐸合韻 9 例：

四川地區 6 例：1 堊垺 _{司馬相如《子虛賦》}　2 穫芧輹 _{王褒《僮約》}　3 澤護慕 _{司馬相如《封禪文》}　4 庶獲 _{司馬相如《子虛賦》}　5 庶獲 _{楊雄《長楊賦》}　6 恪作祚 _{楊雄《徐州箴》}

山東地區 1 例：固涸 _{東方朔《七諫謬諫》}

陝西地區 1 例：漠奴 _{李陵《徑萬里兮歌》}

未知地域 1 例：1 白博作索苦 _{無名氏}

支錫合韻 1 例
四川地區 1 例：1 擊眥繫地 _{司馬相如《子虛賦》}
東漢 7 例
之職合韻 1 例：
未知地域 1 例：1 意來異食備嗣熾 _{白狼王唐菆《遠夷樂德歌》}
宵藥合韻 1 例：
未知地域 1 例：1 較燥藥綽逴虐邈權倒樂的 _{闕名《魯峻碑》}
魚屋合韻 2 例：
河南地區 2 例：1 柱斧樸杵許 _{蔡邕《短人賦》}　　2 燭驅屬 _{張衡《東京賦》}
魚鐸合韻 1 例：
陝西地區 1 例：1 藪澤 _{馬融《廣成賦》}
支錫合韻 2 例：
陝西地區 1 例：1 刺裼 _{馬融《廣成頌》}
湖北地區 1 例：1 池歷釱袿蛇奇 _{黃香《九宮賦》}

　　在西漢陰入互押的 17 例中，有 12 例韻段的作者籍貫都在四川，江蘇、山東、陝西等地的作家作品中也都有陰入合韻例出現。從兩種分類的統計結果來看，數據有所差異。以西漢爲例，在表 4-20 中，四川地區詩人作品中的陰入合韻現象并不突出，然而在羅、周二先生的韻譜中，70%的陰入互押例出現在四川地區。

　　綜合起來看，無論我們采用哪一種韻部劃分標準，在兩漢詩文用韻中，陰入互押的現象所出現的地域比較廣泛，應是通語中的一種語音特點。但不可否認西漢時的四川的陰、入聲韻合韻例（依羅、周先生韻譜統計）較爲突出，東漢時陝西、河南的陰、入合韻例也占了總數的一半多。可以說兩漢時的陰、入聲韻之間的關係還保留有先秦時期的特點，就是在西部地區，陰、入聲韻通押的現象更爲多見。

第四節　從現代民歌看陰、入聲韻的關係

　　《詩經》詩篇是供人吟唱的，其性質相當與今日之民歌。故而我們可以試着考察現代民歌的押韻特點，作爲我們研究上古陰、入聲韻的參考。邢向東先生考察神木山曲兒、酒曲兒的押韻特點后認爲："《詩經》

中陰入通押的現象主要出現在-k韻六部，這和神木山曲兒、酒曲兒中陰聲韻和喉塞音入聲韻相押的情況恰相照應，似可互相參證。"①

我們對298首廣州廣府民歌的押韻情況進行了統計②。其中出現入聲韻作爲韻脚字的歌曲有24首，共計30個韻段。其中入聲韻獨用有10例，陰入互押有14例，入陽互押有5例，還有1例是陰入陽互押例③。陰入互押的例子看起來比較多，然而有一些陰入互押韻段是有探討的餘地的，如咸水歌中的《十二月采茶》一曲的歌詞分別是：

①正月采茶未有茶（caa⁴），茶园树上正开花（faa¹），
花嫩细时唔舍摘（zaak6），同群姐妹各回家（gaa¹）。
②二月采茶正合时（si⁴），双手携篮挂树枝（kei⁴），
左手攀枝右手摘（zaak6），讲笑不知茶满时（si⁴）。
⑤五月采茶是龙舟（zau¹），对对金龙出海游（jau⁴），
男男女女多快活（wut6），茶花递上贺龙舟（zau¹）。

三段歌詞的用韻非常整齊，"摘、摘、活"所在的位置也可認爲是不入韻，《詩經》中也有許多類似的情况，即奇數句末字有時并不入韻。如果排除了這些韻例，則陰入合韻例只有4例，分別是：

編號	歌曲類型	曲名	地區	合韻韻段
91	木鱼歌	情歌对唱	台山	④春天来到梅叶绿（luk⁶）， 秋天梅子变霜梅（mui⁴）。
183	小曲	小北江水路歌	连州	③洺洸开船上荔枝（kei4）， 同船伙计莫思疑（ji4）， 飞鼠飞埋乐昌堡， 点火来烧白鹤基（gei1）， 双手握住燕石池（ci4）， 紧水滩头跌一跌（dit3）。 ⑤见了无顶慧光塔（taap3）， 见了连州好住家（gaa1）。
248	儿歌	执田螺	恩平	天井角（gok3），还有箩（lo4）。

---

① 邢向東：《神木山曲兒、酒曲兒的押韻》，《中國語文》2003年第2期。
② 根據《中國民間歌曲集成·廣東卷》統計，中國ISBN中心出版社2005年版。廣東漢族民歌分廣府、客家、潮汕三個部分。例證中韻脚字的注音採用粵式拼音。
③ 298首廣府民歌的入韻情況詳見附錄。

我們可以看到，在區分陰、入聲韻的廣州方言民歌歌詞中，也存在數例陰入通押的現象，而且與陰聲韻相押的入聲韻字，其主要元音與陰聲韻字的主要元音相同。值得注意的是，在廣府民歌中，還有一些陰、陽、入聲韻互押的例子，其韻腳字的主要元音也都是一致的①，這還有待我們進一步研究。

對廣府民歌的考察使我們認識到，不能因爲出現陰入互押例，就認爲陰入聲韻不分，原因就是樂曲的旋律使字的聲調的差異變得不那么突出，從而模糊了部分韻部之間的界限。

第五節 從通假字看陰、入聲韻的關係

字的通假，以音爲樞紐。通假字是研究古音的重要材料。我們對部分通假字字典的陰、入聲韻諸部互通的情況進行了統計。我們的統計依據的韻部劃分標準是王力先生的古韻分部，我們沒有再依據本書的韻腳劃分標準再另行統計，原因是這樣的：在通假字中，同一諧聲組之內的字互通的現象很常見，就算其聲調不同也不影響他們相互借用。而陰、入聲韻關係的關鍵就在於聲調方面的複雜性，比如王力先生入聲藥部的一部分字在《廣韻》中的聲調如下：

僅去聲	去入兩讀	僅入聲
悼淖罩	掉（上、去、入）	卓桌焯綽
豹釣	芍（上、入） 約杓（平、入）	勺酌灼妁的
貌	兒貊（上、入）	邈
櫂糶燿燿曜	濯	擢躍翟糴

如果以上例"卓、勺、兒、翟"幾個諧聲組字的通假情況進行統計，就會發現它們之間多有互借例。故而采用不同的韻部劃分標準進行

---

① 如廣府民歌第 67 首《麻園嫁女歌》，韻腳字是"饭（faan⁶）行（haang⁴）山（saan¹）埋（maai⁴）"。第 89 首《木魚》，韻腳字是"人（jan⁴）甲（gaap³）身（san¹）人（jan⁴）"。第 91 首《情歌對唱》第 4 段，"綠（luk⁶）梅（mui⁴）紅（gung¹）"。詳見附錄三第八節《廣州廣府民歌押韻統計表》。

統計并無更強的參考價值。

我們統計的結果見表 4-22、表 4-23。

表 4-22　　　《通假字彙釋》① 陰、入聲韻諸部字互通表

通假字 \ 本字	之	職	幽	覺	宵	藥	侯	屋	魚	鐸	支	錫
之	414	23	12	—	—	—	6	—	13	—	5	3
職	17	138	1	6	—	—	1	—	6	1	5	
幽	8	1	352	21	39	3	14	2	4	2	1	—
覺	—	3	6	80	3	4	8	4	1	—		
宵			28	4	314	15	1	—	2	—		
藥	—		2	2	9	52	—	3	1	4		3
侯	3	1	13		9		256	6	17	1	1	
屋					4		6	102	3	1		
魚	4	3	6	3	1	—	18	6	565	29	2	—
鐸	1	2	4	2		5	2	3	19	242	—	4
支	13	3							—		108	11
錫	1	2			5				4	9	99	

表 4-23　　　《古漢語通假字字典》② 陰、入聲韻諸部字互通表

通假字 \ 本字	之	職	幽	覺	宵	藥	侯	屋	魚	鐸	支	錫
之	204	3	2	—		—	4	—	4	—	2	—
職	7	65	1	—	—	1	—	—	2	—	—	2
幽	6	1	201	8	14	—	10	—	2	—		
覺	1	2	4	36	—	—		3	2	—		
宵	1	—	10		208	5						

---

① 馮其庸、鄧安生：《通假字彙釋》，北京大學出版社 2006 年版。
② 馬天祥、蕭嘉祉：《古漢語通假字字典》，陝西人民出版社 1991 年版。

續表

通假字＼本字（互通次數）	之	職	幽	覺	宵	藥	侯	屋	魚	鐸	支	錫
藥	—	—	1	1	5	32	—	1	—	—	—	1
侯	1	—	10	2	4	—	130	2	4	—	—	—
屋	—	1	2	2	1	—	4	46	—	1	—	—
魚	4	—	1	1	1	—	11	1	312	5	3	—
鐸	—	—	1	—	—	2	—	—	7	100	—	1
支	5	1	—	—	—	—	—	—	—	—	90	4
錫	—	2	—	—	—	1	—	1	—	2	1	46

因爲我們只是探求通假字之間的語音關係，重點并非在區別何爲本字、何爲通假字，故我們將本字—通假字、通假字—本字的數據合并起來進行統計，這樣也方便比較。從以上字典所反映出的各部的互通情況總結如表 4-24 所示。

表 4-24　　各類通假字字典中脂、微諸部字互通情況比較表

互通次數＼通假字字典（上古韻部）	《通假字彙釋》	《古漢語通假字字典》
之—職	40	10
幽—覺	27	12
宵—藥	24	10
侯—屋	12	6
魚—鐸	48	12
支—錫	20	5

通假字材料因其在聲調方面并無明顯的區別價值，故在研究陰、入聲韻關係時，我們只將其作爲參考，從通假字材料中可以看出，陰、入聲韻部字的互借現象還是較爲常見的，但此并不能作爲判定陰、入聲韻部分合的依據。

第六節　本章結論

　　以上，我們從詩文用韻、文字特點兩個大方面分別對上古陰、入聲韻關係進行了考察。

　　對於上古詩文用韻材料的統計，我們分別采用了王力先生的韻部劃分標準和本書的韻部劃分標準。我們發現，將王力先生入聲韻部字中的去聲字歸爲相配的陰聲韻后，陰聲韻與入聲韻的界限更加清晰。雖然陰、入聲韻之間還是有部分合韻例，但是遠沒有到要合并韻部的程度。王力先生本爲解釋上古去、入聲韻字關係密切而提出"古無去聲説"，但是將去聲字歸爲入聲字，反而會使陰、入聲韻關係變得更複雜。

　　可以這樣來解釋：我們將王力先生的入聲字分爲三類，在中古讀去聲的稱爲 A 類，在中古有去、入（或其他陰、入）兩讀的稱爲 B 類，在中古僅讀入聲的稱爲 C 類。在我們統計入韻情況時發現，A 類字絕少和 C 類字相押，A 類字和陰聲韻字及 B 類字相押，C 類字和入聲韻字及 B 類字相押。可知 A，C 類字界限分明。而陰、入聲韻的關係密切，原因就在與 B 類字。通過我們的考察，A 類字應歸入陰聲韻部，B 類字在上古亦有兩個甚至多個聲調，可同時歸入陰、入聲韻部。B 與 A 及陰聲韻字相押的韻段爲陰聲韻段，B 與 C 相押的韻段爲入聲韻段。如果從地域的角度看，則先秦兩漢時期西部地區的 B 類字與 A 及陰聲韻字相押的韻段較多一些。

　　在劃分清楚陰、入聲韻的界限后，陰、入聲韻還是會有少許合韻例。我們從現代民歌押韻特點來看，即便是區分陰、入聲韻的方言，其民歌中也會出現陰、入聲韻互押的現象，這是由歌曲的旋律特點所造成的。不能因爲歌詞中的陰入合韻就判定陰、入應該合爲一部。

　　從文字特點來看。通假字材料中多出現陰、入聲韻之間的互通情況，但是這是因爲同一諧聲組的聲調關係較爲複雜而造成的。同一諧聲組的字常常會通假，故而陰入字互通的現象較爲多見，但也不能據此認爲陰入聲韻應合爲一部。

　　綜合來說，我們認爲：

　　1. 上古陰、入聲韻關係密切，真正的原因是：上古存在着一定數量的去、入兩讀字，所謂入聲字與陰聲字押韻，實際上是去、入兩讀字的去聲一讀與陰聲字押韻；所謂陰聲字與入聲字押韻，實際上是去、入兩讀字的入聲一讀與入聲字押韻。當然還有不少與陰聲字押韻的入聲字暫時還不能證明其有去聲一讀，這需要進一步研究。

2. 上古已有平、上、去、入四聲。中古的陰聲去聲字在上古應歸入陰聲韻，上古的去、入兩讀字應同時歸進陰聲、入聲韻。先秦的四聲正處於一個定型期，這一階段的文學創作多是隨口入韻，加之流傳的書面材料較少，多爲口耳相傳，文學的創作者和記錄者及傳播者之間可能出現一些語音現象變異的情況。周秦以後，文學作品大量出現，加之政治統一、語言統一化，人們對音感的認識逐漸科學化，而后變成有意識的講究聲律，到了兩漢時代，陰、入互押的例子明顯減少，説明人們才開始有意識區別四聲，而四聲的概念也是直至齊梁才被明確提出而爲後代文人嚴格遵守。

結　　語

　　本書研究的問題主要包括三個方面：1. 上古東、冬、侵三部的分合問題；2. 上古脂、微二部的分合問題；3. 上古陰、入聲韻關係考。

　　本書使用的材料包括上古時期的詩文用韻材料和文字材料。詩文用韻材料包括兩周金文、《詩經》、《楚辭》、周秦群經諸子、兩漢韻文詩文等。其中"周秦群經諸子"的材料主要指江有誥《群經韻讀》《先秦韻讀》所包括的文獻材料；"兩漢韻文詩文"材料以羅常培、周祖謨《漢魏晉南北朝韻部演變研究》（第一分冊）、于安瀾《漢魏六朝韻譜》中收錄的韻讀材料為主。本書使用的文字材料包括諧聲字、通假字等。其中諧聲字的材料取自《說文解字》《說文通訓定聲》；通假字的材料取自《通假字彙釋》《古漢語通假字字典》《古字通假會典》等通假字字典。此外，還採用了少數方言、民歌材料。本書使用的研究方法主要有統計法、韻腳字系聯法、諧聲通假集證法、歷史比較法等。

　　本書的結論主要有：

　　一、從周秦到東漢，東、冬所代表的是同一個韻部，東冬語音相同或相近並不是某種方言現象，而是通語中的語音特點。冬侵合韻是周秦至東漢在西部地區存在的一種方音特點。

　　根據歷代詩文東、冬、侵諸部的入韻情況來看，東、冬合韻的數量較多，合用的比例也高，因而東、冬的關係比冬、侵的關係要近。根據與其他韻部的合韻情況也可以看出東、冬部關係密切。例如東與陽有合用例，冬與陽亦有合韻例；冬與蒸有合韻例，東與蒸亦有合韻例。此外，韻文中還常出現東、冬與某一韻部在同一韻段中合韻的情況，如東冬陽合韻、東冬蒸合韻等，這更能說明東、冬部的關係緊密。

　　從地域角度看，東冬合韻的地域廣泛，故東冬合用應是通語的語音特點。冬侵合韻的地域主要集中在西部地區（包括今四川地區），故冬侵合用應是西部地區的方音特點。

　　從通假字的角度看，周秦兩漢典籍中有大量東、冬部字互通的現象，而很少有冬、侵互通的現象，這種情況也說明東、冬的關係緊密。

　　二、從周秦到東漢，脂、微部應合爲一個韻部，亦即二部不宜分開。與脂、微部相配的入聲韻部也應合爲一個韻部。

　　根據歷代詩文脂、微部的入韻情況來看，脂、微合韻及質、物合韻的數量多，合用的比例也高。根據與其他韻部的合韻情況也可以看出脂、微部及質、物部的關係密切。例如脂與支有合韻例，微與支亦有合韻例；微與歌有合韻例，脂與歌亦有合韻例；質與月有合韻例，物與月亦有合韻例。此外，韻文中還常出現脂、微及質、物部與某一韻部在同一韻段中合韻的情況，如脂微之合韻、脂微歌合韻、質物月合韻等，這更能說明脂、微部及質、物部的關係緊密。

　　從地域角度看，脂、微合韻及質、物合韻的地域廣泛，故脂、微合用及質、物合用應是通語的語音特點。在周秦時期，東部地區諸如現屬山東、河北等地的個別作家作品中，脂、微合用率較低，有分用的跡象，此屬方言的語音特點，西漢時期這一方言特點已消失。

　　三、上古陰、入聲韻關係密切，真正的原因是：上古存在着一定數量的去、入兩讀字，所謂入聲字與陰聲字押韻，實際上是去、入兩讀字的去聲一讀與陰聲字押韻；所謂陰聲字與入聲字押韻，實際上是去、入兩讀字的入聲一讀與入聲字押韻。當然還有不少與陰聲字押韻的入聲字暫時還不能證明其有去聲一讀，這需要進一步研究。

　　四、上古已有平、上、去、入四聲。中古的陰聲去聲字在上古應歸入陰聲韻，上古的去、入兩讀字應同時歸進陰聲、入聲韻。

參考文獻

典籍：

（漢）許慎：《說文解字》，中華書局1963年版。
（漢）楊雄著，周祖謨校箋：《方言校箋》，中華書局1993年版。
（宋）陳彭年、丘雍：《宋本廣韻》，中國書店1982年版。
（清）段玉裁：《說文解字注》，上海古籍出版社1981年版。
（清）顧炎武：《音學五書》，中華書局1982年版。
（清）江永：《古韻標準》，中華書局1982年版。
（清）江有誥：《音學十書》，《續修四庫全書》第248冊，上海古籍出版社2002年版。
（清）孔廣森：《詩聲類》，中華書局1983年版。
（清）阮元：《十三經注疏（附校勘記）》，中華書局1980年版。
（清）朱駿聲：《說文通訓定聲》，中華書局1984年版。

著作：

陳複華、何九盈：《古韻通曉》，中國社會科學出版社1987年版。
陳振寰：《音韻學》，湖南人民出版社1986年版。
董同龢：《漢語音韻學》，中華書局2001年版。
丁啟陣：《秦漢方言》，東方出版社1991年版。
馮其庸、鄧安生：《通假字彙釋》，北京大學出版社2006年版。
高亨纂著，董治安整理：《古字通假會典》，齊魯書社1989年版。
［瑞典］高本漢：《中國音韻學研究》，商務印書館1994年版。
郭錫良：《漢字古音手冊》，北京大學出版社1986年版。
郭錫良：《漢語史論集》，商務印書館1997年版。

耿振生：《20世紀漢語音韻學方法論》，北京大學出版社 2004 年版。

何九盈：《上古音》，商務印書館 1991 年版。

何九盈：《音韻叢稿》，商務印書館 2002 年版。

胡安順：《音韻學通論》，中華書局 2003 年版。

李新魁：《古音概說》，廣東人民出版社 1979 年版。

李方桂：《上古音研究》，商務印書館 1980 年版。

李新魁：《漢語音韻學》，北京出版社 1986 年版。

李玉：《秦漢簡牘帛書音韻研究》，當代中國出版社 1994 年版。

李珍華、周長楫：《漢字古今音表》，中華書局 1999 年版。

陸志韋：《陸志韋語言學著作集（一）》，中華書局 1985 年版。

羅常培、周祖謨：《漢魏晋南北朝韻部演變研究（第一分冊）》，科學出版社 1958 年版。

馬天祥、蕭嘉祉：《古漢語通假字字典》，陝西人民出版社 1991 年版。

潘悟雲：《漢語歷史音韻學》，上海教育出版社 2000 年版。

史存直：《漢語語音史綱要》，商務印書館 1981 年版。

史存直：《漢語音韻學論文集》，華東師範大學出版社 1997 年版。

唐作藩：《上古音手冊》，江蘇人民出版社 1982 年版。

王力：《楚辭韻讀》，上海古籍出版社 1980 年版。

王力：《詩經韻讀》，上海古籍出版社 1980 年版。

王力：《漢語史稿》，中華書局 1980 年版。

王力：《漢語音韻》，中華書局 1980 年版。

王力：《古代漢語（第二冊）》，中華書局 1981 年版。

王力：《漢語語音史》，中國社會科學出版社 1985 年版。

王力：《王力文集（第十七卷）》，山東教育出版社 1989 年版。

王力：《清代古音學》，中華書局 1992 年版。

王力：《王力語言學論文集》，商務印書館 2000 年版。

汪啟明：《先秦兩漢齊語研究》，巴蜀書社 1998 年版。

魏建功：《古音系研究》，中華書局 1996 年版。

楊劍橋：《漢語現代音韻學》，復旦大學出版社 1996 年版。

餘迺永：《上古音系研究》，香港中文大學出版社1985年版。
于安瀾：《漢魏六朝韻譜》，河南人民出版社1989年版。
張民權：《清代前期古音學研究》，北京廣播學院出版社2004年版。
張世禄：《中國音韻學史》，商務印書館1998年版。
趙彤：《戰國楚方言音系》，中國戲劇出版社2006年版。
鄭張尚芳：《上古音系》，上海教育出版社1998年版。
周祖謨：《問學集（上、下）》，中華書局1966年版。
中國民間歌曲集成編委會：《中國民間歌曲集成·廣東卷》，中國ISBN中心出版2005年版。
William H. Baxter（白一平），*A Handbook of Old Chinese phonology*，Mouton de Gruyter, 1992.

論文：

[美]白一平（William H. Baxter）：《上古音脂、微兩部的界限》，復旦大學2005年漢語上古音國際研討會論文，上海，2005年。

曹小雲：《"脂""微"關係探賾——兼論〈詩經〉韻部系統的綜合性》，《安徽教育學院學報》1992年第4期。

陳邦懷：《兩周金文韻讀輯遺》，《古文字研究（9）》，中華書局1984年版。

陳代興：《殷墟甲骨刻辭音系研究》，《甲骨語言研討會論文集》，華中師大出版社1993年版。

陳世輝：《金文韻讀續輯》，《古文字研究（5）》，中華書局1981年版。

董同龢：《與高本漢先生商榷"自由押韻"説兼論上古楚方音特色》，《史語所集刊》第七本第四分冊，1939年。

董同龢：《上古音韻表稿》，《史語所集刊》第十八冊，1948年版。

方孝岳：《關於先秦韻部的"合韻"問題》，《中山大學學報》（社會科學版）1956年第4期。

馮蒸：《上古漢語的宵談對轉與古代印歐語言中的-am>-o，-u型音變》，《古漢語研究》1993年第3期。

馮蒸：《中國大陸近三年（1996—1998）漢語音韻研究述評》，《無錫教育學院學報》1999年第1期。

郭錫良：《殷商時代音系初探》，《漢語史論集》，商務印書館1997年版。

郭雲生：《論〈詩經〉韻部系統的性質》，《安徽大學學報》（哲學社會科學版）1983年第4期。

郭沫若：《金文韻讀補遺》，《郭沫若全集（考古篇）》，科學出版社2002年版。

胡安順：《長入説質疑》，《陝西師範大學學報》1991年第4期。

胡安順：《漢語輔音韻尾對韻腹的穩定作用》，《方言》2002年第1期。

黄侃：《談添盍帖分四部説》，《黄侃論學雜著》，上海古籍出版社1980年版。

黄耀堃：《音韻學與簡帛文獻研究》，《古漢語研究》2005年第2期。

黄綺：《之、魚不分，魚讀入之》，《河北學刊》1992年第2期。

黄綺：《論古韻分部及支、脂、之是否應分爲三》，《河北大學學報》（哲學社會科學版）1980年第2期。

黄易青：《論上侯宵幽的母音及侵冬談的陰聲——兼論冬部尾輔音的變化及其在上古音系中的地位演變》，《北京師範大學學報》（社會科學版）2005年第6期。

黄英：《段玉裁〈詩經〉"古合韻"考論》，《四川師範大學學報》（社會科學版）2000年第6期。

洪波：《關於〈説文〉諧聲字的幾個問題》，《古漢語研究》1999年第2期。

洪颺，陳英寶：《20世紀利用出土文獻研究上古音進展述評》，《渤海大學學報》（哲學社會科學版）2004年第3期。

董允玉：《中山王銅器銘文中的音韻現象初探》，《古漢語研究》2005年第1期。

金穎若：《〈詩經〉韻系的時代分野》，《古漢語研究》1993年第4期。

李新魁：《漢語音韻學研究概況及展望》，《音韻學研究（一）》，中華書局1984年版。

李新魁：《上古"之"部及其發展》，《廣東社會科學》1991年第3期。

李葆嘉：《論漢語音韻研究的傳統方法與文化學方法》，《江蘇社會科學》1992年第4期。

李開：《論江永上古韻元部陰陽入之分配及其古韻學說》，《南京大學學報》（哲人社版）2001年第2期。

李開：《論上古韻真、文兩部的考古和審音》，《南京師範大學學報》（社會科學版）2004年第4期。

李毅夫：《上古韻是否有個獨立的冬部——冬侵的音是否最近》，《語文研究》1982年第2期。

李毅夫：《上古韻祭月是一個還是兩個韻部》，《音韻學研究（一）》，中華書局1984年版。

李毅夫：《上古韻宵部的歷史演變》，《齊魯學刊》1985年第4期。

李毅夫：《先秦中部的獨立性及其在西漢北朝之間的變化》，《齊魯學刊》1986年第6期。

廖揚敏：《〈詩經〉的韻式與偶句韻成因探索》，《廣西師院學報》（社會哲學版）2000年第1期。

劉寶俊：《冬部歸向的時代和地域特點與上古楚方音》，《中南民族學院學報》（哲學社會科學版）1990年第5期。

劉冠才：《〈詩論〉通假字的語音現象分析》，《渤海大學學報》（哲學社會科學版）2004年第3期。

劉冠才：《兩漢韻部與聲調研究》，博士學位論文，南京大學，2004年。

劉勳寧：《隰縣方言古咸山宕三攝舒聲字的韻尾》，《方言》1993年第1期。

魯國堯：《宋詞陰入通叶現象的考察》，《音韻學研究（二）》，中華書局1986年版。

羅江文：《從金文看上古鄰近韻的分立》，《古漢語研究》1996年第3期。

羅江文：《金文韻讀續補》，《玉溪師範高等專科學校學報》1999年第 1 期。

羅江文：《談兩周金文合韻的性質——兼及上古"楚音"》，《楚雄師專學報》1999 年第 4 期。

羅江文：《〈詩經〉與兩周金文韻文押韻方式比較》，《古漢語研究》2001 年第 3 期。

馬重奇：《試論上古音歌部的輔音韻尾問題》，《古漢語研究》1993 年第 3 期。

馬重奇：《1994—1997 年漢語音韻學研究綜述》，《福建論壇》（文史哲版）1999 年第 5 期。

馬重奇：《1998—2003 年漢語音韻學研究綜述（上篇）》，《福建論壇》（人文社會科學版）2004 年第 11 期。

馬重奇：《1998—2003 年漢語音韻學研究綜述（下篇）》，《福建論壇》（人文社會科學版）2004 年第 12 期。

馬重奇：《1998—2003 年漢語音韻學研究綜述（續篇一）》，《福建論壇》（人文社會科學版）2005 年第 7 期。

麥耘：《〈詩經〉韻系》，《音韻與方言研究》，廣東人民出版社 1995 年版。

麥耘：《漢語歷史音韻研究中若干問題之我見》，《古漢語研究》2003 年第 4 期。

潘悟雲：《上古收 -p -m 諸部》，《溫州師範學院學報》1992 年第 1 期。

潘悟雲：《漢語方言學與音韻學研究方向的前瞻》，《暨南學報》（人文科學與社會科學版）2005 年第 5 期。

彭輝球：《古韻"脂"部的分野》，《湘潭大學學報》（哲學社會科學版）1981 年第 4 期。

申小龍：《中國古音學傳統的理論嬗變》，《南昌大學學報》（社會科學版）1995 年第 3 期。

申小龍：《清代古音學系統論》，《學術月刊》1995 年第 10 期。

史存直：《古韻"之""幽"兩部之間的交涉》，《音韻學研究（一）》，中華書局 1984 年版。

史存直：《古音"東、冬"兩部的分合問題》，《漢語音韻學論文集》，華東師範大學出版社 1997 年版。

施向東：《試論上古音幽宵兩部與侵緝談盍四部的通轉》，《天津大學學報》1999 年第 1 期。

師玉梅：《西周金文音韻考察》，博士學位論文，中山大學，2004 年。

舒志武：《〈詩經〉押韻與〈說文〉諧聲中的方音》，《中南民族大學學報》（人文社會科學版）1992 年第 4 期。

唐作藩、楊耐思：《四十年來的漢語音韻學》，《語文建設》1989 年第 5 期。

唐作藩：《1991 年的漢語音韻研究》，《語文建設》1992 年第 5 期。

王國維：《兩周金石文韻讀》，《王國維遺書（第四冊）》，上海書店出版社 1983 年版。

王健庵：《〈詩經〉用韻的兩大方言韻系》，《中國語文》1992 年第 3 期。

王開揚：《從術語學論"韻"和"韻部"的定義》，《古漢語研究》2004 年第 2 期。

王力：《古韻分部異同考》，《王力文集（第十七卷）》，山東教育出版社 1989 年版。

王力：《上古韻母系統研究》，《王力文集（第十七卷）》，山東教育出版社 1989 年版。

王力：《南北朝詩人用韻考》，《王力語言學論文集》，商務印書館 2000 年版。

王力：《上古漢語入聲和陰聲的分野及其收音》，《王力語言學論文集》，商務印書館 2000 年版。

王力：《古音脂微質物月五部的分野》，《王力語言學論文集》，商務印書館 2000 年版。

王力：《先秦古音擬測問題》，《王力語言學論文集》，商務印書館 2000 年版。

王寧、黃易青：《論清儒古音研究中考古與審音二者的相互推動》，《古漢語研究》。

吳澤順：《論旁轉》，《古漢語研究》1989 年第 3 期。

向熹：《論〈詩經〉語言的性質》，《中國韻文學刊》1998 年第 1 期。

邢向東：《神木山曲兒、酒曲兒的押韻》，《中國語文》2003 年第 2 期。

嚴學宭：《上古漢語韻母結構體系初探》，《武漢大學學報》（人文科學版）1963 年第 2 期。

嚴學宭：《周秦古音結構體系（稿）》，《音韻學研究（一）》，中華書局 1984 年版。

嚴學宭：《論〈説文〉諧聲陰·入互諧現象》，《音韻學研究（三）》，中華書局 1994 年版。

楊端志：《周易古經韻考韻讀》，《山東大學學報》（社會科學版）1994 年第 3 期。

楊耐思、張渭毅：《1992 年的漢語音韻學研究》，《語文建設》1993 年第 11 期。

楊建忠：《秦漢楚方言韻部研究》，博士學位論文，南京大學，2004 年。

餘迺永：《上古唇音陰聲韻尾之隸、蓋、茘三步試擬》，《音韻學研究（三）》，中華書局 1994 年版。

喻遂生：《兩周金文韻文和先秦"楚音"》，《西南師大學報》1993 年第 2 期。

喻遂生：《〈老子〉用韻研究》，《西南師範大學學報》（哲學社會科學版）1995 年第 1 期。

虞萬里：《從古方音看歌支的關係及其演變》，《音韻學研究（三）》，中華書局 1994 年版。

張民權：《論顧炎武〈詩本音〉通韻合韻關係處理之得失》，《語文研究》1999 年第 2 期。

張民權：《顧炎武對古韻分部及其演變的研究（上）——陰聲韻的離合及相關問題》，《福建師範大學學報》（哲學社會版）1999 年第 4 期。

張民權：《顧炎武對〈詩經〉韻例的研究》，《南昌大學學報》（社會科學版）1999 年第 4 期。

張民權：《功蓋千古啟牖後人——論顧炎武對-k尾入聲的離析及其貢獻》，《北京師範大學學報》（人文社會科學版）2000年第2期。

張渭毅，唐作藩：《1993年的漢語音韻研究》，《語文建設》1994年第11期。

張玉金：《二十世紀殷代語音研究的回顧暨展望》，《古漢語研究》2001年第4期。

趙誠：《商代音系探索》，《音韻學研究（一）》，中華書局1984年版。

趙誠：《臨沂漢簡的通假字》，《音韻學研究（二）》，中華書局1986年版。

趙誠：《〈說文〉諧聲探索（一）》，《音韻學研究（三）》，中華書局1994年版。

趙誠：《上古諧聲和音系》，《古漢語研究》1996年第1期。

趙彤：《上古音研究中的"內部比較法"》，《語文研究》2005年第2期。

周長楫：《〈詩經〉通韻合韻說疑釋》，《廈門大學學報》（哲學社會科學版）1995年第3期。

周祖謨：《漢代竹書與帛書中的通假字與古音的考訂》，《音韻學研究（一）》，中華書局1984年版。

周祖謨：《兩漢韻部略說》，《問學集》，中華書局1966年版。

周祖謨：《古音有無上去二聲辨》，《問學集》，中華書局1966年版。

周祖謨：《詩經韻字表》，《問學集》，中華書局1966年版。

祝敏徹：《從漢儒聲訓看上古韻部——兼論陰、陽、入三聲分立（上）》，《蘭州大學學報》（社會科學版）1984年第2期。

祝敏徹：《從漢儒聲訓看上古韻部——兼論陰、陽、入三聲分立（下）》，《蘭州大學學報》（社會科學版）1984年第3期。

附　　錄

附錄一　上古東、冬、侵諸部的分合問題附錄材料

一　金文東、冬、侵諸部用韻表

王國維《兩周金石文韻讀》

序號	韻部	時代	入韻字	出處
1	陽部	西周	方陽行王鄉光王央方疆	虢季子白盤
2	東部	西周	公用	遅簋
3	陽部	西周	匡行粱言	史冗簋
4	陽部	西周	行王疆	叔邦父簋
5	陽部	西周	匡粱兄疆亡光	叔家父簋
6	陽部	西周	黃粱	弡仲簋
7	陽部	西周	疆尚言	豐伯車父敦
8	陽部	西周	行羹疆	叔夜鼎
9	陽部	西周	疆言	中師父鼎
10	東陽合韻	西周	王邦競鐘蔥雝王上數	宗周鐘
11	陽部	東周	衍陽方	戉鼓
12	陽部	東周	衍章陽	丁鼓
13	東部	東周	工同	甲鼓
14	陽部	東周	行疆尚	喪史鉼
15	陽部	東周	鄉滂疆尚	召仲考父壺
16	陽部	東周	行粱疆言	曾伯霥簋

續表

序號	韻部	時代	入韻字	出處
17	陽部	東周	湯行方	曾伯霥簠
18	東陽合韻	東周	嘗邦忘	陳侯午敦
19	陽部	東周	行梁疆尚	陳公子甗
20	陽部	東周	陽皇	王孫遺諸鐘
21	陽部	東周	易煌	況兒鐘
22	陽部	東周	疆言	邾公華鐘
23	陽部	東周	揚煌	許子鐘
24	東陽合韻	東周	邦煌言疆慶方	秦盄和鐘

郭沫若《金文韻讀補遺》

序號	韻部	時代	入韻字	出處
1	陽部	西周	疆相	辛鼎
2	東陽合韻	西周	疆邦方	大克鼎
3	陽部	西周	疆言	微絲鼎
4	冬陽合韻	西周	方王王上相唐房降韹慶言	大豐簋
5	陽部	西周	莽慶	召伯虎簋
6	東陽合韻	西周	慶封	召伯虎簋
7	東冬合韻	西周	用宗	召伯虎簋
8	東冬合韻	西周	冬用	追簋
9	陽部	西周	疆言	叔孫父簋
10	陽部	西周	疆言	仲師父盨
11	陽部	西周	行尚	甫人盨
12	東陽合韻	西周	競長用	徕卣
13	東陽合韻	西周	孟邦	寡子卣
14	陽部	東周	旁尚	者減鐘
15	陽耕合韻	東周	庚城兄兵疆言尚	郘䛒尹鉦
16	陽部	東周	疆言	郜公簋
17	陽部	東周	疆慶方	秦公簋
18	東陽合韻	東周	嘗邦尚	陳侯因齊鐘
19	陽部	東周	言疆	曾伯陭壺
20	東陽合韻	東周	王方王邦疆上葉邦王邦毀①	晉公盞

① 郭沫若言"葉"字依地位計，此字當入韻。《曾伯簠》"元武孔葉"亦與湯、行、方等字爲韻，疑葉字古有陽部音。

續表

序號	韻部	時代	入韻字	出處
21	東部	東周	容邦	晉公盠
22	東部	東周	鐘邦	秦公鐘
23	陽部	東周	皇高疆方麆方	秦公鐘
24	陽部	東周	疆言	邾公華鐘

陳世輝《金文韻讀續輯》①

序號	韻部	時代	入韻字	出處
1	陽部	西周	疆享	昶伯盤
2	陽耕東合韻	西周	王政耕粵耕邦東王方唐王邦東王疆王荊耕行	牆盤
3	陽部	西周	疆享	兮吉父簋
4	陽部	西周	疆享	善夫泐其簋
5	陽部	西周	王方	猷簋
6	陽部	西周	疆享	不嬰簋②
7	陽部	西周	上疆享	井人妄鐘
8	陽部	西周	疆享	師奐鐘
9	陽部	東周	陽行	吳太子劍
10	陽部	東周	揚商王昌疆	蔡侯盧
11	東陽合韻	東周	邦忘	陳侯午敦
12	陽部	東周	庚銧疆忘	吳王光鑑
13	陽部	東周	疆享	齊縈姬之姪盤
14	陽部	東周	陽行疆臧	㬅伯子㝫父盨
15	陽部	東周	汸王旺王	舒蠻圓壺
16	陽部	東周	王疆忘	舒蠻圓壺
17	陽部	東周	王民緟疆	中山王壺
18	東陽合韻	東周	尚王荒工王	中山王方壺
19	東陽合韻	東周	旁邦	中山王鼎
20	陽部	東周	兄疆享	曾子仲宣鼎

① 陳世輝言"邦"字屬陽韻。今依"邦"屬東部劃分韻部分類。
② 銘文"用匄多福，眉壽無疆，永屯（純）霝冬（令終）。子子孫孫，永寶用享。"疑"冬"亦入韻。

續表

序號	韻部	時代	入韻字	出處
21	陽部	東周	臧民享鄉	曾子斿鼎
22	陽部	東周	行羹疆	庚兒鼎
23	陽部	東周	疆方	秦武公鐘
24	東部	東周	鐘雝公	秦武公鐘
25	東部	東周	鐘雝東	莒仲平鐘
26	陽部	東周	庚忘王延慶	蔡侯鐘
27	陽部	東周	揚皇方	徐王子旃鐘
28	陽部	東周	疆相	越王鐘
29	東部	東周	鐘從	吳臧孫鐘

陳邦懷《兩周金文韻讀輯遺》①

序號	韻部	時代	入韻字	出處
1	東冬合韻	西周	公戎	戎鼎
2	陽耕東合韻	西周	王政耕甹耕方邦東王敬耕	痶鐘（丙）
3	東部	西周	鐘宗宗	虘鐘
4	陽耕合韻	西周	商鼎商	利簋
5	東冬合韻	西周	公戎	班簋
6	冬陽合韻	西周	冬疆言	蔡姞作尹叔簋
7	陽部	西周	黃粱王兄疆言	伯公父簋
8	東部	西周	宗用	周㝬壺
9	東部	西周	用宗	周㝬壺
10	陽部	西周	王商	夨尊
11	陽部	東周	疆言	黿叔止白鐘
12	陽部	東周	鳩鳩言	楚王畲章作曾侯乙鐘
13	冬部	東周	戎宗	驫羌鐘
14	侵陽合韻	東周	陸京	驫羌鐘
15	東冬合韻	東周	宗公	驫羌鐘
16	陽耕合韻	東周	銘忘	驫羌鐘
17	東部	東周	寵用	曾伯從寵鼎

① 陳邦懷標韻腳時東冬不分，今重新劃分。

續表

序號	韻部	時代	入韻字	出處
18	陽部	東周	行疆	庚兒鼎
19	陽部	東周	嘗疆	姬鼎
20	蒸部	東周	登曾	叚簋
21	陽部	東周	上亡亡	班簋
22	陽部	東周	梁疆	叔朕簠
23	陽部	東周	行疆	侯母乍侯父壺
24	陽部	東周	喪姜疆	齊侯壺
25	陽部	東周	疆亯	昶伯壺盤
26	陽部	東周	疆亯	齊縈姬盤
27	歌陽合韻	東周	加匜疆亯	田季加匜
28	侵陽合韻	東周	金金兵	鏐金戈
29	陽部	東周	行王	上鄀子戈

羅江文《金文韻讀續補》

序號	韻部	時代	入韻字	出處
1	東部	西周	公用	猷叔猷姬簋
2	東冬合韻	西周	冬用	小克鼎
3	陽耕合韻	西周	鼎疆亯	虢文公鼎
4	陽部	西周	兩鎗	小臣宅簋
5	陽部	西周	疆亯	伊簋
6	陽部	西周	疆亯	伯克壺
7	東部	東周	鐘公公	郘公孜人鐘
8	東部	東周	鐘用	應侯見公鐘一
9	東部	東周	鐘鐘用	井叔鐘
10	東陽合韻	東周	鐘雝東鐘娘	莒叔之仲子平編鐘
11	東陽合韻	東周	工章邦	大夫始鼎
12	東陽合韻	東周	喪王邦	師匋簋
13	東陽合韻	東周	疆用	尌①仲簋
14	東陽合韻	東周	江陽江江湘陽	鄂君启舟节

---

① 羅氏引該字爲"彭",有誤。據師玉梅(2004)依《殷周金文集成》隸定爲"尌"。

附　錄

續表

序號	韻部	時代	入韻字	出處
15	耕東合韻	東周	命用	五年師旋簋
16	陽耕合韻	東周	鼎疆宮	郘伯祀鼎
17	陽耕合韻	東周	鼎疆宮	單鼎
18	陽耕合韻	東周	王令政靈方靜	師匐簋
19	陽耕合韻	東周	望鼎疆宮	鄙公湯鼎
20	陽耕合韻	東周	命疆宮	鄘簋
21	陽部	東周	疆宮	郜公秋人鐘
22	陽部	東周	疆王兄陽行	銅編鐘
23	陽部	東周	疆宮	蘇公子簋
24	陽部	東周	疆宮	毛白□父簋
25	陽部	東周	疆宮	仲辛父簋
26	陽部	東周	宮疆	鄙公白盉簋
27	陽部	東周	行疆尚	喪叟寅鈚
28	魚陽合韻	東周	上疆魯	士父鐘
29	魚陽合韻	東周	祖輔女黃	輔師嫠簋
30	魚陽合韻	東周	簠疆	陳侯作王中媯簠
31	魚陽合韻	東周	匝疆	蔡大善夫□匝

二　《詩經》東、冬、侵諸部用韻表

東部獨韻：1 僮公 采蘩3章　2 墉訟訟從 行露3章　3 縫總公 羔羊3章　4 東公同 小星1章　5 蓬鬆 騶虞2章　6 葑東庸 桑中3章　7 東蓬容 伯兮2章　8 罿庸凶聰 兔爰3章　9 控送 大叔于田2章　10 丰巷送 丰1章　11 雙庸庸從 南山2章　12 葑葑東從 采苓3章　13 同功豵公 七月4章　14 同功 七月7章　15 東濛 東山1、2、3、4章　16 顒公 六月3章　17 攻同龐東 車攻1章　18 同從 吉日2章　19 聰饔 祈父3章　20 傭訩 節南山5章　21 誦訩邦 節南山10章　22 從用邛 小旻1章　23 共邛 巧言3章　24 勇尰 巧言6章　25 東空 大東2章　26 罹重 無將大車3章　27 同邦 瞻彼洛矣3章　28 同功 賓之初筵1章　29 蓬邦同從 采菽4章　30 公恫邦 思齊2章　31 恭（共）邦共 皇矣5章　32 衝墉 皇矣7章　33 樅鏞鍾廱 靈臺4章　34 鍾廱逢公 靈臺5章　35 廱東 文王有聲6章

36 幪唪 生民4章　37 莑雖 卷阿9章　38 邦功 崧高2章　39 邦庸 崧高3章
40 同功 常武6章　41 訌共邦 召旻2章　42 工公 臣工1章　43 雖容 振鷺1章
44 雖公 雝1章　45 訩功 泮水6章　46 公東庸 閟宮3章　47 蒙東邦同從功
閟宮6章　48 邦從 閟宮7章　49 共厖龍勇動竦總 長髮5章

冬部獨韻：1 中宮 采蘩2章　2 蟲螽忡降 草蟲1章　3 仲宋忡 擊鼓2章
4 冬窮 谷風6章　5 躬中 式微2章　6 中宮 桑中1、2、3章　7 中宮 定之方中1章
8 蟲螽忡降仲戎 出車5章　9 中降 旱籠2章　10 融終 既醉3章　11 濛宗宗降
崇 鳧鷖4章

侵部獨韻：1 林心 兔罝3章　2 三今 摽有梅2章　3 風心 綠衣4章　4 音
南心 燕燕3章　5 南心 凱風1章　6 音心 凱風4章　7 音心 雄雉2章　8 風心
谷風1章　9 葚耽 氓3章　10 衿心音 子衿1章　11 風林欽 晨風1章　12 林南
林南 株林1章　13 驚音 匪風3章　14 苓琴琴湛心 鹿鳴3章　15 駸諗 四牡5章
16 琴湛 常棣7章　17 音心 白駒4章　18 簟寢 斯干6章　19 風南心 何人斯4章
20 錦甚 巷伯1章　21 欽琴音南僭 鼓鐘4章　22 琴心 車舝5章　23 林湛
賓之初筵2章　24 煁心 白華4章　25 林心 白華6章　26 音男 思齊1章　27 心
音 皇矣4章　28 南音 卷阿1章　29 僭心 抑9章　30 風心 桑柔6章　31 林諗
桑柔9章　32 風心 烝民8章　33 深今 瞻卬7章　34 心南 泮水6章　35 林黮音
琛金 泮水8章

蒸部獨韻：1 薨繩 螽斯2章　2 掤弓 大叔于田3章　3 薨夢憎 雞鳴3章
4 升朋 椒聊1章　5 興陵增 天保3章　6 恆升崩承 天保6章　7 陵朋 菁菁者莪3章
8 陵懲興 沔水3章　9 興夢 斯干6章　10 蒸雄兢崩肱升 無羊3章　11 陵懲夢
雄 正月5章　12 騰崩陵懲 十月之交3章　13 兢冰 小旻6章　14 兢冰 小宛6章
15 弓繩 采綠3章　16 陾薨登馮興勝 綿6章　17 繩承 抑6章　18 崩騰朋陵
閟宮4章　19 勝乘承 玄鳥1章　20 蒸夢勝憎 正月4章

東冬合韻：1 襛雖 何彼襛矣1章　2 戎東同 旄丘3章　3 松龍充童
山有扶蘇2章　4 濃沖雖同 蓼蕭4章　5 功崇豐 文王有聲2章　6 蜂蟲 小毖1章

冬侵合韻：1 中驂 小戎2章　2 沖陰 七月8章　3 宮臨 思齊3章　4 飲宗
公劉4章　5 諶終 蕩1章　6 甚蟲宮宗臨躬 雲漢2章

冬蒸合韻：1 中弘躬 召旻6章

侵蒸合韻：1 膺弓滕興音 小戎3章　2 林興心 大明7章　3 登升歆今
生民8章　4 林林冰 生民3章　5 乘滕弓綅增膺懲承 閟宮5章

三 《楚辞》東、冬、侵諸部用韻表

屈賦部分

東部獨韻：1 縱衝《楚辭·離騷》　2 功同《楚辭·天問》　3 從通《楚辭·天問》　4 逢從《楚辭·天問》　5 江東《楚辭·九章》　6 同容《楚辭·九章》　7 江洶《楚辭·九章》　8 凶從《楚辭·卜居》　9 重通《楚辭·九辨》　10 通從誦容《楚辭·九辨》　11 從容《楚辭·九辨》

冬部獨韻：1 窮憯《楚辭·九歌》　2 宮中《楚辭·九歌》　3 躬降《楚辭·天問》　4 中窮《楚辭·九章》　5 忠窮《楚辭·卜居》　6 衆宮《楚辭·招魂》

侵部獨韻：1 心淫《楚辭·離騷》　2 風林《楚辭·九章》　3 心風《楚辭·九章》　4 潭心《楚辭·九章》　5 心淫《楚辭·招魂》　6 楓心南《楚辭·招魂》

蒸部獨韻：1 弓懲凌靈雄《楚辭·九歌》　2 膺仍《楚辭·九章》　3 乘烝《楚辭·招魂》

東冬合韻：1 庸降《楚辭·離騷》　2 豐容《楚辭·九章》

東侵合韻：1 沈封《楚辭·天問》

東陽合韻：1 明通《楚辭·卜居》

冬侵合韻：1 中湛豐《楚辭·九辨》

真陽合韻：1 明真《楚辭·九章》

陽耕合韻：1 瓊光張璜《楚辭·招魂》

宋賦部分

東部獨韻：1 動恐勇《楚辭·高唐賦》　2 通工《楚辭·小言賦》

冬部獨韻：1 降宮《楚辭·風賦》

東蒸合韻：1 動憑《楚辭·登徒子好色賦》

東冬合韻：1 容窮《楚辭·高唐賦》

陽耕合韻：1 橫并輕《楚辭·舞賦》

四 周秦群經諸子韻文東、冬、侵諸部合韻表[①]

東冬合韻：1 窮中功《易·需》　2 訟訟中《易·訟》　3 凶中《易·豫》

---

① 限於篇幅，以下各時期的詩文用韻表只列出正文表中合韻的部分。

4 中功《易·習坎》　5 凶中功《易·習坎》　6 中功《易·解》　7 中窮功中窮凶《易·巽》　8 窮同中功《易·渙》　9 中窮通《易·節》　10 中邦《易·中孚》　11 中庸《書·大禹謨》　12 衆邦《書·大禹謨》　13 功戎《逸周書·柔武解》　14 訟衆容功庸同通《逸周書·六韜》　15 功終《逸周書·六韜》　16 中從《荀子·天論》　17 衷從凶江《荀子·成相》　18 戎幢《韓非子·大體》　19 窮容《鬼谷子》

東侵合韻：1 陰通同從《素問·生氣通天論》

東蒸合韻：1 應動《文子·守樸》

東陽合韻：1 容恭同王《儀禮·曲禮上》　2 盲聾爽狂妨《老子·檢欲》　3 明常凶容公王《老子·歸根》　4 明彰功長《老子·益謙》　5 行明彰功長行《老子·苦恩》　6 行重《老子·重德》　7 勇廣長《老子·三寶》　8 東鄉《管子·白心》　9 賞棟上攻《管子·七臣七主》　10 上通《管子·度地》　11 明聰穎爽揚《莊子·天地》　12 兵傷凶《逸周書·鄭保解》　13 通動仰《文子·道原》　14 明章公《文子·道原》　15 行光霜通《文子·精誠》　16 量讓功彰行《文子·精誠》　17 行藏功通方忘喪《文子·精誠》　18 明聰創揚《文子·九守》　19 虹藏病《文子·上德》　20 明聰亡藏《文子·上德》　21 鄉叢翔行上《文子·上德》　22 堂芳工《文子·上德》　23 同亡上昌亡藏《文子·上德》　24 行明聾《文子·上德》　25 陽同《文子·上德》　26 陽剛強功《文子·微明》　27 霜傷功《文子·微明》　28 明聰從公《文子·微明》　29 常明祥強同光明《文子·下德》　30 明聰當通《文子·下德》　31 糧功《文子·下德》　32 行傷恭藏《文子·上仁》　33 王功《文子·上義》　34 明功強常常《韓非子·主道》　35 聾盲爽狂《呂氏春秋·孟夏紀》　36 公旁梁《呂氏春秋·先識覽》　37 聰明公《呂氏春秋·審分覽》　38 章當昌鴻《呂氏春秋·審分覽》　39 動響影往《素問·寶命全形論》　40 傷壅從《素問·刺要論》　41 剛牆長通行《靈樞·經脈第十》　42 通行《靈樞·官能第七十三》　43 揚從當《靈樞·官能第七十三》

冬侵合韻：1 禽窮《易·屯》　2 中禽中終《易·比》　3 心躬中終《易·艮》　4 心中《管子·內業》　5 心中《文子·精誠》　6 陰中《素問·調經論》　7 今窮《靈樞·官能第七十三》

冬蒸合韻：1 中中終應《易·未濟》　2 雄窮《逸周書·六韜》　3 蒸降窮《文子·道原》　4 弓中《呂氏春秋·孟春紀》

冬陽合韻：1 洋彰常祥殃慶宗《書·伊訓》　2 陽蟲《文子·九守》　3 窮行《文子·自然》　4 行宗窮望終《呂氏春秋·慎大覽》　5 降當《呂氏春秋·離俗覽》

蒸侵合韻：1 臨應《易·臨》　2 心證《管子·心術下》　3 心勝《逸周書·柔武解》

蒸陽合韻：1 裳恒長量常《儀禮·月令》　　2 藏唱應《文子·上德》　　3 行興《荀子·大略》　　4 勝殃《靈樞·官能第七十三》

東冬陽合韻：1 明陽聰忠《逸周書·六韜》　　2 疆陽宗公饗陽《逸周書·武寤解》　3 宗用中萌《文子·守樸》　　4 明陽功容聰窮《荀子·勸學》

東冬蒸合韻：1 蒙蒙中應蒸中蒙功《易·蒙》　　2 從中應蒸窮《易·比》　3 降騰蒸同動《儀禮·月令》　　4 騰蒸降通冬《儀禮·月令》　　5 窮宗雄蒸雙《文子·符言》

東冬侵合韻：1 深侵中容禽侵終凶功《易·恆》

耕陽合韻：1 行正《易·同人》　　2 成明寧《書·洪範》　　3 方情《逸周書·周祝解》　　4 成明寧平明強《文子·道原》　　5 情行《文子·道原》　　6 平明寧刑平清《素問·四氣調神大論》

東耕合韻：1 通成《文子·守平》

五　西漢詩文東、冬、侵諸部合韻表①

西漢詩文東、冬、侵諸部用韻表（附表）②

獨用或合用次數＼地區＼上古韻部	東	冬	侵	蒸	陽	東冬	東侵	東蒸	冬陽	冬侵	冬蒸	蒸侵	蒸陽	東冬陽	東冬蒸	東冬侵	其他
江蘇	5	—	6	2	33	3	—	—	1	—	—	—	—	—	—	—	2③
*劉安	5	—	3	3	39	1	—	8	1	—	1	—	1	—	—	—	—
河南	3	—	—	—	11	1	—	2	—	—	1	—	—	—	—	—	—
河北	1	—	—	—	1	—	—	—	—	—	—	—	—	—	—	—	—
山東	5	—	3	—	8	1	—	6	—	—	—	—	2	—	—	—	2④
四川	36	2	8	9	142	10	1	—	4	3	5	2	4	1	—	1	—	6⑤

---

　　① 合韻表以羅常培、周祖謨《漢魏晉南北朝韻部演變研究》中的韻表爲基礎，依作家所屬地區分列。羅、周書中没有的韻段依于安瀾《漢魏六朝韻譜》補出，并在韻段前加注 *，不計入數字計量。

　　② 根據于安瀾《漢魏六朝韻譜》統計，河南人民出版社 1989 年版。

　　③ 此處是東談合韻 1 例，侵談合韻 1 例。

　　④ 此處是東幽合韻 1 例，陽東侵合韻 1 例。

　　⑤ 此處是侵談合韻 2 例，陽東侵合韻 1 例，侵東談合韻 1 例，侵冬元合韻 1 例，侵冬談文合韻 1 例。

續表

獨用或合用次數　地區 \ 上古韻部	東	冬	侵	蒸	陽	東冬	東侵	東蒸	東陽	冬侵	冬蒸	冬陽	蒸侵	蒸陽	東冬陽	東冬蒸	東冬侵	其他
陝西	—	—	1	—	—	—	—	—	—	—	—	—	—	—	—	—	—	—
合計	55	2	21	14	234	16	2	—	21	4	5	4	4	2	2	1	—	10

江蘇地區

東冬合韻：1 降洶 劉向《九嘆逢紛》 2 通宮 劉歆《遂初賦》 3 籠容忠容兇宮窮匈懜 嚴忌《哀時命》

《淮南子》東冬合韻：1 窮功《淮南子·原道》 2 容宗《淮南子·時則》 3 終宗通《淮南子·覽冥》 4 用中《淮南子·精神》 5 宗通《淮南子·精神》 6 窮通《淮南子·主術》 7 公通忠《淮南子·齊俗》 8 同通宗窮《淮南子·詮言》 9 窮同通《淮南子·詮言》 10 從窮用沖《淮南子·詮言》 11 中窮攻《淮南子·兵略》

東蒸合韻：1 從應《淮南子·原道》 2 騰龍《淮南子·兵略》 3 應動《淮南子·原道》 4 動應《淮南子·天文》 5 應動《淮南子·精神》 6 應動《淮南子·泰族》

東陽合韻：1 章行藏茸 劉向《九歎·憂苦》

《淮南子》東陽合韻：1 剛強鄉同量《淮南子·原道》 2 明章公《淮南子·原道》 3 明功常當《淮南子·原道》 4 功方張《淮南子·天文》 5 陽陽通《淮南子·天文》 6 聰傷陽《淮南子·精神》 7 明聰當通《淮南子·本經》 8 明聰障《淮南子·主術》 9 長藏功堂方傷公《淮南子·主術》 10 量讓功障行《淮南子·主術》 11 方當倡明功《淮南子·主術》 12 陽強功《淮南子·氾論》 13 王功《淮南子·兵略》 14 強亡強工亡《淮南子·兵略》 15 創通當《淮南子·兵略》 16 行功《淮南子·兵略》 17 剛強張東明創《淮南子·兵略》 18 霜傷功《淮南子·人間》 19 明甕境《淮南子·脩務》 20 動往像《淮南子·脩務》 21 明聰公從《淮南子·齊俗》

《淮南子》冬侵合韻：1 南眾蟲《淮南子·原道》 2 心中《淮南子·泰族》 *音降《淮南子·覽冥》

《淮南子》冬蒸合韻：1 冬繩《淮南子·覽冥》

《淮南子》冬陽合韻：1 橫窮剛忘《淮南子·氾論》 2 窮行《淮南子·兵略》

3 明氓窮霜行《淮南子·脩務》

　　《淮南子》蒸侵合韻：1 心蒸 《淮南子·本經》　　2 應朕 《淮南子·兵略》

　　《淮南子》東冬陽合韻：胷亡陽中 《淮南子·本經》

　　《淮南子》東幽合韻：調通 《淮南子·本經》

　　《淮南子》東談合韻：動感 《淮南子·兵略》

　　侵談合韻：吟巖 劉歆《遂初賦》

　　＊《淮南子》陽蒸合韻：騰萌 《淮南子·精神》

　　河南地區

　　東陽合韻：1 狂長功 賈誼《惜誓》　＊梁狼逢傍傷央狂亡殃亡強郎牀羹胻昌狂明亡望攻行王陽郎葬行湯 褚少孫《補龜策列傳》　＊良羊央傷腸創迎當鄉桐兵王彊 褚少孫《補龜策列傳》

　　陽侵合韻：1 明風方羊旁商翔鄉 賈誼《惜誓》

　　＊陽冬合韻：陽中 褚少孫《補龜策列傳》

　　＊東冬合韻：同雙兇功通衆 褚少孫《補龜策列傳》

　　山東地區

　　東冬合韻：1 容從工農逢 東方朔《誡子》

　　東侵合韻：1 容心深林 東方朔《七諫·怨思》

　　東陽合韻：1 蒙湯 東方朔《七諫·自悲》　2 公堂 東方朔《七諫·謬諫》　3 揚通 東方朔《七諫·謬諫》　＊明聰 東方朔《答客難》　＊動往 東方朔《七諫·謬諫》　＊往逢 東方朔《太玄經·遇》

　　蒸陽合韻：1 兵雄彊亡行倉享 東方朔《答客難》

　　東冬陽合韻：1 傷忘彰殃亡望壟同芳狂傷香攘陽明光旁降長傷藏葬行當功公央矇江聰縱長方蓬兇望容重東甕 東方朔《七諫·沈江》　＊冬冬廣行形功 東方朔《答客難》

　　東陽蒸合韻：1 庿朋蒸翔通 東方朔《七諫·怨思》

　　陽東談合韻：1 動往感談 東方朔《七諫·謬諫》

　　東幽合韻：1 同調 東方朔《七諫·謬諫》

　　四川地區

　　東冬合韻：1 中窮從鄑宮 王褒《九懷·匡機》　2 從同聰衆 王褒《四子講德論》　3 隆功 王褒《聖主得賢臣頌》　4 鐘夢 楊雄《甘泉宮賦》　5 降隆東雙功龍融頌離蹤從 楊雄《河東賦》　6 恭降 楊雄《宗正卿箴》　7 衆公 楊雄《元后誄》　8 崇庸從

楊雄《元后誄》　　＊龍終 楊雄《元后誄》　　＊降通東逢雍 楊雄《太玄經·玄測》　　＊樅降
楊雄《太玄經·逃》　　＊悾中 楊雄《太玄經·勤》　　＊重中 楊雄《玄瑩》

東陽合韻：1 東光陽皇方行 司馬相如《大人賦》　　2 明聰 王褒《聖主得賢臣頌》
3 裳頌 楊雄《羽獵賦》　　4 皇龍 楊雄《解嘲》　　5 莊光將龍 楊雄《元后誄》　　＊疆樅
蔥封春重 王褒《僮約》　　＊光明盲矇 楊雄《修身篇》　　＊往逢 楊雄《太玄經·遇》

冬侵合韻：1 蓼風音宮窮 司馬相如《子虛賦》　　2 淫慘音風窮 王褒《洞簫賦》
＊陰融 楊雄《太玄經·進》　　＊陰宮 楊雄《太玄經·沈》

東侵合韻：1 聰恭風 楊雄《尚書箴》

冬蒸合韻：1 乘中 司馬相如《子虛賦》　　＊忠宗崇隆窮中承宮 楊雄《玄圖》
＊升淬 楊雄《太玄經·玄首》　　＊興崇 楊雄《太玄經·釋》　　＊凌中 楊雄《太玄經·堅》

冬陽合韻：1 行窮 王褒《聖主得賢臣頌》　　＊亡章終 楊雄《玄攤》　　＊宗明 楊雄《玄圖》

蒸侵合韻：1 崩心音勝 楊雄《元后誄》　　2 乘風澄兢 楊雄《甘泉賦》　　3 風升閎紘蒸 楊雄《解難》　　＊淫朋 楊雄《太玄經·周》　　＊陰應 楊雄《太玄經·應》

蒸陽合韻：1 升煌烝乘 司馬相如《封禪文》　　2 羊紘鄉 司馬相如《子虛賦》
＊騰萌 楊雄《幽州箴》

東冬蒸合韻：1 雍宮陵蒸 楊雄《博士箴》　　2 窮雄蒸 溶中 楊雄《羽獵賦》
＊容工農逢雄蒸 楊雄《法言·淵騫篇》

耕陽合韻：1 平攘 王褒《四子講德論》　　2 楊榮 楊雄《甘泉賦》　　3 零狂疆 楊雄《趙充國頌》　　4 羌陽章亢京庭 楊雄《趙充國頌》　　5 茫荊剛強 楊雄《荊州箴》

侵元合韻：1 耽還 王褒《洞簫賦》

侵冬談真合韻：1 心音宮臨風淫陰音襜談闈真吟南中宮崇窮音 司馬相如《長門賦》

＊陽冬侵合韻：兵戎楊禽侵 楊雄《長楊賦》

＊侵東談合韻：岑瓏巖談嵩 楊雄《蜀都賦》

＊侵冬元合韻：耽還元深心風窮 王褒《洞簫賦》

＊侵談合韻：陰兼 楊雄《玄瑩》　　嚴湛 楊雄《玄告》

六　東漢詩文東、冬、侵諸部合韻表①

東漢詩文東、冬、侵諸部用韻表（附表）②

獨用或合用次數＼上古韻部＼地區	東	冬	侵	蒸	陽	東冬	東侵	東蒸	東陽	冬侵	冬蒸	冬陽	蒸侵	蒸陽	東冬陽	東冬蒸	東冬侵	其他
河南	23	1	12	3	64			1			1		1					1③
陝西	18	2	6	3	76	4		2	3	1	2	1	2	1				7④
四川	2		3	3	15	2			1									1⑤
甘肅			1		2													
寧夏					1													
河北	3	1	3	1	17				2		1						1	2⑥
江蘇			1				1											
湖北	1				9	1			3									
合計	47	4	25	10	185	7	3	10	1	2	3	2	2				1	11

陝西地區

東冬合韻：1 蒙通中容 　杜篤《首陽山賦》　　2 終容 　班固《東都賦》　　3 宗容 　班固《典引》　4 容紅降雙 　傅毅《七激》

東蒸合韻：1 崩功 　馮衍《顯志賦》　　2 陵承興公 　班固《兩都賦》

東陽合韻：1 揚方荒功 　班固《夏侯惇銘》　　2 功彰遑 　班固《答賓戲》　　3 鴻洋皇柍唐方當亡裝揚 　馬融《長笛賦》　　* 公皇 　班固《答賓戲》

冬侵合韻：1 風陰淋農任心音潛參 　班固《竇將軍北征頌》

---

① 合韻表以羅常培、周祖謨《漢魏晉南北朝韻部演變研究》中的韻表爲基礎，依作家所屬地區分列。羅、周書中没有的韻段依于安瀾《漢魏六朝韻譜》補出，并在韻段前加注＊，不計入數字計量。

② 根據于安瀾《漢魏六朝韻譜》統計，河南人民出版社1989年版。

③ 此處爲蒸陽冬元合韻1例。

④ 此處爲侵文合韻2例，侵真合韻1例，東侯合韻1例，東侯談合韻1例，東耕合韻1例，東冬蒸侵合韻1例。

⑤ 此處爲東耕合韻1例。

⑥ 此處爲侵談合韻1例，侵文合韻1例。

東冬侵合韻：1 風`侵`鋒降 傅毅《竇將軍北征賦》
冬蒸合韻：1 崇徵 班固《靈臺詩》　　＊宗登 班固《宣元六王傳》　　＊終登宗 班固《外戚傳》
＊冬陽合韻：萌忠宮疆 班固《張敖銘》
蒸侵合韻：1 興林 班固《答賓戲》　　2 風陵 馮衍《顯志賦》
蒸侵陽合韻：1 岡`陽`紘風崩 馮衍《顯志賦》
蒸冬耕侵合韻：1 京`耕`風`侵`陵隆 杜篤《論都賦》
蒸冬東侵合韻：1 雍風`侵`徵`蒸`躬稜`蒸`班固《東都賦》　　2 工鐘容隆風`侵`降興`蒸`重同終 馬融《長笛賦》
東冬談合韻：1 中嚴`談`窮戎通從 杜篤《論都賦》
蒸耕合韻：1 承萌 杜篤《論都賦》　　2 騰升明萌 班固《陛達銘》　　3 紘征 馬融《廣成頌》
侵真合韻：1 深岑斤 傅毅《七激》　　2 陰林根 傅毅《七激》
侵冬談合韻：1 南降讒`談`梁鴻《適吳詩》
＊東侯合韻：鍭蹤鋒控雙 班固《兩都賦》
＊東侯談合韻：覽峻雍區`侯`供 班固《兩都賦》
＊東耕合韻：庭容鐘 班固《東都賦》

河北地區

東冬侵合韻：1 風`侵`中雍宗 崔駰《大將軍西征賦》
東陽合韻：1 蹤翔 崔駰《大將軍西征賦》　　2 寵廣遑傷 崔瑗《竇貴人誄》
冬蒸合韻：1 徵躬 崔瑗《和帝誄》
冬陽合韻：1 行農 崔駰《東巡頌》
＊侵談合韻：陰林凡 崔駰《達旨》
＊侵文合韻：任珍 崔駰《仲山父鼎銘》

河南地區

東冬合韻：1 功終 劉秀《報臧宮馬武詔》　　2 中容通 邊韶《塞賦》　　3 戎庸 張衡《西京賦》
東陽合韻：1 彰昌光疆庸長祥忘 蔡邕《陳留東昏庫上里社碑》
＊冬陽合韻：唐中滂方 許慎《說文敘》
蒸耕合韻：1 應冰萌凝興承 蔡邕《釋誨》
東冬蒸合韻：1 龍鐘乘`蒸`宮 張衡《東京賦》

耕蒸冬合韻：1 明_耕_烝徵承終_冬_升 蔡邕《九疑山碑》
＊耕蒸冬元合韻：明_耕_烝徵承終_冬_升仙 蔡邕《九疑山碑》
陽耕冬合韻：1 冥_耕_明_耕_中滂方 許慎《説文解字》後敘
侵談合韻：1 感坎慘 蔡邕《述行賦》
江蘇地區
東冬合韻：1 雄胸筒 劉琬《馬賦》（羅、周言"雄"歸冬部）
陽耕東合韻：1 通明_耕_旁迎_耕_桓譚《仙賦》
四川地區
東冬合韻：1 中崇通 李尤《函谷關賦》　2 重崇從聰忡 李尤《函谷關賦》　3 封窮 李尤《七欸》
＊東陽合韻：龍籠叢煌 李尤《德陽殿賦》
＊東耕合韻：通并 李尤《函谷關賦》
湖北地區
東冬合韻：1 戎功 胡廣《邊都尉箴》　＊聰忠 王逸《九思·守志》
東陽合韻：1 涼朗唐穰愴章光房陽荒鎝螂傷 王逸《九思·哀歲》　＊巃梗梁公鐘梁江 黃香《九宮賦》　＊藏方衡雙 王逸《九思·守志》
山東地區
東冬侵合韻：1 蹤容沖風_侵_雍窮 禰衡《顏子碑》

七　魏晉宋詩文東、冬、侵諸部合韻表①

安徽地區
東冬合韻：嵩豐 曹植《告咎文》
東冬蒸合韻：仍彤_東_風升 夏侯湛《大暑賦》
東陽合韻：動盪往黨柱爽 夏侯湛《浮萍賦》
耕陽合韻：萍傾榮英庭頸 曹丕《秋胡行》
東陽耕合韻：兇陽戎方亡鳴_耕_腸 曹操《蒿里行》
河南地區
東冬合韻：童蹤蒙同中容空功通 支通《善忍菩薩贊》　紅中 謝尚《大道曲》　庸宗終同 謝道蘊《論語贊》　從宗聰崇 謝靈運《贈安成》　峯松瓏淙蹤容茸風重同

---

① 合韻表依舊安瀾《漢魏六朝韻譜》統計。

通 謝靈運《湖中瞻眺》　　通隆紅 庾闡《海賦》
東陽合韻：黃幢翔驤 應瑒《西狩賦》　　王同黃 邯鄲淳《魏受命述》
冬陽合韻：中常望方祥 胡綜《黃龍牙賦》
蒸陽合韻：詳燈張房翔 殷巨《鯨魚燈賦》
東冬蒸合韻：櫳風穹蒸從容蹤雙悰宗龍重 謝惠連《七日夜詠牛女》
侵真合韻：侵喦尋吟林心矜神 阮籍《獼猴賦》
侵支合韻：林兮 何晏《景福殿賦》
山東地區
東冬合韻：1 宗龔通同東雍 王珣《歌烈宗孝武帝》　　2 冬窮容躬 顏延之《除弟服》
3 風邦恭農 顏延之《陶徵士誄》　　4 洞諷眾慟 顏延之《阮步兵誄》　　5 宮通風冬空容江邦逢功 鮑照《還都口號》　　6 隆蒙充通叢瓏 左思《吳都賦》　　7 童眾江同 左思《吳都賦》　　8 忠東公窗中 左思《魏都賦》　　9 通容攻醲 左思《魏都賦》　　10 終邦沖公庸蹤 左思《魏都賦》　　11 蹤容沖風雍窮 禰衡《顏子碑》　　12 鐘崇 徐幹《齊都賦》
陽東合韻：牀陽蓉當 徐幹《七喻》　　良颺藏光腔簧 孫該《琵琶賦》
冬蒸合韻：宗朋 劉楨《魯都賦》
東冬蒸合韻：弓蒸風中冬縫封松墉戎功鍾雄 鮑照《代白馬篇》
侵談合韻：驂嚴 顏延之《元皇后哀策文》
陽耕合韻：方荊行洋將塲翔忘 劉楨《遂志賦》
陽東蒸合韻：興蒸方傷空光 徐幹《室思》
河北地區
東冬合韻：崇容功蹤 張華《食舉東西廂樂之四》　　筩紅醲 張載《瓜賦》
山西地區
東耕合韻：明通邦公蒙功 衛覬《西嶽華山亭碑》
侵談合韻：噉慘犯 郭璞《山海經圖鳲鳥贊》
陝西地區
侵元合韻：南欄深 楊修《許昌宮賦》
甘肅地區
東冬合韻：重同邕容中 傅玄《元日朝會賦》　　中櫳墉東充終融蹤封宗隆躬工通蒙 傅亮《感物賦》
侵真合韻：紳淫 傅咸《鏡賦》　　心臨深鱗音欽 辛曠《贈皇甫謐》
四川地區

東陽合韻：方鐘驤 _{楊戲《李漢輔空贊》}

蒸侵合韻：音興 _{楊戲《季漢輔臣贊》}

江蘇地區

東冬合韻：1 工庸東隆戎 _{陸機《贈夏少明》}　2 兇窮豐 _{陸機《演連珠之二》} 3 充龍 _{陸機《演連珠之三八》}　4 容豐龍蹤 _{陸雲《寒蟬賦》}　5 東容沖窮 _{陸雲《焦生頌》} 6 豐宮兇 _{陸雲《逸民箴》}　7 雍風容豐崇 _{陸雲《大將軍宴會》}　8 恭沖豐風 _{陸雲《贈張仲膺》}　9 雍風蹤龍宮 _{陸雲《贈鄭曼季南衡》}

東侵合韻：1 拱竦任 _{張翰《東鄰有一樹》}

東陽合韻：1 涼邦 _{陸機《七徵之六》}　2 桐江方通芳 _{陸雲《高岡》}　3 通功方窗同 _{陸雲《悠悠縣象》}　4 鍾通聰章蹤綱芒 _{陸雲《陸府君誄》}　5 工鋒鴻剛縫光 _{陳琳《武軍賦》}

蒸陽合韻：1 裳鷹疆傷亡 _{韋昭《秋風》}　2 涼弘 _{陸機《演連珠之二十》}　3 竑弘涼驤鏘 _{陸雲《征西大將軍》}　4 弘王昌 _{陸雲《夏府君誄》}

東冬陽合韻：1 通蒙江翔_陽邦同隆 _{韋昭《關背德》}　2 豐宗鴻龍皇 _{陸機《七徵》}　3 容公宮邦雍功王_陽 _{陸雲《盛德頌》}　4 方_陽戎功 _{陸雲《陸公誄》} 5 龍雄終埇蓬傷_陽 _{陸雲《答兄平原》}

侵談合韻：贍浸禁蔭談枕南平 _{王鑠《過歷山》}　南咸漸瞻 _{陸雲《夏府君誄》}

東冬蒸陽合韻：恭鋒疆章風_冬弘_蒸央 _{韋昭《通荊門》}

浙江地區

陽東合韻：攘彰湘江陽 _{沈演之《嘉禾頌》}

湖北地區

東冬合韻：風豐雍 _{習鑿齒《諸葛武侯宅銘》}

＊"風"入冬部。

八　歷代詩文東、冬、侵等合韻入韻字詳表

東陽合韻

韻例情況	東部	陽部
金文 17 例	鐘$_3$蔥離$_2$嗀用$_2$邦$_{16}$東$_4$工$_2$江$_3$封	王$_{15}$競$_2$上$_2$忘$_2$嘗$_2$尚$_2$方$_5$旁疆$_5$慶$_2$陽$_2$喪長孟湘章荒煌亯唐䧹
屈賦 1 例	通	明

續表

韻例情況	東部	陽部
周秦群經諸子韻文 43 例	聰$_6$甕工功$_8$攻虹鴻東棟容$_2$恭同$_4$聾$_3$凶公$_5$重動$_2$勇通$_7$叢從$_3$	明$_{13}$行$_{10}$王$_2$狂$_2$往亡$_2$忘盲$_2$上$_4$爽$_3$方妨芳旁長$_4$常$_4$賞堂當$_3$陽$_2$揚$_3$傷$_3$藏章$_2$彰$_3$光$_2$霜$_2$剛$_2$鄉$_2$響昌$_2$強$_2$讓量喪創病強粻粱梁影廣牆兵仰顙翔
西漢江蘇 1 例	茸	章行藏
淮南子 19 例	同公$_3$工功$_{10}$通$_3$聰$_4$東甕動從	明$_8$剛$_2$量$_2$常當$_4$堂陽$_4$傷$_3$章障$_2$長張$_2$藏方$_3$鄉讓行$_2$倡強$_5$王亡$_2$創$_2$霜境往像
西漢河南 3 例	功攻逢桐	王$_2$狂$_3$亡$_3$郎$_2$行$_2$傷$_2$腸陽湯長梁良狼傍央殃強糞胻昌明望葬羊央創迎當鄉兵彊
西漢山東 6 例	蒙公通聰逢動	湯揚堂明往$_2$
西漢四川 8 例	龍$_2$東聰頌疆矇逢棪蔥封春重	光$_2$陽皇$_2$方行明$_2$裳莊將光盲往
東漢陝西 4 例	功$_2$鴻公	方$_2$揚$_2$荒彰遑洋皇$_2$秧唐當亡裝
東漢河北 2 例	蹤寵違傷	翔廣
東漢河南 1 例	庸	彰昌光彊長祥忘
東漢四川 1 例	龍籠叢	煌
東漢湖北 3 例	蠢巃公鐘江雙	涼朗唐穰悵章光方房陽傷荒螂梗梁梁藏衡
魏晉宋安徽 1 例	動	盪往黨杠爽
魏晉宋河南 2 例	幢同	黃翔驤王黃
魏晉宋山東 2 例	蓉腔	牀陽當良颺藏光簀
魏晉宋四川 1 例	鐘	方驤
魏晉宋江蘇 5 例	邦工江功鴻通$_3$窗聰同桐鍾鋒縫蹤	光涼方$_2$芳章綱剛芒
魏晉宋浙江 1 例	江	攘彰湘陽

冬陽合韻

韻例情況	冬部	陽部
金文 5 例	降冬$_2$終$_2$	王$_2$宣$_4$疆$_3$方房上相唐觵慶
周秦群經諸子韻文 5 例	宗$_2$窮$_2$蟲終降	行$_2$洋$_2$當常殃慶陽望彰
淮南子 3 例	窮$_3$	行$_2$橫剛忘明泯霜

續表

韻例情況	冬部	陽部
西漢河南 1 例	中	陽
西漢四川 3 例	窮終宗	行亡章明
東漢陝西 1 例	忠宮	萌疆
東漢河北 1 例	農	行
東漢河南 1 例	中	唐滂方
魏晉宋河南 1 例	中	常望方祥

東冬合韻

韻例情況	東部	冬部
金文 6 例	公$_3$用$_3$	宗$_2$冬$_2$戎戎$_2$
《詩經》6 例	同$_2$離$_2$豐東松龍童功蜂	襛濃崇充沖蟲戎
屈賦 2 例	庸容	降豐
宋賦 1 例	容	窮
周秦群經諸子韻文 19 例	凶$_4$訟$_3$功$_9$同$_2$邦$_2$庸$_2$容$_2$通$_2$從$_2$江幢	窮$_6$中$_{13}$衷衆$_2$戎$_2$終
西漢江蘇 3 例	容$_2$洶通籠兇匈懬	窮降宮$_2$忠
淮南子 11 例	通$_6$用$_2$同$_2$攻功容公從	窮$_6$終宗$_4$中$_2$沖忠
西漢河南 1 例	同雙兇功通	衆
西漢山東 1 例	逢	容從工農
西漢四川 13 例	從$_4$蹤樅東$_2$功$_2$同$_2$聰鐘重雙龍頌離恭公庸龍通逢雍控	中$_3$衆$_2$窮窮$_2$隆$_2$融終降$_2$崇鄽宮
東漢陝西 4 例	容$_4$蒙通紅雙	中終宗降
東漢河南 3 例	功容通庸	中終戎
東漢江蘇 1 例	胸筒	雄（羅、周言"雄"東漢歸冬部）
東漢四川 3 例	通重從聰封	中忡崇$_2$窮
東漢湖北 2 例	功聰	忠戎
魏晉宋安徽 1 例	嵩	豐
魏晉宋河南 1 例	同$_3$容$_2$空紅$_2$通$_3$從蹤$_2$童蒙功庸聰峯松瓏茸風重	中$_2$宗$_2$崇淙終隆

韻例情況	東部	冬部
魏晉宋山東 12 例	風$_3$邦$_3$通$_4$同$_2$洞東$_2$容$_4$雍$_2$江公$_2$蹤$_2$功攻諷空童鐘逢蒙叢瓏窗庸恭慟龔	宗崇冬$_2$終窮$_2$躬農醲衆$_2$宮隆充中忠沖$_2$
魏晉宋河北 2 例	容功蹤筩紅	崇醲
魏晉宋甘肅 2 例	重同邕容櫳埔東蹤封工通蒙	中$_2$充終融宗隆躬
魏晉宋江蘇 9 例	東$_2$兇龍$_3$容$_2$雍$_2$風$_3$蹤$_2$恭庸工	豐$_5$沖$_2$窮$_2$宮$_2$充隆戎崇
魏晉宋湖北 1 例	風雍	豐

冬侵合韻

韻例情況	侵部	冬部
《詩經》6 例	臨$_2$甚諶飲驂陰	中沖宗$_2$終宮$_2$躬蟲
屈賦 1 例	湛	中豐
周秦群經諸子韻文 7 例	禽$_2$心$_3$陰今	躬窮$_2$中$_6$終$_2$
西漢江蘇 1 例	風	隆
淮南子 3 例	南心音	衆蟲中降
西漢四川 4 例	風$_2$陰$_2$音$_2$蔘慘淫	宮$_2$窮$_2$融
東漢陝西 1 例	風陰淋任心音潛參	農
東漢河南 1 例	風	終中雄隆

侵陽合韻

韻例情況	侵部	陽部
金文 2 例	陰金$_2$	京兵
西漢河南 1 例	風	明方羊旁商翔鄉

冬蒸合韻

韻例情況	冬部	蒸部
《詩經》1 例	中躬	弘

續表

韻例情況	冬部	蒸部
周秦群經諸子韻文 4 例	中$_3$終降窮$_2$	雄應弓蒸
淮南子 1 例	冬	繩
西漢四川 5 例	中$_3$忠宗崇$_2$隆窮宮渷	乘承升興凌
東漢陝西 3 例	宗$_2$崇終	徵登$_2$
東漢河北 1 例	躬	徵
魏晉宋山東 1 例	宗	朋

侵蒸合韻

韻例情況	侵部	蒸部
《詩經》5 例	林$_3$音歆心今綏	弓$_2$興$_2$膺$_2$滕$_2$登升冰乘增懲承
周秦群經諸子韻文 3 例	臨心$_2$	應證勝
淮南子 2 例	心朕	蒸應
西漢四川 5 例	風$_2$心音陰淫	乘澄兢朋崩勝升閎紘蒸應
東漢陝西 2 例	林風	興陵
魏晉宋四川 1 例	音	興

東侵合韻

韻例情況	東部	侵部
屈賦 1 例	封	沈
周秦群經諸子韻文 1 例	通同從	陰
西漢山東 1 例	容	心深林
西漢四川 1 例	聰恭	風
魏晉宋山東 1 例	風	音今尋
魏晉宋江蘇 1 例	拱竦	任

東蒸合韻

韻例情況	東部	蒸部
宋賦 1 例	動	憑

續表

韻例情況	東部	蒸部
周秦群經諸子韻文1例	動	應
淮南子6例	從龍動$_4$	應$_5$騰
東漢陝西2例	公功	崩陵承興
魏晉宋安徽1例	肜風	仍升

蒸陽合韻

韻例情況	蒸部	陽部
周秦群經諸子韻文4例	恒應興勝	裳長量常藏唱行殃
淮南子1例	騰	萌
西漢山東1例	雄	兵疆亡行倉享
西漢四川3例	升烝乘絋騰	煌羊鄉萌
魏晉宋河南1例	燈	詳張房翔
魏晉宋江蘇4例	鷹弘$_3$絋	涼$_2$裳疆傷亡驤鏘王昌

九 歷代詩文東冬合韻、冬侵合韻入韻字詳表

韻例情況	東冬合韻 東部字	東冬合韻 冬部字	冬侵合韻 冬部字	冬侵合韻 侵部字	韻例情況
金文6例	公用	宗冬戎戎			金文0例
《詩經》6例	同離豐東松龍童功蜂	禮濃崇充沖蟲戎	中沖宗終宮躬蟲	臨甚諶飲驂陰	《詩經》6例
屈賦2例	庸容	降豐	中豐	湛	屈賦1例
宋賦1例	容	窮			
周秦群經諸子韻文19例	凶訟功$_2$同邦庸容通從江幢	窮中衷衆戎終	躬窮中終	禽心陰今	周秦群經諸子韻文7例
西漢江蘇3例	洶通籠容兇匈懵	窮降宮忠	隆	風	西漢江蘇1例
淮南子11例	通用同功容公從	窮終宗中沖忠	衆蟲中降	南心音	淮南子3例
西漢河南1例	同雙兇功通	衆			

續表

韻例情況	東冬合韻		冬侵合韻		韻例情況
	東部字	冬部字	冬部字	侵部字	
西漢山東1例	逢	容從工農			
西漢四川13例	從蹤樅東功同聰鐘重雙龍₂頌離恭公庸通逢雍悾	中衆窮薨降隆融終崇鄷宮	宮窮融	風陰音蔘憯淫	西漢四川4例
東漢陝西4例	容蒙通紅雙	中終宗降	農	陰淋任心音潛參	東漢陝西1例
東漢河南3例	功容通庸	中終戎			東漢河南1例
東漢江蘇1例	胸筒	雄 羅、周言"雄"東漢歸冬部			
東漢四川3例	通重從聰封	中仲崇窮			
東漢湖北2例	功聰	忠戎			
魏晉宋安徽1例	嵩	豐			
魏晉宋河南1例	同容空紅通從蹤童蒙功庸聰峯松瓏茸風重	中宗崇淙終隆			
魏晉宋山東12例	風諷邦通同洞東容雍江功攻空公蹤童鐘逢蒙叢瓏窗庸恭慟襲	宗崇冬終窮躬農醲衆隆充中忠沖			
魏晉宋河北2例	容功蹤笻紅	崇醲			
魏晉宋甘肅2例	重同邕容櫳墉東蹤封工通蒙	中充終融宗隆躬			
魏晉宋江蘇9例	東兇龍容雍風蹤恭庸工	豐沖窮宮充隆戎崇			
魏晉宋湖北1例	風雍	豐			

十 東、冬、侵諸部字通假材料

東—冬

宗—緵：布八十根經線稱爲一緵。《説文》作"稯"，或作"緵"。

《儀禮·喪服》"冠六升外畢"鄭玄注"八十縷爲升",唐賈公彦疏:"云布'八十縷爲升'者,此無正文,師師相傳言之。是以今亦云八十縷謂之宗,宗即古之升也。"——《彙釋》P. 281

崇—叢:《尚書·酒誥》:"惟御事厥棐有恭,不敢自暇自逸,矧曰其敢崇飲。"傳:"崇,聚也。"○《詩·周頌·良耜》:"其崇如墉,其比如櫛。"箋:"穀成熟而積聚多如墉也。"○《左傳·隱公元年》:"爲國家者,見惡如農夫之務去草焉,芟夷蘊崇之,絕其本根。"注:"崇,聚也。"○漢揚雄《太玄·聚首》:"陰氣收聚,陽不禁禦,物相崇聚。"○漢王符《潛夫論·忠貴》:"故遂肆心恣意,私近忘遠,崇聚群小,重賦殫民。"○《漢書》卷二十七《五行志中之上》:"崇聚票輕無誼之人,以爲私客。"○晉葛洪《抱朴子·博喻》:"金玉崇而寇盜至,名位高而憂責集。"○朱駿聲《說文通訓定聲》:"崇,假借爲叢。"——《彙釋》P. 246

宗—叢:《莊子·齊物論》:"昔者堯問於舜曰:我欲伐宗膾胥敖。"《人世間》:"昔堯攻叢枝胥敖。"宗即叢。——《會典》P. 24

叢—潀、淙:《玉臺新詠》卷九南朝梁沈約《披褐守山東》:"路帶若谿右,澗吐金華東。萬仞倒危石,百丈注懸叢。"按《藝文類聚》三十六引作"潀",《沈隱侯集》作"淙","潀""淙"音義同,"叢"是通假字。——《彙釋》P. 154

按:《集韻·東韻》:"潀,《說文》:'小水入大水曰潀。'《詩》傳:'水會也。'或作灇。"《文選·謝靈運〈於南山往北山經湖中瞻眺〉》:"俛視喬木杪,仰聆大壑灇。"李善注:"灇與潀同。"南朝宋鮑照《日落望江贈荀丞》:"延頸望江陰,亂流灇大壑。"《漢語大字典》:"灇,同'潀'。"

綜—蹤:《隸釋》(宋)卷十二《荆州從事范鎮碑》:"韜律大杜,綜皋陶、甫侯之遺風。"——《彙釋》P. 831

從—崇:《禮記·檀弓上》:"爾毋從從爾,爾無扈扈爾。"注:"從從,謂大高;扈扈,謂大廣。"《釋文》:"從,音摠,高也。一音崇。"——《彙釋》P. 255

樅—崇:《詩·大雅·靈臺》:"虡業維樅,賁鼓維鏞。"《毛傳》:"樅,崇牙也。"樅、崇疊韻。——《字典》P. 111

按：《漢語大詞典》：【崇牙】1. 悬挂编钟编磬之类乐器的木架上端所刻的锯齿。亦代指钟磬架。《诗·周颂·有瞽》："有瞽有瞽，在周之庭。設業設虡，崇牙樹羽。"孔穎達疏："虡者立於兩端，栒則橫入於虡。其栒之上加施大板，則著於栒。其上刻爲崇牙，似鋸齒捷業然，故謂之業。牙即業之上齒也。"2. 旌旗的齿状边饰。《礼记·明堂位》："有虞氏之綏，夏后氏之綢練，殷之崇牙，周之璧翣。"孔穎達疏："殷之崇牙者，謂刻繒爲之形，飾旌旗之側。"《礼记·檀弓上》："設崇，殷也。"唐孔穎達疏："旌旗之旁，刻繒爲崇牙。殷必以崇牙爲飾者，殷湯以武受命，恒以牙爲飾。"

聳—崇：沈約《寒松詩》："梢聳振寒聲。"李頻《將赴黔州先寄本府中丞詩》："丹嶂聳空無過鳥。"——《字典》P.644

崇—重：《詩·大雅·鳧鷖》："公尸燕飲，福祿來崇。"毛《傳》："崇，重也。"——《字典》P.98

融—傭：《詩經·小雅·節南山》："昊天不傭，降此鞠訩。"《晋書》卷六《元帝紀》："昊天不融，降此鞠凶。"清馬瑞辰通釋："蓋本齊魯《詩》。'融'亦'傭'之同音假借。"——《彙釋》P.722

庸—融：《國語·周語中》："服物昭庸，采飾顯明。"庸，當讀爲"融"。融與昭同義，昭庸即昭融，鮮明。——《彙釋》P.274　《國語·周語中》："服物昭庸，采飾顯明。"王引之云："庸與融通。"《釋名》："融，明也。"作庸假借字。——《字典》P.920　《左傳·昭公二十九年》《國語·鄭語》："祝融"，《路史·後紀四》注引《山海經》作"祝庸"。——《會典》P.9

按：《漢語大詞典》：【昭融】1. 谓光大发扬。语出《诗·大雅·既醉》："昭明有融，高朗令終。"《毛傳》："融，長。朗，明也。"高亨注："融，長遠。"2. 借指帝王的鉴察。

《漢語大詞典》：【昭庸】显耀功劳。《国语·周语中》："服物昭庸，采飾顯明。"韦昭注："庸，功也。冕服旗章所以昭有功，采色之飾所以顯明德也。"

庸—蝩：《山海經·西山經》："有鳥焉，其名曰蝩渠。"《漢書·司馬相如傳》《文選·上林賦》蝩渠作庸渠。——《會典》P.10

誦—融：《隸釋》卷十六《武梁祠堂畫像碑》："祝誦氏無所造爲，

未有耆欲，刑罰未施。"祝誦氏，即祝融氏。——《彙釋》P.951
《國語·鄭語》："故命之曰祝融。"《路史·前紀八》："祝誦氏……是爲祝融氏。"《隸釋》十六《武梁祠堂畫像》："祝誦氏。"洪適釋以祝誦爲祝融。——《會典》P.10

戎—茸：《詩·邶風·旄丘》3章："狐裘蒙戎，匪車不東。"《左傳·僖公五年》《史記·晉世家》引《詩》並作"狐裘尨茸"，阜陽漢簡《詩經》作"狐裘蒙茸"。"尨茸""蒙茸"皆聯綿字，義同，蓬鬆散亂貌。——《彙釋》P.387　《詩·邶風·旄丘》："狐裘蒙戎。"《左傳·僖公五年》："狐裘尨茸。"——《會典》P.20

戎—從：《詩·小雅·常棣》："每有良朋，烝也無戎。"《毛傳》："戎，相也。"——《字典》P.571

容—戎：《易·同人》："九三，伏戎于莽，升其高陵，三歲不興。"馬王堆漢墓帛書《六十四卦》作"伏容于莽"，"容"即"戎"之借。——《彙釋》P.286　《易·同人》："伏戎于莽。"漢帛書本戎作容。——《會典》P.10

龍—駥：《周禮·夏官·司馬廋人》："馬八尺以上爲龍。"《爾雅·釋畜》郭注引龍作駥。〇《爾雅·釋畜》："馬八足爲駥。"《後漢書·班固傳》李注引駥作龍。——《會典》P.20

隆—閧：《韓非子·八經》："大臣兩重，提衡而不踦，曰卷禍，其患家隆劫殺之難作。"家隆，即家閧。〇《呂氏春秋·察微》："吳王夷昧聞之怒，使人舉兵侵楚之邊邑，克夷而後去之，吳、楚以此大隆。"——《彙釋》P.1004　《韓非子·八經》："其患家隆劫殺之難作。"孫詒讓云："隆，讀爲閧。隆與閧古音相近得通借。"——《字典》P.423

降—閧：《國語·晉語三》："臣怨君始入而報德，不降；降而聽諫，不戰；戰而用良，不敗。"清俞樾《平議》："降，當讀爲閧。……此文言閧，又言戰，則閧正謂彼此構釁也。"〇揚雄《百官箴·宗正箴》："昔在夏時，太康不恭，有仍二女，五子家降。"家降，即家閧。《離騷》作"家巷"，"巷"亦"閧"之借。朱起鳳《辭通》曰："降與閧古讀同聲，故閧字一送、四降並列之，洪水古亦作洚水，是其證也。"——《彙釋》P.996

降—洪：《書大禹謨》："帝曰：來禹！降水儆予。"《疏》：降水，洪水也。○《呂氏春秋·古樂》："降通漻水以導河。"注：降，大。《定聲》：降，假借爲洪。——《字典》P. 317

龍—隆：①崇尚。《隸釋》卷八《博陵太守孔彪碑》："孝衷度衷，脩身踐言，龍德而學，不至於穀。"龍，隆字音近通借。龍德，崇德。②地名。《左傳·成公二年》："二年春，齊侯伐我北鄙，圍龍。"注："龍，魯邑，在泰山博縣西南。"阮元校："案《史記·魯世家》《晋世家》'龍'並作'隆'。"——《彙釋》P. 1085

按，《史記·魯世家》"成公二年春，齐伐取我隆。"注：《左传》作"龍"。杜预曰："鲁邑，在泰山博县西南。"《史記·晋世家》"十一年春，齐伐鲁，取隆。"注：[索隐]曰：刘氏云："隆即龍也，鲁北有隆山"。又此年当鲁成二年，《经》书"齐侯伐我北鄙"，《传》曰"围龍"。

隴—隆：《黃帝内經·靈樞·營衛生會第十八》故曰："日中而陽隴爲重陽，夜半而陰隴爲重陰。"——《字典》P. 424

隆—龍：《左傳·成公二年》："齊侯伐我北鄙，圍龍。"《史記·晋世家》《魯周公世家》龍作隆。○《孟子·公孫丑下》："有私龍斷焉。"《音義》："丁云'龍與隆聲相近。'"——《會典》P. 13

隆—寵：《荀子·禮論》："尊祖先而隆君師。"《大戴禮·禮三本》隆作寵。——《會典》P. 13

隆—壟：《易·大過》："棟隆吉。"漢帛書本隆作壟。——《會典》P. 13

紅—絳：《漢書》卷十八《外戚恩澤侯表》："右孝平二十二人，邛成、博陸、宣平、紅、舞陽……十七人隨父繼世，凡三十九人。"注："據《功臣表》及《王子侯表》，平帝時無紅侯，唯周勃玄孫恭以元始二年紹封絳侯。疑紅當爲絳，轉寫者誤耳。"——《彙釋》P. 818

虹—降：《爾雅·釋言》："虹，潰也。"《釋文》："李作降。"——《會典》P. 2

江—降：《左傳·文公十八年》："龍降。"《路史·後紀八》作"龍江。"——《會典》P. 3

鴻—栙：《說文》："栙，讀若鴻。"——《會典》P. 3

邛—慇：《詩·小雅·巧言》："匪其止共，維王之邛。"鄭箋："邛，病也。小人好爲讒佞，既不共（供）其職事，又爲王作病。"（邛，地名。慇，憂病。）——《字典》P.548

豐—丰：《後漢書·南匈奴傳》："昭君豐容靚飾，光明漢室。"——《字典》P.193

丰—豐：《詩·鄭風·丰》："子之丰兮，俟我乎巷兮。"——《字典》P.193

夆—豐：馬王堆漢墓帛書乙本《老子·德篇》："脩之鄉，其德乃長；脩之國，其德乃夆；脩之天，其德乃博。"王弼本、博奕本、河上公本均作"其德乃豐"。——《彙釋》P.268　《老子》五十四章："其德乃豐。"漢帛書乙本豐作夆。——《會典》P.27

逢—豐：《書·洪範》："身其康強。子孫其逢吉。"釋文："馬（融）云：逢，大也。"○《國語·周語上》："道而得神，是謂逢福。"《說苑·辨物》作"豐福"。○《楚辭》卷三屈原《天問》："眩弟並淫，危害厥兄。何變化以作詐，後嗣而逢長？"又"既驚帝切激，何逢長之？"逢長，豐昌。朱起鳳《辭通》："豐字古通作逢，豐衣亦作逢衣，是其例。長與昌音近。"○《荀子·非十二子》："其冠進，其衣逢。"注："逢，大也。"○《史記·天官書》："歲星所在，五穀逢昌。"《淮南子·天文》作"五穀豐昌"○清錢謙益《牧齋初學集》卷二十三《嚮言上》："逢衣博帶，攝齊升堂。"○朱駿聲《說文通訓定聲》："逢，假借爲豐。"——《彙釋》P.915　《書·洪範》："身其康強。子孫其逢吉。"馬融云："逢，大也。"○《史記·天官書》："歲星所在，五穀逢昌。其對爲衝，歲乃有殃。"○《荀子·儒效》："逢衣淺帶，解果其冠。"楊倞注："逢，大也。淺帶，博帶也。"○《韓詩外傳·卷五》："逢衣博帶。"○《列子·黃帝》："丈人曰：汝逢衣徒也。"——《字典》P.195

《國語·周語上》："道而得神，是謂逢福。"《說苑·辨物》逢作豐。○《史記·天官書》："五穀逢昌。"《淮南子·天文》曰："五穀豐昌。"——《會典》P.27

縫—豐：《戰國策·趙策一》："農夫登年穀豐盈。"漢帛書本豐作絳（絳即縫字）。○《禮記·玉藻》："縫齊倍要。"鄭注："縫或爲

豐。"——《會典》P.27

鋒—豐：《列子·説符》："宋人有爲其君以玉爲楮葉者，三年而成。鋒殺莖柯，毫芒繁澤，亂之楮葉中而不可別也。"鋒，一本作"豐"，《韓非子·喻老》作"豐"。豐殺，指或肥或瘦。——《彙釋》P.1014　《大戴禮·帝繫》："陳鋒氏。"（今本鋒誤作隆，據《詩·大雅·生民》孔疏改。）《漢書·古今人表》作"陳豐"○《史記·五帝本紀》："陳鋒氏。"《正義》："鋒又作豐，《帝王世紀》云陳豐氏。"○《韓非子·喻老》："豐殺莖柯。"《列子·説符》豐作鋒。——《會典》P.28

逢—麷：《周禮·天官·籩人》："朝事之籩，其實麷、蕡。"注："今河間以北，煮穜麥賣之，名曰逢。"朱駿聲《説文通訓定聲》："逢，假借爲麷。"——《彙釋》P.915

鋒—鄷：《史記·五帝本紀》："陳鋒氏。"《索隱》："系本作陳鄷氏。"——《會典》P.28

封—豐：《詩·周頌·烈文》："無封靡于爾邦，維王其崇之。"傳："封，大也。"○《左傳·昭公二十八年》："貪惏無饜，忿纇無期，謂之封豕。"○又《昭公三十年》："不知天將以爲虐乎？使翦喪吳國而封大異姓乎？"○《國語·周語下》："封崇九山，決汨九川。"注："封，大。"○又《楚語上》："若於目觀則美，縮於財用則匱，是聚民利以自封而瘠民也，胡美之爲？"注："封，厚也。"○《楚辭》卷一屈原《離騷》："羿淫遊以佚畋兮，又好射夫封狐。"注："封狐，大狐。"按《莊子·山木》作"豐狐。"○《淮南子·脩務》："吳爲封豨修蛇，蠶食上國。"注："封、修，皆大也。豨、蛇，喻貪也。"○《文選》卷二漢張衡《西京賦》："赴洞穴，探封狐。"○朱駿聲《説文通訓定聲》："封，假借爲豐。"——《彙釋》P.178

葑—豐：《詩·邶風·谷風》："采葑采菲。"《釋文》："葑字書作豐。"——《會典》P.28

沖—衝：《楚辭》卷二屈原《九歌·大司命》："乘龍兮轔轔，高駝兮沖天。"○《史記》卷四十《楚世家》："三年不蜚，蜚將沖天。"同書《天官書》"火光炎炎衝天"，字作"衝"。○《世説新語·言語》劉孝標注引晉夏侯湛《羊秉敍》："仕參撫軍將軍者，將奮千里之足，揮沖天之翼，惜乎春秋三十有二而卒。"○《藝文類聚》卷九十晋湛方生《弔鶴文》："資沖天之儁翮，曾不殊於鳥雀；稟櫺壽之脩期，忽同彫於秋薄。"——《彙釋》P.443　《史記·滑稽列傳》："王曰：此鳥不飛則已，一飛沖天；不鳴則已，一鳴驚人。"——《字典》P.97

沖—僮：《書·盤庚下》："肆予沖人，非廢厥謀，弔由靈。"傳："沖，童。童人，謙也。"○又《召誥》："今沖人嗣，則無遺壽耇。"傳："童子，言成王少，嗣位治政。"○漢焦贛《易林·需之無妄》："戴璧秉珪，請命于河，周公作誓，沖人瘳愈。"○南朝宋劉義慶《世説新語·方正》："成帝初崩……嗣子沖幼，乃立康弟。"○《宋書》卷三十一《五行志二》："是時成帝沖弱，不親萬機，内外之政，委之將相。"○朱駿聲《説文通訓定聲》："沖，假借爲僮。"○按：童幼之義，古籍中多通作"沖"。——《彙釋》P.443

鐘—盅：《孔叢子·儒服》："堯舜千鍾。"——《字典》P.1036

動—沖：《説文》："沖，讀若動。"——《會典》P.16

衝—中：《史記·天官書》："炎炎衝天。"《漢書·天文志》衝作中。——《會典》P.16

鍾—中：《淮南子·脩務》："鍾子期死。"《戰國策·秦策》《韓非子》並作"中旗"。——《會典》P.17

充—衝：漢·《司隸校尉楊孟文石門頌》：余谷（即斜谷）之川，其澤南隆；八方所達，益域爲充。——《字典》P.97

衝—充：《隸釋》四《楊孟文石門頌》："益域爲充。"洪適釋以充爲衝。——《會典》P.16

躬—恭：《禮記·緇衣》："《小雅》曰：'匪其止共，惟王之邛。'"注："言臣不止於恭敬其職，惟使王之勞。"釋文："共音恭。皇本作躬，云：躬，恭也。"○《漢書》卷八十一《匡衡傳》："正躬嚴恪，臨衆之儀也。"正躬，正直恭敬。○《孔子家語·五帝德》："［舜］叡明智通，爲天下帝，命二十二臣率堯舊職，躬己而已。"——《彙釋》P.908

共—躬、躬—共：《禮記·緇衣》"匪其止共"，《釋文》："共，皇本作躬。"——《會典》P.7、32

窮—悾："堅窮、廉直、忠敦之士，畢竞勸騁鶩矣。"陳奇猷校釋引章炳麟："窮借爲空,如《節南山》傳訓空爲窮也……《論語》'悾悾而不信',包訓爲慤慤,鄭訓爲誠慤,'悾'即'空'字也。"按"空"當讀爲"悾"。堅窮,貞固誠慤。古無"悾"字,借"空"爲"悾"。——《彙釋》P. 694

共—宮：《荀子·正論》"世俗之爲説者曰：'治古無肉刑而有象刑,墨黥,慅嬰,共、艾畢,菲、對屨,殺、赭衣而不純。治古如是。'"清王先謙注："共當爲宮,亦假借字。"——《彙釋》P. 95

《荀子·正論》"世俗之爲説者曰：'治古無肉刑,而有象刑：墨黥,慅嬰,共、艾畢,菲、對屨,殺、赭衣而不純。治古如是。'"劉臺拱云："共,當作宮。"——《字典》P. 236　《荀子·正論》："共,艾畢。"楊注："《慎子》曰：'以艾畢當宮。'"王先謙曰："共當爲宮,亦假借字。"——《會典》P. 7

宋—送、送—宋：《説文》："宋讀若送。"——《會典》P. 25、40

蟲——桐：《左傳·成公五年》："同盟於蟲牢。"《後漢書·郡國志》蟲牢作桐牢。——《會典》P. 15

同——銅：《説文》："銅,讀若同。"——《會典》P. 18

衆—種：《敦煌變文集·破魔變文》："妖婆萬衆,有耳不聞；器械千般,何曾眼見。"萬衆,即萬種,猶萬類,形容種類之多。〇又《維摩詰經講經文》："千衆音樂齊響亮,萬般花木自芬芳。"——《彙釋》P. 744

衆—縱：《敦煌曲子詞·傾杯樂》："衆然選得,一時朝得,榮華爭穩便?"衆然,即縱然。——《彙釋》P. 744

衆—共：《吕氏春秋·審分》："今以衆地者,公作則遲,有所匿其力也；分地則速,無所匿遲也。"陳奇猷校釋："衆蓋共之假字,古音同東部。"——《彙釋》P. 744

種—衆：《楚辭·九懷》："奮搖兮衆芳。"《考異》："衆一作種"——《會典》P. 17

雔—鶋：《山海經·西山經》"有鳥焉,其名曰鶋渠。"《爾雅·釋鳥》鶋渠作雔渠。——《會典》P. 12

雍—壅：《戰國策·魏策三》："得垣雍。"漢帛書本雍作壅。——《會典》P. 13

鍾—終：《史記·秦本紀》："終黎氏。"《集解》引徐廣曰："世本

作鍾離。"○《史記·伍子胥列傳》:"拔其鍾離,居巢而歸。"《索隱》:"鍾離本謂之終犂。"——《會典》P.17

總—統:《荀子·議兵》:"功名之總也。"《韓詩外傳》四總作統。——《會典》P.24

東—冬 339:南朝梁江淹《江文通集》卷四《悼室人十首》之七:"階前水光裂,樹上雪花團。庭鶴哀以立,雪雞肅且寒。方東有苦淚,承夜非膏蘭。"東,《江文通集彙注》四作"東",李長路等校:"叢刊本、梁本、原書底本作'東'。"按:據文義,字當作"冬"。方冬,正當冬季。

東—侵

冢:(聲訓)水經沘水注,楚人謂冢爲琴。按,《海內經》"冬夏播琴,"蓋猶言播種也。冢、種同聲。"冢、種"古屬東韻,"琴"古屬侵部。《山海經·海經卷十三》"百谷自生,冬夏播琴。"郭璞云:"播琴猶播殖,方俗言耳。"畢沅云:"播琴,播種也。水經注(汝水)云:'楚人謂塚爲琴。'塚、種聲相近也。"郝懿行云:"畢說是也。劉昭注郡國志'鮦陽'引皇覽曰:'縣有葛陂鄉,城東北有楚武王塚,民謂之楚武王岑。'然則楚人蓋謂塚爲岑,岑、琴聲近,疑初本謂之岑,形聲訛轉爲琴耳。"這個例子很明確地說明"冢、岑、琴"三字音近是楚音的特點。

冬—侵

臨—隆:《荀子·君道》:"致功而不流,致臨而有辨。"梁啓雄云:臨,讀爲隆,或指隆禮。——《字典》P.416

《詩·大雅·皇矣》"以爾臨衝。"《釋文》:"臨,《韓詩》作隆。"○《墨子·備城門》:"今之世常所以攻者:臨、鉤、衝、梯、堙、水、穴、突、空洞、蟻傅、轒轀、軒車。"《淮南子·氾論》臨作隆。《荀子·彊國》:"乃有臨慮。"《漢書·地理志》臨慮作隆慮。——《會典》P.13、242

隆—林、林—隆:《史記·外戚世家》:"次爲林慮公主。"《索隱》:"林慮,本名隆慮。"《高祖功臣侯者年表》《惠景間侯者年表》《漢書·外戚傳》皆作隆慮。○《漢書·高后紀》:"遣隆慮侯竈將兵擊之。顏注引應劭曰:'隆慮今林慮也,後避殤帝諱故改之。'"○《漢書·地理志》:"隆慮。"顏注引應劭曰:"隆慮避殤帝諱名改曰林慮也。"

○《後漢書·耿弇傳》:"爲林慮侯。"李注:"林慮即上隆慮也,至此避殤帝諱改焉。"——《會典》P.14、241

荏—戎:《詩·大雅·生民》:"荏菽旆旆,禾役穟穟。"傳:"荏菽,戎菽也。"箋:"戎菽,大豆也。"○《爾雅·釋草》:"戎叔謂之荏菽。"郝懿行義疏:"戎,壬,《釋詁》竝云大。壬、荏古字通,荏、戎聲相轉也。"——《彙釋》P.776

《詩·大雅·生民》:"菽之荏菽。"《周禮·天官·大宰》賈疏引荏作戎。——《會典》P.20、241

采—釜:《說文》:"采讀若欽崟。"——《會典》P.23、232

宗—簪:《易·豫》:"勿疑朋盍簪。"《釋文》:"簪荀作宗。"——《會典》P.24、243

崇—讒:《左傳·昭公三年》:"讒鼎之銘。"《正義》引服虔云:"讒鼎《明堂位》所云'崇鼎'是也。"——《會典》P.24

崇—岑:《禮記·明堂位》:"崇鼎,天子之器也。"《呂氏春秋·審己》《新序·節士》作岑鼎。——《會典》P.25、234

躬—今:《詩·邶風·谷風》:"我躬不閱。"《禮記·表記》引躬作今。——《會典》P.32

以上是所有的冬、侵部通假例,與東、冬互通的情況相比,冬、侵部字之間的互通顯得非常有限。

冬、蒸、侵、東、陽諸部互通表

冬—蒸

《通假字彙釋》		《古漢語通假字字典》		《古字通假會典》	
冬—蒸 3例	蒸—冬 3例	冬—蒸 1例	蒸—冬 0例	冬—蒸 5例	蒸—冬 5例
穹—窮 694	窮—穹 693 弓—躬 301			—芎 8	弓—躬 31
躬—肱 908		躬—肱 235			
				蚣—雄 15	*雄—蚣 31
戎—仍 387				戎—仍 20	*仍—戎 37
				崇—興 24	*興—崇 32
				夢—馮 29	*馮—夢 45
	烝—衆 578				

蒸—侵

《通假字彙釋》		《古漢語通假字字典》		《古字通假會典》	
蒸—侵 4例	侵—蒸 3例	蒸—侵 0例	侵—蒸 0例	蒸—侵 13例	侵—蒸 10例
乘—朕 13				兢—矜 32	
	朕—勝 549 朕—媵 549			繩—尋 32	*尋—繩 245
朕—朕 643				能—芊 35	
登—譚 698				熊—堪 35	
	任—仍 45			仍—任 37	*任—仍 241
				陵—林 38	*林—陵 241
勝—任 554				勝—任 41	*任—勝 241
				勝—馬 41	*馬—勝 241
				朋—鳳 43	*鳳—朋 246
				朋—風 44	*風—朋 246
				鵬—鳳 44	*鳳—鵬 246
				馮—廩 45	*廩—馮 242
				憑—廩 46	*廩—憑 242

東—侵

《通假字彙釋》		《古漢語通假字字典》		《古字通假會典》	
東—侵 2例	侵—東 1例	東—侵 0例	侵—東 0例	東—侵 3例	侵—東 2例
				紅—含 2	*含—紅 233
				聰—欽 24	*欽—聰 232
封—窆 （侵）、 堋（蒸）178					
	范—蜂 773				
貢—贛 869				貢—贛 2	

東—蒸

《通假字彙釋》		《古漢語通假字字典》		《古字通假會典》	
東—蒸 2例	蒸—東 2例	東—蒸 0例	蒸—東 0例	東—蒸 7例	蒸—東 8例
空—穹 692				空—穹 2	*穹—空 32

續表

《通假字彙釋》		《古漢語通假字字典》		《古字通假會典》	
東—蒸 2例	蒸—東 2例	東—蒸 0例	蒸—東 0例	東—蒸 7例	蒸—東 8例
	凌—龍461 陵—龍996				
				洪—弘7	*弘—洪30
				甬—稱10	
				重—層16	*層—重43
				逢—馮27	*馮—逢45
				封—堋28	*堋—封44
蒙—夢794				蒙—夢29	*夢—蒙46
					能—竜34
					褰—蕘41

東—陽

《通假字彙釋》		《古漢語通假字字典》		《古字通假會典》	
東—陽 3例	陽—東 3例	東—陽 0例	陽—東 1例	東—陽 2例	陽—東 2例
蒙—盟794	姜—江318		康—空366	貢—況2	況—貢278
蒙—萌794	樁—撞366			邦—方26	
逢—彭914	旁—邦573				蛟—蒙318

蒸—陽

《通假字彙釋》		《古漢語通假字字典》		《古字通假會典》	
蒸—陽 3例	陽—蒸 2例	蒸—陽 1例	陽—蒸 1例	蒸—陽 5例	陽—蒸 9例
	孟—䖟306	撜—振1011	紡—綳184	塍—揚41	揚—塍266
	黽—澠1080			騰—揚41	揚—騰266
				兢—競32	競—兢291
				騰—商42	商—騰306
				徵—章40	章—徵307

續表

《通假字彙釋》		《古漢語通假字字典》		《古字通假會典》	
蒸—陽 3例	陽—蒸 2例	蒸—陽 1例	陽—蒸 1例	蒸—陽 5例	陽—蒸 9例
					明—鵬 321
甍—萌 400					萌—甍 31
夢—萌 267					萌—夢 321
					萌—薨 321
甍—萌 802					

侵—陽

《通假字彙釋》		《古漢語通假字字典》		《古字通假會典》	
侵—陽 2例	陽—侵 1例	侵—陽 0例	陽—侵 0例	侵—陽 3例	陽—侵 1例
廩—秉 676	秉—廩 672				
				銜—行 232	
黔—黥 1078				黔—黥 233	
				簪—臧 243	*臧—簪 309

十一　《説文通訓定聲》東、冬、侵諸部通轉材料

假借材料：

東—冬

衝：<u>假借</u>爲沖。《方言十二》：衝，動也。

龍：<u>假借</u>爲隆。《孟子·公孫丑章句下》"必求龍斷而登之"丁音龍與隆聲相近，隆，高也。陸善經謂壟斷而高者，則蔚借爲壠。按《列子·湯問》"冀之南、漢之陰無隴斷焉。"正當作壠碬字。　又托名標識字《周禮·夏官司馬廋人》"馬八尺以上爲龍。"《儀禮·覲禮》"天子乘龍。"《禮記·月令》"駕蒼龍。"按馬以高爲貴，故神異之。《爾雅·釋畜》"馬八足爲駥。"

中：<u>假借</u>爲庸。《禮記·禮器》："因名山。升中于天。"注，猶成

沖：假借爲僮。《書·盤庚》："肆予冲人。"《金滕》："惟予冲人弗及知。"《後漢冲帝紀》注：幼少在位曰冲。爲犝。《吕覽·重言》："飛將沖天。"注：至也。（犝皆作衝）

誦：假借爲融。武梁祠堂畫像：祝誦氏無所造爲。

勇：假借爲沖。《廣雅·釋詁一》："悤動也。"

庸：假借爲中，爲衆。（此處取庸平庸之意，即常人、衆人，不上不下之中。例子詳見 P.40）

傭：假借爲中。《爾雅·釋言》："傭，均也。"《詩·節南山》："昊天不傭。"傳：均也。《韓詩》作庸。傳：易也。按，猶平也。

融：假借爲通。景福殿賦：品物咸融。注：猶通也。……又爲庸。《白虎通號》：融者續也，五行，祝融者，屬續也。庸從庚，故爲續。

邛：假借爲㾓。《廣雅·釋詁》一：邛，病也。《詩·小旻》：亦孔之邛。《巧言》：維王之邛。《禮記·緇衣》注：邛，勞也。（《説文》：㾓：動病也，从疒，蟲省聲。）

空：假借爲窮。《詩·節南山》"不宜空我師"。傳：窮也。《列子·黃帝》"至人潛行不空"。《釋文》：本作窒。（空作窒這一例不太明白。）

紅：假借又爲絳。《漢書·外戚恩澤侯表》"孝平二十二人，有紅侯。"

蚩：假借爲螽。《淮南本經》"飛蚩滿野"，注：蚩蟬蠛蠓之屬也。一曰蝗也。按蝗是也。

鴻：假借又爲浲。《楚辭·天問》"不任汨鴻"，《史記·河渠書》"禹抑鴻水"。 又爲傭，實爲中。《考工·梓人》"搏身而鴻"，注：傭也。 又爲螽，實爲螽。《史記·周本紀》"蜚鴻滿野。"《淮南本經》以蚩爲之。

躬：假借爲恭。《禮記·緇衣》皇本"匪其止躬"，注：恭也。（《詩巧言》"匪其止共。"）

宫：假借爲稷，實爲總。《周禮·犬師》疏：八十一絲爲宫。……又托名標識字。《爾雅·釋樂》"宫謂之重。"《禮記·月令》"律中黃鐘之宫"，《玉藻》"右徵角，左宫羽。"

共：假借又爲宮。《論語》"而衆星共之"。按，讀如大山宮小山之宮。鄭注拱手，失之。　又《水經注・濁漳水》注：共水，所謂洚水也。降讀如邲降于齊師之降。

戎：假借又爲從，實爲从。《詩・常棣》"烝也無戎"，《爾雅・釋言》：戎，相也。　又爲揗。《方言》三：戎，拔也。故揗字亦作拔。

《方言》三："攓，擢，拂，戎，拔也。自關而西或曰拔，或曰擢。自關而東，江淮南楚之間或曰戎。東齊海岱之間曰攓。"

逢：假借爲豐。《書・洪範》"子孫其逢。"馬注：大也。《禮記・儒行》"衣逢掖之衣。"注：猶大也。《荀子・儒效》："逢衣淺帶。"　又爲麷。《周禮・籩人》注：今河間以北，煮穜麥賣之名曰逢。

蠭：假借又爲豐。《史記・始皇紀》"蜂準"，正義"高鼻也。"集解：一作隆。

封：假借又爲豐。《小爾雅・廣詁》：封，大也。《詩・烈文》：無封靡于爾邦。《殷武》：封建厥福。傳：大也。《左・昭二傳》：宿敢不封殖此樹。楚語：是勤民以自封也。注：厚也。又《左・昭二十八傳》：謂之封豕。《離騷》：又好射夫封狐。《淮南本經》：封豨脩蛇。《大荒北經》：竹南有赤澤水，名曰封淵。注：封亦大也。

從：假借又爲琮。《左・昭十三傳》"楚觀從，字子玉。"

聳：假借爲崇。陸法言《切韻》：聳，高也。

宗：假借爲叢，爲總。《廣雅・釋詁三》"宗，聚也。"　又爲稷，實爲總。《儀禮・喪服》傳疏：八十一縷謂之宗，宗即古之升也。

崇：假借又爲重，實爲緟。《爾雅・釋詁》：崇，重也。《書・盤庚》：丕乃崇降罪疾。《詩・鳧鷖》：福祿來崇。又有瞽、崇牙、樹羽，傳：崇牙，上飾。卷然可以縣也。《禮記・檀弓》：設崇殷也，注：崇，崇牙，旌旗飾也。《明堂位》：殷之崇牙。皇氏注：重也。　又爲叢。《廣雅・釋詁一》：崇，積也。三：崇，聚也。《小爾雅・廣詁》：崇：叢也。《爾雅・釋宮》：八達謂之崇期。孫注：崇，多也。《書・酒誥》矧曰：其敢崇飲。傳：聚也。《左・隱六傳》：芟夷蘊崇之。《僖二十四傳》：棄德崇奸。《昭元傳》：崇，卒也。《周語》：用巧變以崇天災。注：猶益也。

總：**假借**又爲眾。《周書·大匡》：及其總害。注：眾人也。《廣雅·釋訓》：總總，眾也。《楚辭·大司命》：紛總總兮九州。注：眾皃。

襛：**假借**爲茸。《詩》何彼襛矣，傳：猶戎戎也。

竦：**假借**又爲崇。《廣雅·釋詁二》：竦，上也。

絳：**假借**爲縫。《廣雅·釋詁四》：絳：會也。

隆：**假借**又爲洪。《吕覽·古樂》：隆通潀水以導河。注：大也。又《尚書大傳》：隆谷元王。注讀如厖降之降，按亦作隆谷。

渢：又單辭形況字《管子》："渢然击鼓，士忿怒。"按，猶钁然也。

冬—侵

躬：**假借**又爲今。《詩·谷風》"我躬不閱"。《禮記·表記》作今。躬今雙聲。

轉注材料：

東—冬

重：**轉注**《爾雅·釋樂》："宫謂之重。"

聾：**轉注**《左·僖二十四傳》：耳不聽五聲之和爲聾。宣十四傳：鄭昭宋聾。注：闇也。《淮南·説林》：雖聾蟲而不自陷。注：無知也。

按：《汉语大辞典》：聾蟲：指无知的畜类。《文子·道德》："夫聾蟲雖愚，不害其所愛。"《淮南子·修务訓》："馬，聾蟲也，而可以通氣志，猶時教而成，又况人乎？"

箁：**轉注**《説文》或曰盛箬籠。按字亦作橐（檧）。《方言》五箁篅自關而西謂之桶檧，亦疊韻連語。

按：《説文》"梧箁也，从竹，夆聲。或曰盛箬籠。"《方言》五："箁篅，盛扎箸簀也。陳楚宋衛之間謂之箁，鞭鞘或謂之籨，漢書曰遺子黃金滿籨，音盈也。自關而西謂之桶檧。今俗亦通呼小籠爲桶檧，音籠冠。檧，蘇勇反，或作箁。"

桻：**轉注**《廣韻》：篷，織竹夾箬覆舟也。又《方言九》車枸簍南楚之外謂之篷。按車蓋弓也。

按：《方言九》"車枸簍，即車弓也。音縷。宋魏陳楚之間謂之筱，今呼車子弓爲筱。音巾幖。或謂之籧籠。穹隆兩音。其上約謂之笅，即笡帶也。音瓜瓤。或謂之簧。音脈。秦晉之間自關而西謂之枸簍，西隴謂之楥。即畚字，薄晚反。南楚之外謂之篷，_{今亦通呼篷。}或謂之隆屈。_{尾屈。}"

聲訓材料

東—冬

東：<u>聲訓</u>《呂覽·仲春》："命田舍東郊。"注："東郊，農郊也。"（應爲《吕氏春秋·孟春紀》）

棟：<u>聲訓</u>《釋名·釋宫室》："棟，中也，居室之中也。"

紅：<u>聲訓</u>《釋名·釋采帛》紅，絳也。白色似絳者也。

戎：<u>聲訓</u>《風俗通》：戎者，兇也。

凶：<u>聲訓</u>《書·洪範》：凶短折。馬注：終也。

丰：<u>聲訓</u>《小爾雅·廣言》：丰，豐也。

封：<u>聲訓</u>《漢書·武帝紀注》封，崇也。

洚：<u>聲訓</u>《孟子》：水逆行謂之洚水，洚水者洪水也。

絳：<u>聲訓</u>《釋名·釋采帛》：絳，工也。染之難得色，以得色爲工也。

東—侵

冢：<u>聲訓</u>水經泚水注，楚人謂冢爲琴。按，《海内經》"冬夏播琴，"蓋猶言播種也。冢、種同聲。

按：《山海經·海經卷十三》"百谷自生，冬夏播琴。"郭璞云："播琴犹播殖，方俗言耳。"毕沅云："播琴，播种也。水经注（汝水）云：'楚人谓冢为琴。'冢、种声相近也。"郝懿行云："毕说是也。刘昭注郡国志'铜阳'引皇览曰：'县有葛陂乡，城东北有楚武王冢，民谓之楚武王岑。'然则楚人盖谓冢为岑，岑、琴声近，疑初本谓之岑，形声讹转为琴耳。"

附録二　上古脂、微諸部的分合問題附録材料

一　金文脂、微諸部用韻表

王國維《兩周金石文韻讀》

序號	韻部	時代	入韻字	所出器物及編號
1	職脂合韻	西周	福琍國①	1 宗周鐘
2	真物合韻	東周	命豕_物命秦②	2 秦盄和鐘
3	脂部	東周	死弟	4 齊子仲姜鎛
4	之質合韻	東周	惠饎期之	25 邿大宰簠

郭沫若《金文韻讀補遺》

序號	韻部	時代	入韻字	所出器物及編號
1	脂部	西周	豊剴	5 辛鼎
2	之質合韻③	東周	呈祀止	33 拍舟
3	微物合韻④	東周	虫魄出	34 魚鼎匕

陳世輝《金文韻讀續輯》

序號	韻部	時代	入韻字	所出器物及編號
1	質部	西周	吉室	2 井人妄鐘
2	微脂物合韻⑤	西周	衣_微旂_微對_物彝_脂墜_物	28 趞簋
3	之脂合韻	西周	孷犀	46 牆盤

---

① 此銘文有"三壽惟琍"句，王國維案：晉姜鼎云三壽惟利，此疑亦利字，利在脂部，與之部合韻。
② 王國維此例作脂真對轉。
③ 郭沫若言此例之至合韻，爲統一稱呼，改爲之質合韻。
④ 郭沫若言此例脂部獨韻。
⑤ 陳世輝言此例脂部獨韻。

續表

序號	韻部	時代	入韻字	所出器物及編號
4	脂物合韻①	東周	涕墜	41 舒盞圓壺
5	質部	東周	卹匹室	39 曾姬無卹壺

陳邦懷《兩周金文韻讀輯遺》②

序號	韻部	時代	入韻字	所出器物及編號
1	脂微物合韻	西周	未物自微彝脂	23 利簋
2	脂微月合韻	西周	夷自眉歸自貝月貝月彝	24 小臣謎簋
3	微之職月合韻	西周	違微簋之服職剌月	26 班簋
4	微職合韻	西周	畏陟	26 班簋
5	之脂合韻	西周	事事事彝	51 麥盉
6	之脂合韻	西周	事事里異彝	53 召卣
7	之脂合韻	東周	塞之	15 鄦子葬塞鼎
8	之脂合韻	東周	子基事遲爾子辭	49 齊侯壺
9	之脂物合韻	東周	子備嗣鉾物	49 齊侯壺

羅江文《金文韻讀續補》

序號	韻部	時代	入韻字	所出器物及編號
1	之脂合韻	東周	子事旨	22 師匐簋
2	脂質合韻	東周	彝日奭	27 緯作父乙簋
3	脂部	東周	矢彝	46 同作父戊卣
4	真脂合韻	東周	身彝人	47 叔趯父卣

二 《詩經》脂、微諸部用韻表

脂部 35 例：1 體死 谷風1章　　2 薺弟 谷風2章　　3 沘禰弟姊 泉水2章

---

① 陳世輝言此例脂部獨韻。
② 陳邦懷脂、微部不分，微、物部分字亦不分，現將其分開統計。

4 薺美 靜女3章　5 指弟 蝃蝀1章　6 體禮禮死 相鼠3章　7 妻姨私 碩人1章
8 薺脂螓犀眉 碩人2章　9 淒喈夷 風雨1章　10 濟瀰弟 載驅2章　11 弟偕死
陟岵3章　12 比佽 杕杜1、2章　13 遲飢 衡門1章　14 隮飢 候人4章　15 薺師
下泉3章　16 遲祁 七月2章　17 遲飢 采薇6章　18 偕邇 杕杜4章　19 鱧旨
魚麗2章　20 旨偕 魚麗5章　21 棲駸 六月1章　22 矢兕醴 吉日4章　23 麋階
巧言6章　24 匕砥矢履視涕 大東1章　25 喈湝 鼓鍾2章　26 妻祁私穉穧
大田3章　27 茨師 瞻彼洛矣1章　28 旨偕 賓之初筵1章　29 濟弟 旱麓1章
30 妻弟 思齊2章　31 萋喈 卷阿9章　32 懠毗迷尸屎葵資師 板5章　33 鴟
階 瞻卬3章　34 秭醴妣禮皆 豐年1章　35 濟秭醴妣禮 載芟1章

微部45例：1 歸衣 葛覃3章　2 嵬隤罍懷 卷耳2章　3 縶綏 樛木1章
4 微衣飛 柏舟5章　5 飛歸 燕燕1、2、3章　6 違畿 谷風1章　7 菲違 谷風1章
8 微微歸 式微1、2章　9 頎衣 碩人1章　10 懷懷歸 揚之水1、2、3章　11 懷畏
將仲子1、2、3章　12 衣歸 丰4章　13 晞衣 東方未明2章　14 崔綏歸歸懷 南山1章
15 唯水 敝笱3章　16 衣悲歸 素冠2章　17 火衣 七月1、2章　18 悲歸 七月2章
19 火葦 七月3章　20 歸歸歸歸 東山1、2、3、4章　21 歸悲衣枚 東山1章　22 畏懷
東山2章　23 飛歸 東山4章　24 衣歸悲 九罭4章　25 騑歸 四牡1章　26 威懷
常棣2章　27 薇歸 采薇1、2、3章　28 依霏 采薇6章　29 悲哀 采薇6章　30 縶綏
南有嘉魚3章　31 晞歸 湛露1章　32 微微哀 十月之交1章　33 威罪 巧言1章
34 頹懷遺 谷風2章　35 悲回 鼓鍾2章　36 摧綏 鴛鴦4章　37 幾幾 車舝3章
38 尾豈 魚藻2章　39 薖枚回 旱麓6章　40 罍歸 泂酌2章　41 壞畏 板7章
42 推雷遺遺畏摧 云漢3章　43 回歸 常武6章　44 幾悲 瞻卬6章　45 飛
歸 有駜2章

質部38例：1 實室 桃夭2章　2 袺襭 芣苢3章　3 肆棄 汝墳2章　4 七
吉 摽有梅1章　5 噎噎嚏 終風3章　6 日室栗漆瑟 定之方中1章　7 日疾 伯兮3章
8 實噎 黍離3章　9 室穴日 大車3章　10 栗室即 東門之墠2章　11 日室室即
東方之日1章　12 漆栗瑟日室 山有樞3章　13 七吉 無衣2章　14 日室 葛生5章
15 漆栗瑟鼛 車鄰2章　16 穴慄 黃鳥1、2、3章　17 韠結一 素冠3章　18 實室
隰有萇楚3章　19 七一一結 鳲鳩1章　20 實室 東山2章　21 垤室室至 東山3章
22 實日 杕杜1章　23 至恤 杕杜4章　24 惠戾屆闋 節南山5章　25 血疾室
雨無正7章　26 恤至 蓼莪3章　27 穗利 大田3章　28 毖室 瞻彼洛矣2章　29 抑
怭秩 賓之初筵3章　30 涖嘒駟屆 采菽2章　31 實吉結 都人士3章　32 駜漆穴

室 綿1章　　33 洫①匹 文王有聲3章　　34 栗室 生民5章　　35 抑秩匹 假樂3章
36 密即 公劉6章　　37 疾戾 抑1章　　38 挃栗櫛室 良耜1章

物部 16 例：1 墍謂 摽有梅3章　　2 出卒述 日月4章　　3 萃誶 墓門2章
4 出瘁 雨無正5章　　5 蔚瘁 蓼莪2章　　6 律弗卒 蓼莪6章　　7 愛謂 隰桑4章
8 卒沒出 漸漸之石2章　　9 妹渭 大明5章　　10 匱類 既醉5章　　11 位墍 假樂4章
12 溉墍 泂酌3章　　13 類對內 蕩3章　　14 寐內 抑4章　　15 隧類對醉悖
桑柔13章　　16 類瘁 瞻卬5章

脂微合韻 36 例：1 萋飛喈 葛覃1章　　2 枚飢 汝墳1章　　3 尾燬燬邇
汝墳3章　　4 祁歸 采蘩3章　　5 夷薇悲 草蟲3章　　6 喈霏歸 北風2章　　7 煒美
靜女2章　　8 淒晞湄躋坻 蒹葭2章　　9 衣師 無衣1章　　10 衣師 無衣2章　　11 衣
師 無衣3章　　12 尾几 狼跋1章　　13 遲騑歸悲　　14 弟韡 常棣1章
15 騤依腓 采薇5章　　16 遲萋喈祁歸夷 出車6章　　17 萋悲萋悲歸 杕杜2章
18 泥弟弟豈 蓼蕭3章　　19 飛躋 斯干4章　　20 師氏維毗迷師 節南山3章
21 夷違 節南山5章　　22 哀違依底 小旻2章　　23 淒腓歸 四月2章　　24 薇槙哀
四月8章　　25 尸歸遲弟私 楚茨5章　　26 穉火 大田2章　　27 惟脂 生民7章
28 葦履體泥弟爾几 行葦1章　　29 依濟几依 公劉4章　　30 騤夷黎哀 桑柔2章
31 維階 桑柔3章　　32 鄘歸 崧高6章　　33 騤喈齊歸 烝民8章　　34 追綏威夷
有客1章　　35 枚回依遲 閟宮1章　　36 違齊遲躋遲祗圍 長髮3章

脂微質合韻 1 例：1 維 微葵膍戻 質采菽5章

質物合韻 9 例：1 潰肄墍 谷風6章　　2 悸遂 芄蘭1、2章　　3 穟醉 黍離2章
4 季寐棄 陟岵2章　　5 棣檖醉 晨風3章　　6 嘒淠屆寐 小弁4章　　7 對季 皇矣3章
8 茀仡肆忽拂 皇矣8章　　9 優逮 桑柔6章

脂質合韻 3 例：1 紕四畀 干旄1章　　2 濟閟 載馳2章　　3 禮至 賓之初筵2章

微物 1 例：1 靁寐懷 終風3章

脂物 1 例：1 類比 皇矣4章

質月 8 例：1 葛節日 旄丘1章　　2 結厲滅威 正月8章　　3 徹逸 十月之交8章
4 滅戾勩 雨無正2章　　5 設逸 賓之初筵1章　　6 翳栵 皇矣2章　　7 毖卹恤爵熱
桑柔5章　　8 惠厲瘵疾屆 瞻卬1章

物月 2 例：1 斾瘁 出車2章　　2 斾穟 生民4章

---

① 洫，今本作"淢"，王力言據韓詩改爲洫。

附　　錄

脂歌1例：1 祁河宜何 _{玄鳥1章}
微文2例：1 敦遺摧 _{北門3章}　　2 燀雷威 _{采芑4章}
微元1例：1 嵬萎怨 _{谷風3章}
物緝1例：1 退遂瘁訊答退 _{雨無正4章}
質真1例：1 替引 _{召旻5章}
支脂合韻1例：1 佽柴 _{車攻5章}
支微通韻1例：1 雷斯① _{殷其雷1、2、3章}
支質通韻1例：1 稗替② _{召旻5章}

三　《楚辭》脂、微諸部用韻表

屈賦部分

脂部2例：1 濟示 _{《楚辭·九章》}　　2 死體 _{《楚辭·天問》}
微部8例：1 歸悲 _{《楚辭·九辨》}　　2 歸懷 _{《楚辭·九歌》}　　3 懷悲 _{《楚辭·遠遊》}　　4 懷肥 _{《楚辭·天問》}　　5 冀郗 _{《楚辭·九辨》}　　6 衰歸 _{《楚辭·九辨》}　　7 衰嵬 _{《楚辭·九章》}　　8 依譏 _{《楚辭·天問》}
質部4例：1 節日 _{《楚辭·九歌》}　　2 日瑟 _{《楚辭·招魂》}　　3 一逸 _{《楚辭·遠遊》}　　4 抑替 _{《楚辭·九章》}
物部2例：1 忽慨謂 _{《楚辭·九章》}　　2 喟謂愛類 _{《楚辭·九章》}
脂微合韻4例：1 柢雉 _{《楚辭·天問》}　　2 歸棲衰肥 _{《楚辭·九辨》}　　3 梯稽脂韋 _{《楚辭·卜居》}　　4 幃衹 _{《楚辭·離騷》}
脂質合韻3例：1 濟至死 _{《楚辭·九辨》}　　2 涕替 _{《楚辭·離騷》}　　3 至比 _{《楚辭·九章》}
微歌合韻1例：1 雷蛇懷歸 _{《楚辭·九歌》}
物月合韻3例：1 帶介慨邁穢敗昧 _{《楚辭·九辨》}　　2 慨邁 _{《楚辭·九章》}　　3 沫穢 _{《楚辭·招魂》}
支脂合韻2例：1 涕弭 _{《楚辭·遠遊》}　　2 訾斯呰兒 _{《楚辭·卜居》}
脂微支合韻1例：1 衰_微悲_微偕_脂毀_微弛_支 _{《楚辭·九辨》}
脂微歌合韻1例：1 妃_微歌_歌夷_脂蛇_歌飛_微佪_微 _{《楚辭·遠遊》}

---

① 江有誥言支脂通韻，王力言此二字不入韻。
② 江有誥言支脂通韻，王力言"稗"不入韻。

微元合韻1例：1 冠衣《楚辭·漁夫》

宋賦部分

質部1例：1 室乙畢《楚辭·高唐賦》

物部3例：1 悴費《楚辭·釣賦》　2 貴類配位《楚辭·小言賦》　3 物出《楚辭·高唐賦》

脂微合韻3例：1 比累水《楚辭·高唐賦》　2 維夷《楚辭·大言賦》　3 諧衰棲欷《楚辭·高唐賦》

微質合韻1例：1 慄欷《楚辭·風賦》

質物合韻3例：1 出忽失《楚辭·高唐賦》　2 失術《楚辭·釣賦》　3 逸節結一出疾《楚辭·笛賦》

物月合韻2例：1 熱薎卒《楚辭·風賦》　2 鬱絕《楚辭·笛賦》

支質月合韻1例：1 節_質絕_月蜺_支列_月悅《楚辭·舞賦》

質物月合韻1例：1 發_月忽_物血_質實_質日_質斾_月蓋_月逝_月會_月害_月逮_物滯_月歲_月《楚辭·高唐賦》

微物質合韻1例：1 氣_物鼻_質淚_物瘁_物磑隤_物追《楚辭·高唐賦》

四　周秦群經諸子韻文脂、微諸部合韻表

脂部25例：1 稊妻《易·大過》2 藜妻《易·困》3 娣履《易·歸》4 次資《易·旅》5 視指《儀禮·大學》6 弟禮死《儀禮·射義》7 死牝《老子·成象》8 師資師資迷《老子·巧用》9 禮弟體《管子·四稱》10 死利《管子·心術上》11 視指履比死《管子·白心》12 利濟《管子·內業》13 匕視《管子·弟子職》14 指死《吳子·論將》15 利次《逸周書·文傳解》16 義宜禮體《三略》17 體死《文子·守樸》18 危遲《文子·符言》19 齊危《文子·上德》20 弟死《文子·上義》21 體禮《荀子·賦篇》22 利指《韓非子·有度》23 死米粃死弟粃死《呂氏春秋·士容論》24 粃死《呂氏春秋·士容論》25 指次《鬼谷子》

微部33例：1 威壞《書·大禹謨》2 危微《書·大禹謨》3 畏威《書·皋陶謨》4 頹壞萎《儀禮·檀弓上》5 綏衰《儀禮·檀弓下》6 尾幾《左傳·文公》7 瑰歸歸懷《左傳·成公》8 衰追《論語·微子》9 威懷歸違哀微依妃《國語·晉語》10 畏畏《老子·異俗》11 歸遺《老子·異俗》12 推歸《管子·內業》13 衰闈《管子·七臣七主》14 衰追《莊子·人間世》15 非譏衰《莊子·在宥》16 非機徊《莊子·盜跖》17 椎飛《戰國策·秦》18 推歸《文子·道原》19 譏危微《文子·符言》20 衰威非危幾《文子·符言》21 肥衰《文子·上德》22 微懷《文子·微明》23 悲危《文子·自然》24 出律滑拙《荀子·成相》25 位類醉《韓非子·揚榷》26 懷威雷

附　錄　211

《韓非子·揚權》27 毀累　《呂氏春秋·恃君覽》28 衰歸　《呂氏春秋·慎大覽》29 機尾
《呂氏春秋·士容論》30 機椎　《素問·離合真邪論》31 機微追　《素問·天元紀大論》32 機微追
《靈樞·九鍼十二原》33 微非　《靈樞·五色第四十九》

質部54例：1 血穴　《易·需》　2 吉失　《易·需》　3 窒吉　《易·訟》　4 吉失
《易·訟》　5 吉失　《易·比》　6 吉失室　《易·小畜》　7 吉失　《易·隨》　8 貴類悖
《易·頤》　9 實疾即吉　《易·鼎》　10 實節　《易·鼎》　11 實血　《易·歸》　12 吉
節　《易·未濟》　13 經實　《儀禮·檀弓上》　14 實節　《管子·牧民》　15 日節　《管子·牧民》
16 一吉　《管子·心術下》　17 失一　《管子·四時》　18 致至　《管子·內業》　19 實日蜜
《家語·致思》　20 結節　《莊子·在宥》　21 一畢　《莊子·天地》　22 密一疾閉結　《三略》
23 穴實　《三略》　24 失結　《三略》　25 結一　《戰國策·秦》　26 日節　《文子·九守》
27 實節　《文子·守虛》　28 棄至　《文子·上德》　29 結失　《文子·上德》　30 失一
《文子·自然》　31 閉節　《文子·上仁》　32 一吉結詰　《荀子·成相》　33 節實必日
《荀子·成相》　34 日質　《荀子·右禮》　35 節疾　《荀子·大略》　36 辥戻　《呂氏春秋·先識覽》
37 閉密　《呂氏春秋·審分覽》　38 實一　《呂氏春秋·士容論》　39 節實　《呂氏春秋·士容論》
40 對穗　《呂氏春秋·士容論》　41 節實　《呂氏春秋·士容論》　42 節實　《呂氏春秋·士容論》
43 節實　《呂氏春秋·士容論》　44 疾節　《呂氏春秋·士容論》　45 實日　《素問·四氣調神大論》
46 失一　《素問·脈要精微論》　47 節實　《素問·寶命全形論》　48 閉疾　《素問·調經論》　49 實
畢　《靈樞·九鍼十二原》　50 疾實　《靈樞·九鍼十二原》　51 實失　《靈樞·九鍼十二原》　52 一失
實室　《靈樞·脈論第三十五》　53 實室　《靈樞·脈論第三十五》　54 結實　《靈樞·官能第七十三》

物部47例：1 謂內　《易·臨》　2 位退悖　《易·解》　3 悖貴　《易·鼎》　4 位氣
《易·説卦傳》　5 逮悖氣物　《易·説卦傳》　6 內類退　《易·櫱卦傳》　7 勃忽　《左傳·莊公》
8 萃匱　《左傳·成公》　9 突忽　《論語·微子》　10 骨猾瘁　《國語·晉語》　11 屈出
《老子·虛用》　12 物惚　《老子·虛心》　13 惚物　《老子·虛心》　14 昧退類　《老子·同異》
15 愛費　《老子·立戒》　16 退貴位　《管子·四稱》　17 位氣　《管子·五行》　18 饋饋悖
《管子·弟子職》　19 退內　《管子·弟子職》　20 芴出　《莊子·至樂》　21 琢朴　《莊子·山木》
22 退位　《三略》　23 物詘　《文子·道原》　24 悖匱逮　《文子·道原》　25 既費　《文子·道原》
26 物物　《文子·九守》　27 昧氣　《文子·符言》　28 愛遂　《文子·符言》　29 愛氣
《文子·符言》　30 愛遂貴　《文子·符言》　31 愛貴　《文子·符言》　32 悴費　《文子·上德》
33 物屈　《文子·上德》　34 出述　《文子·上德》　35 內貴　《文子·自然》　36 內貴
《文子·自然》　37 物屈　《文子·自然》　38 出律滑拙　《荀子·成相》　39 貴位　《韓非子·愛臣》
40 術出　《呂氏春秋·仲夏紀》　41 物類　《呂氏春秋·有始覽》　42 內貴　《呂氏春秋·慎大覽》

43 出屈 《吕氏春秋·審分覽》 44 律出 《鶡冠子》 45 出屈 《素問·調經論》 46 味溉氣 《靈樞·決氣第三十》 47 貴髦 《靈樞·官能第七十三》

脂微合韻 8 例：1 歸悲依怩追 《書·五子之歌》 2 稽楷推 《儀禮·儒行》 3 違遲悲 《儀禮·孔子閒居》 4 淮坻師 《左傳·昭公》 5 梯機 《孫武子·九地》 6 威夷師 《三略》 7 飛飢 《文子·上德》 8 微遲機 《靈樞·九鍼十二原》

脂質合韻 12 例：1 泥至 《易·需》 2 示死致 《儀禮·儒行》 3 棄稽 《管子·弟子職》 4 視至 《莊·知北游》 5 利至 《吳子·料敵》 6 惠二 《逸周書·太子晉解》 7 一二失 《文子·自然》 8 旨至 《文子·精誠》 9 利至視恣 《荀子·成相》 10 利至 《吕氏春秋·季夏紀》 11 利次至 《鶡冠子》 12 實利示閉 《鬼谷子》

脂物合韻 4 例：1 位利 《儀禮·禮運》 2 美茨費 《逸周書·文傳解》 3 牝死愛貴 《文子·守弱》 4 資貴配 《文子·精誠》

微質合韻 2 例：1 水至 《管子·形勢解》 2 密微追 《鬼谷子》

質物合韻 18 例：1 失節位愛謂 《易·家人》 2 實節內貴 《易·塞》 3 至匱遂 《儀禮·月令》 4 饜貴 《管子·牧民》 5 畢出 《吳子·料敵》 6 惠愛 《逸周書·文傳解》 7 惠愛 《文子·符言》 8 節物 《文子·上德》 9 物恤 《文子·自然》 10 物失 《荀子·天論》 11 遂穗 《吕氏春秋·士容論》 12 骨密室 《素問·脈要精微論》 13 實失一物 《素問·寶命全形論》 14 抑氣 《素問·五常政大論》 15 髦一 《鬼谷子》 16 失骨疾 《鬼谷子》 17 術一 《鬼谷子》 18 一術 《鬼谷子》

脂歌合韻 2 例：1 禮坐 《管子·弟子職》 2 罷私施移 《荀子·成相》

微歌合韻 2 例：1 懷離 《書·仲虺之誥》 2 炊饑 《三略》

物歌合韻 2 例：1 義謂 《易·家人》 2 類遂施 《文子·上德》

質月合韻 6 例：1 殺竭拔畢 《六韜》 2 器器害世 《六韜》 3 吉滅 《吕氏春秋·審分覽》 4 畢絕 《靈樞·根結第五》 5 實泄 《靈樞·九鍼十二原》 6 穴閉越 《靈樞·脈論第三十五》

物月合韻 15 例：1 內外 《易·家人》 2 外大位害 《易·兌》 3 位快速 《易·旅》 4 歇骨骨 《儀禮·曲禮上》 5 屈拙訥熱 《老子·洪德》 6 大外內 《文子·道原》 7 內外 《文子·九守》 8 味既大 《文子·符言》 9 物絕 《文子·上德》 10 物大 《吕氏春秋·士容論》 11 類會 《靈樞·邪氣藏府病形第四》 12 類氣胃衛 《靈樞·刺節真邪第七十五》 13 氣會衛會氣位會 《靈樞·營衛生會第十》 14 氣隧會 《靈樞·官能第七十三》 15 胃肺外隧 《靈樞·營氣第十六》

微支合韻 1 例：1 維歸知 《素問·至真要大論》

脂支合韻1例：1 雌牝死《文子·自然》

物錫合韻5例：1 敵詘《管子·國蓄》　2 敵貴《家語·觀周》　3 謫出《文子·精誠》　4 脈氣《靈樞·九鍼十二原》　5 述溢《三略》

物元合韻2例：1 位願《書·大禹謨》　2 味見既《老子·仁德》

魚微合韻1例：1 間虛闡《韓非子·揚權》

支微歌合韻1例：1 知支知支化歌爲歌圍微爲歌過歌《莊子·則陽》

支脂歌合韻1例：1 溪支離歌宜歌夷脂《逸周書·大明武解》

脂微質合韻1例：1 薾微臲吉質《易·困》

脂微質物合韻1例：1 夷脂希微微微詰質一質味物物《老子·贊元》

脂物月1例：1 利脂勢月大月貴物貴物遂《文子·守平》

脂元合韻1例：1 選禮《儀禮·禮運》

脂月合韻1例：1 胃肺氣衛外會《靈樞·營衛生會第十》

脂質物合韻1例：1 物物一失物物利《國語·越語》

質鐸合韻1例：1 赤血《靈樞·決氣第三十》

質物支月合韻1例：1 疾質刺月結質閉質雪月解支決月說月疾質刺月結質閉質畢質術物《靈樞·九鍼十二原》

質元合韻1例：1 實願願亂《易·泰》

質元文合韻1例：1 順實質巽元順《易·蒙》

五　西漢詩文脂、微諸部合韻表

江蘇地區

脂部3例：1 几美 劉勝《文木賦》　2 履眂 劉歆《遂初賦》　3 美夷死 劉向《九歎惜賢》

微部15例：1 悲頹 劉向《九歎憂苦》　2 飛歸 劉徹《秋風辭》　3 飛迴 枚乘《七發》　4 歸懷 嚴忌《哀時命》　5 懷頹 劉向《九歎惜賢》　6 懷依 劉向《九歎怨思》　7 回頹 劉向《九歎逢紛》　8 靁榱 劉勝《聞樂對》　9 微妃 劉友《歌一首》　10 微非 枚乘《七發》　11 微依 劉歆《燈賦》　12 圍緯 劉向《九歎愍命》　13 違悲 劉向《九歎離世》　14 違悲 劉向《九歎怨思》　15 罪水 劉徹《瓠子歌》

質部3例：1 結屑 劉向《九歎遠逝》　2 泪疾 劉向《九歎惜賢》　3 溢日 劉徹《瓠子歌》

物部5例：1 坲悴 劉向《九歎遠逝》　2 炭燧 劉歆《遂初賦》　3 味貴 劉向《杖銘》

4 鬱悴 _{劉向《九歎惜賢》}　　5 鬱突律卒 _{枚乘《七發》}

　　脂微合韻 7 例：1 次悲 _{劉向《九歎思古》}　　2 齊遺 _{劉歆《遂初賦》}　　3 師綏 _{劉徹《策封燕王旦》}　　4 梯依棲瀰泥 _{劉歆《甘泉宮賦》}　　5 畏隈追死壞 _{枚乘《七發》}

6 衣夷 _{劉向《九歎愍命》}　　7 夷迴 _{劉向《九歎怨思》}

　　質物合韻 2 例：1 忽慄汨 _{枚乘《七發》}　　2 鬱日 _{劉向《九歎思古》}

　　脂歌合韻 1 例：1 馳指 _{劉向《九歎遠遊》}

　　微歌合韻 2 例：1 離哀 _{劉向《九歎憂苦》}　　2 逶巍 _{劉向《九歎遠遊》}

　　之脂合韻 1 例：1 絲遲絲之詞 _{枚乘《柳賦》}

　　之微合韻 1 例：1 開痤 _{劉向《九歎惜賢》}

　　微支合韻 1 例：1 飛槐溪 _{枚乘《七發》}

　　質月合韻 1 例：1 滅日 _{劉向《九歎遠遊》}

　　物月合韻 1 例：1 忽絶 _{劉去《歌一首》}

　　質祭合韻 1 例：1 血廢 _{劉向《九歎惜賢》}

　　質真合韻 1 例：1 鬱忿 _{劉向《九歎惜賢》}

　　《淮南子》合韻譜：

　　脂微合韻 5 例：1 衰遲飢 _{《淮南子·兵略》}　　2 威飢歸 _{《淮南子·兵略》}　　3 衣屎 _{《淮南子·兵略》}　　4 飛飢 _{《淮南子·説林》}　　5 飢肥推 _{《淮南子·説林》}

　　質物合韻 4 例：1 位肆 _{《淮南子·兵略》}　　2 内惠隧 _{《淮南子·説林》}　　3 器渗 _{《淮南子·本經》}　　4 筭蛻 _{《淮南子·齊俗》}

　　脂質合韻 1 例：1 視至 _{《淮南子·道應》}

　　脂物祭合韻 1 例：1 利_脂位_物世_祭 _{《淮南子·原道》}

　　質物祭合韻 1 例：1 脆_祭韉肆_質悖_物類_物愛_祭 _{《淮南子·本經》}

　　物職合韻 2 例：1 或勃 _{《淮南子·説山》}　　2 勃或 _{《淮南子·人間》}

　　微歌合韻 2 例：1 悲危 _{《淮南子·原道》}　　2 隨非 _{《淮南子·原道》}

　　物祭合韻 1 例：1 内外槩 _{《淮南子·詮言》}

　　脂祭合韻 3 例：1 利害 _{《淮南子·原道》}　　2 底滯 _{《淮南子·兵略》}　　3 利害 _{《淮南子·詮言》}

　　河南地區

　　質物合韻 2 例：1 節没 _{賈誼《旱雲賦》}　　2 慄怫結 _{賈誼《旱雲賦》}

　　質物祭合韻 1 例：1 慨_物濞碎_祭墜戾_質潰_物逝穢煟_物害淚_質惠_質遂_物位_物氣_物敗 _{賈誼《旱雲賦》}

附　　錄

河北地區

脂微合韻2例：1 暉歸齊薇迷 董仲舒《士不遇賦》　2 微暉遲睢機咨威夷譏維 崔篆《慰志賦》

山東地區

脂部3例：視履 韋玄成《自劾詩》　涕濟 東方朔《旱頌》　夷衹 韋玄成《自劾詩》

微部2例：韋旂 韋孟《諷諫詩》　韋綏 韋玄成《自劾詩》

質部4例：畢日 韋玄成《戒子孫詩》　栗室 韋玄成《戒子孫詩》　實室 東方朔《七諫自悲》　逸室 韋孟《諷諫詩》

物部1例：逮隊 韋玄成《戒子孫詩》

脂微合韻3例：迴歸躋 鄒陽《几賦》　階懷 韋玄成《戒子孫詩》　師輝 韋玄成《自劾詩》

脂質合韻1例：至私 東方朔《七諫謬諫》

脂物合韻1例：几毳 鄒陽《酒賦》

質物合韻3例：室弼 韋孟《在鄒詩》　一弼 韋孟《諷諫詩》　逸黜 韋孟《諷諫詩》

微歌合韻1例：悲衰頹歸池 東方朔《七諫自悲》

脂之合韻1例：醴脂駃米脂敂待泥敂脂齊脂禮 鄒陽《酒賦》

微支合韻1例：枝藟枝歸 鄒陽《几賦》

物祭合韻1例：醉歲 鄒陽《酒賦》

山西地區

物部1例：1 愧淚 班婕妤《擣素賦》

質物合韻1例：1 匹日術 班婕妤《擣素賦》

質月合韻1例：1 絕結 班婕妤《擣素賦》

四川地區

脂部7例：1 濟娣 楊雄《元后誄》　2 階坻 王褒《甘泉宮賦》　3 麋犀 司馬相如《子虛賦》　4 師遲 楊雄《青州箴》　5 師眉 楊雄《解嘲》　6 夷眉 楊雄《蜀都賦》　7 資師 楊雄《解嘲》

微部10例：1 悲偉 王褒《洞簫賦》　2 懷歸回 司馬相如《子虛賦》　3 卉對 楊雄《甘泉賦》　4 機違 楊雄《長楊賦》　5 凱胦 王褒《洞簫賦》　6 蕤綏 司馬相如《子虛賦》　7 衰衣 楊雄《雍州箴》　8 庣礧嶵 司馬相如《子虛賦》　9 衣遺 楊雄《反離騷》　10 遺排 楊雄《連珠》

物部14例：1 筆詘 楊雄《解嘲》　2 勃芴惚 司馬相如《子虛賦》　3 骨疜 王褒《聖主得賢臣頌》　4 貴遂 楊雄《將作大匠箴》　5 忽佛 王褒《四子講德論》　6 戾氣 王褒《四子講德論》　7 律卒 楊雄《衛尉箴》　8 氣位 王褒《解嘲》　9 位貴 楊雄《太常箴》　10 位類 楊雄《揚州箴》　11 渭內 司馬相如《子虛賦》　12 欷淚 王褒《洞簫賦》　13 鬱崒

司馬相如《子虛賦》 14 罪位 楊雄《連珠》

　　質部 3 例：1 室日 楊雄《將作大將箴》　2 逸疾 王褒《四子講德論》　3 溢日 楊雄《荊州箴》

　　脂微合韻 15 例：1 歸棃開諧 楊雄《甘泉賦》　2 歸齊 楊雄《太僕箴》　3 累指 王褒《聖主得賢臣頌》　4 槐楣榱誰 王褒《甘泉宮賦》　5 美葦 楊雄《蜀都賦》　6 棲妃諧誰飛悲 司馬相如《琴歌》　7 尸希回徽耆 楊雄《解難》 8 師懷 楊雄《博士箴》　9 惟歸飛夷隮沵師夷 王褒《九懷陶壅》　10 違齊 楊雄《青州箴》　11 維階 楊雄《冀州箴》　12 希依懷乖階 楊雄《城門校尉箴》　13 依悲遲衰私衣 司馬相如《美人賦》　14 依迡 楊雄《甘泉賦》　15 夷推維 楊雄《冀州箴》

　　脂質合韻 3 例：1 諿二 司馬相如《封禪文》　2 隸至 司馬相如《子虛賦》　3 至比 王褒《四子講德論》

　　質物合韻 3 例：1 律節 王褒《四子講德論》　2 謂剴 楊雄《廷尉箴》　3 愲物惠棄肆遂味懟失氣類領貴 王褒《洞簫賦》

　　脂歌合韻 2 例：1 馳師 楊雄《酒賦》　2 夷馳 楊雄《長楊賦》

　　微歌合韻 3 例：1 蠟蛇 司馬相如《子虛賦》　2 靡塊 王褒《聖主得賢臣頌》　3 靡巍 王褒《甘泉宮賦》

　　支脂合韻 3 例：1 技帥 楊雄《羽獵賦》　2 佳眉 楊雄《反離騷》　3 支犀 楊雄《交州箴》

　　微支合韻 2 例：1 衰卑 王褒《四子講德論》　2 水豸氏豕 司馬相如《子虛賦》

　　質月合韻 3 例：1 實熱室 楊雄《解嘲》　2 溢發 王褒《四子講德論》　3 哲慄密舌折 楊雄《尚書箴》

　　物月合韻 1 例：1 烈律 楊雄《解嘲》

　　脂微歌合韻 6 例：1 藜脂飛微蛇犀脂陂 楊雄《羽獵賦》　2 眉脂危懷微徽輴泥夷脂 楊雄《酒賦》　3 眉脂姿脂綏微垂 王褒《青䙡髥奴辭》　4 衰危祇遺微 司馬相如《封禪文》　5 威微危馳回蕤微蛇妃微眉脂資 楊雄《甘泉賦》　6 夷脂師脂危歸微 司馬相如《大人賦》

　　脂微歌之合韻 1 例：1 綏微纚微開微梔脂旗 楊雄《甘泉賦》

　　脂微之合韻 3 例：1 狶微犛麋脂 楊雄《羽獵賦》　2 衣微肌脂脂懷微回微辭 司馬相如《美人賦》　3 衣微胝脂肌脂遲脂之 楊雄《逐貧賦》

　　質物祭合韻 1 例：1 世洫質室質卒物 楊雄《將作大匠箴》

　　質物月合韻 1 例：1 溢質鬱物律物謫質折溢滅出物 王褒《洞簫賦》

　　質物月祭合韻 1 例：1 潰質汨質淅質折月洌潷祭螯物瀨祭沛祭墜物磕祭

浥_物沸_物沫_月疾_質 司馬相如《上林賦》

質物之合韻1例：1 類_物萃_物記計_質 司馬相如《子虛賦》

脂質歌合韻1例：1 差至_質指_脂 楊雄《上林苑令箴》

質職合韻1例：1 逸七國 楊雄《解嘲》

微真合韻1例：1 沌頹 王褒《洞簫賦》

物祭合韻1例：1 位大 司馬相如《子虛賦》

物職合韻1例：1 備內 王褒《聖主得賢臣賦》

脂真合韻1例：1 殷遲 楊雄《少府箴》

質盍合韻1例：節業 楊雄《甘泉賦》

質祭合韻1例：替弊 楊雄《冀州箴》

陝西地區

微部1例：1 摧隤歸 李陵《歌一首》

脂之合韻1例：1 死鄙 司馬遷《悲士不遇賦》

未知地區

脂部1例：1 死矢 無名氏《武帝時童謠歌》

微部5例：1 歸衰 闕名《郊祀歌赤蛟》　2 水鬼 闕名《郊祀歌天馬》　3 威魁 無名氏《鴻隙陂童謠》　4 遺歸 闕名《郊祀歌五神》　5 歸懷 唐山夫人《安世房中歌》之六

質部2例：1 一失 無名氏《一畫一歌》　2 溢一 闕名《郊祀歌天地》

物部3例：1 遂逮 闕名《郊祀歌青陽》　2 位醉 闕名《郊祀歌赤蛟》　3 物詘 闕名《郊祀歌朱明》

脂微合韻1例：1 歸萋 淮南小山《招隱士》

質物合韻1例：1 軋弟忽汩栗穴慄 淮南小山《招隱士》

微歌合韻2例：1 歸為回衣歸 無名氏《鐃歌巫山高》　2 施回 唐山夫人《安世房中樂》

微之合韻1例：1 思歸 無名氏《鐃歌戰城南》

脂支合韻1例：1 雌雉 無名氏《雉子斑》

微支合韻1例：1 知衰 無名氏《上邪》

六　東漢詩文脂、微諸部合韻表

陝西地區

脂部4例：1 躋楣階迷稽低 班固《西都賦》　2 禮濟 班固《東都賦》　3 湄夷 杜篤《首陽山賦》　4 夷美 馮衍《顯志賦》

微部 9 例：1 懷悲 馮衍《顯志賦》　2 回懷威巍 傅毅《明帝誄》　3 威綏 馮衍《刀陰銘》　4 威違 班固《陳武贊》　5 微輝 班固《漢頌論功歌詩靈芝歌》　6 微開 班固《幽通賦》　7 磑嵬回崔 馬融《廣成頌》　8 追飛歸 傅毅《七激之三》　9 追機 班固《蕭何贊》

質部 4 例：1 計謐實日 班固《答賓戲》　2 室血 班固《東都賦》　3 逸日 傅毅《迪志詩》　4 秩佖室一 蘇順《和帝誄》

物部 9 例：1 逮墜溉昧 傅毅《迪志詩》　2 隊帥 班固《東都賦》　3 概類氣 班固《奕旨》　4 貴悴 馮衍《顯志賦》　5 暨醉氣退 班固《東都賦》　6 迄卒 傅毅《迪志詩》　7 氣謦 班固《東巡頌》　8 位胇 馮衍《顯志賦》　9 位貴 班固《西都賦》

脂微合韻 10 例：1 皚隮懷衣 班彪《北征賦》　2 幾視 班固《西都賦》　3 濟階懷 班固《幽通賦》　4 階開闥扉 班固《西都賦》　5 迷綏衹 班固《幽通賦》　6 麋睎夷 傅毅《洛都賦》　7 齊徊 班固《西都賦》　8 師悲違非追歸誰 班昭《東征賦》　9 師闈 傅毅《竇將軍北征頌》　10 隤摧夷 班固《西都賦》

脂物合韻 1 例：1 貴墜氣貳 班固《答賓戲》

質物合韻 10 例：1 潰穴濞庋突 馬融《長笛賦》　2 律一出畢 馬融《長笛賦》　3 律佾畢 班固《東都賦》　4 室術 馮衍《顯志賦》　5 術節 馮衍《顯志賦》　6 鐵日出 班固《東都賦》　7 突卒沒閉 馬融《圍棋賦》　8 渭類實溉遂 杜篤《論都賦》　9 泆術日 傅毅《舞賦》　10 溢卒弼室 傅毅《北海王誄》

脂支合韻 2 例：1 崖支題犀璃觿 杜篤《論都賦》　2 規齊 班固《十八侯銘》

微支合韻 4 例：1 罷威飛垂 班固《傅寬銘》　2 披悲 馮衍《顯志賦》　3 偉麾 傅毅《洛都賦》　4 崖磎危枝頽 馬融《長笛賦》

質月合韻 4 例：1 闋日 班固《竇將軍北征賦》　2 越血 杜篤《論都賦》　3 切肆戾冽蹟 馬融《長笛賦》　4 切肆戾冽蹟 馬融《長笛賦》

物月合韻 1 例：1 寐鬄墜察對 班固《幽通賦》

脂微支合韻 3 例：1 威$_微$奇姿$_脂$班固《奕旨》　2 衰$_微$違$_微$危師$_脂$維$_微$眉$_脂$微$_微$非$_微$威$_微$姿$_脂$杜篤《論都賦》　3 枳嶰兕$_脂$豨$_微$馬融《廣成頌》

質物月合韻 3 例：1 實$_質$物$_物$溧$_月$節$_質$班固《東都賦》　2 節$_質$跌$_質$折$_月$絕$_月$歿$_物$習$_物$蛻$_月$畢$_質$列$_月$悦$_月$傅毅《舞賦》　3 譎$_質$室$_質$七$_質$密$_質$結$_質$滅$_月$溢$_質$慄$_質$失$_質$汔$_物$疾$_質$出$_物$必$_質$馬融《圍棋賦》

物祭合韻 2 例：1 歲悴 傅毅《七激》　2 昧氣厲 馬融《廣成頌》

質物祭月合韻 1 例：1 墜$_物$殪$_質$轊$_祭$悴$_物$暫$_月$躓$_質$隊$_物$計$_質$馬融《廣成頌》

微質祭月合韻 1 例：1 毅$_微$厲$_祭$介$_祭$戾$_質$氣$_微$制$_祭$察$_月$說$_祭$惠$_質$馬融《長笛賦》

脂質物合韻1例：1 帥_物沸_物雉_脂至_質潰_物悴 馬融《樗蒲賦》

微真合韻1例：1 回魂 杜篤《祓契賦》

微職合韻1例：1 備魏 班固《典引》

河北地區

脂部2例：1 禮體 崔駰《達旨》　2 棲飢 崔駰《達旨》

微部3部：1 乖違 崔駰《達旨》　2 祈維違機 崔駰《司徒箴》　3 衣肥 崔寔《答譏》

質部2例：1 逸一吉 張超《誚青衣賦》　2 溢吉 崔瑗《竇大將軍鼎銘》

物部2例：1 率尉 崔駰《太尉箴》　2 氣遂貴 崔瑗《遺葛龔珮銘》

脂微合韻6例：1 遲闈 崔瑗《司隸校尉箴》　2 摧微遲違機 崔琦《外戚箴》　3 幾師 崔瑗《張平子碑》　4 威歸祇機 崔瑗《郡太守箴》　5 遺黎 崔駰《南征頌》　6 姿斐微衰茨泥葵鴟階妻 張超《誚青衣賦》

質物合韻3例：1 器位器 崔瑗《竇大將軍鼎銘》　2 實質術日 崔駰《達旨》　3 溢律 崔駰《仲山父鼎銘》

脂支合韻2例：1 胝蹄泥 崔駰《博徒論》　2 弛是履 崔駰《達旨》

脂微真合韻1例：1 衰_微遲_脂堙 崔瑗《河堤謁者箴》

河南地區

脂部2例：1 第啟 張衡《西京賦》　2 楣榍墀 張衡《西京賦》

微部13例：1 飛霏雷威 張衡《西京賦》　2 乖哀 蔡邕《胡公夫人哀讚》　3 歸回懷 張衡《思玄賦》　4 幾飛闈 張衡《司空陳公誄》　5 開徊摧 蔡邕《琴賦》　6 壘葦鬼蘬 張衡《東京賦》　7 衰違 蔡邕《胡公夫人哀讚》　8 鬼徽綏微衰懷 張衡《南都賦》　9 違徊哀歸晞 張衡《南都賦》　10 違畿歸綏 蔡邕《述行賦》　11 違追哀 張衡《思玄賦》　12 闈扉 張衡《西京賦》　13 希飛 張衡《思玄賦》

質部9例：1 結節替譎秩 張衡《東京賦》　2 節跌結 邊讓《章華臺賦》　3 節跌結 張衡《思玄賦》　4 栗橘 張衡《南都賦》　5 日蜜 蔡邕《協和婚賦》　6 日室 張衡《冢賦》　7 日逸室 張衡《東京賦》　8 瑟畢佾秩一吉 張衡《東京賦》　9 穴潏溢疾軋汨 張衡《南都賦》

物部3例：1 闥隧尉萃匱 張衡《西京賦》　2 內誶 張衡《思玄賦》　3 醉萃屈紱遂貴 張衡《西京賦》

脂微合韻10例：1 歸遺哀晞咨 蔡邕《濟北相崔君夫人誄》　2 輝微姿機師飛夷綏 蔡邕《光武濟陽宮碑》　3 飢遲妃眉徽 張衡《思玄賦》　4 萋懷 蔡邕《溫泉賦》　5 萋蓑哀 張衡《南都賦》　6 葳襹驥師徊歸 張衡《南都賦》　7 師依悲姿 蔡邕《濟北相崔君夫人誄》　8 違依輝遲悲追 蔡邕《胡公夫人靈表》　9 伊悲飛 蔡邕《瞽師賦》　10 雉几視圯 張衡《東京賦》

脂質合韻1例：1 戾洎質贄二 張衡《東京賦》
脂物合韻2例：1 粹饋遂寐二 蔡邕《崔君夫人誄》　2 位次 蔡邕《筆賦》
微物合韻1例：1 配摧懷 張衡《東京賦》
質物合韻4例：1 類懿位紱彎蔚貴遂 蔡邕《胡廣黃瓊頌》　2 律溢 蔡邕《琴賦》
3 器位肆彎 張衡《東京賦》　4 一崒律出 張衡《西京賦》
之脂合韻1例：1 臺階菜能 邊讓《章華臺賦》
微之合韻1例：1 辭希歸 蔡邕《答卜元嗣詩》
支脂合韻1例：1 鵝雌兒斯 蔡邕《短人賦》
脂微真合韻1例：1 泥微 眉蟻頎微 屝微 低脣姿飛微 追微 非 希微 師微
妃微 私畿微 懷微 階穨微 摧微 乖 排微 衣微 追 屝微 帷微 階 機微 維微 飢 蔡邕《青衣賦》
脂微支合韻1例：1 砥脂 水微 履脂 智 蔡邕《彈棋賦》
支物合韻1例：1 貴易智 蔡邕《釋誨》
質物祭之合韻1例：1 乂祭 惠質 領物 墜物 氣物 愛物 盍祭 邁祭 逮物
碎物 代之 蔡邕《胡碩碑》
脂質物合韻1例：1 器質 位物 貳脂 張衡《東京賦》

江蘇地區

微部1例：1 崴飛 桓譚《仙賦》
脂微支合韻1例：1 威微 爲機微 迷脂 祇脂 師脂 □徽微 桓麟《劉寬碑》

四川地區

脂部1例：1 矢兕 李尤《鎧銘》
微部1例：1 依闈巍 李尤《闕銘》
質部1例：1 節密 李尤《七款》
脂微合韻1例：1 私非機 李尤《鞠城銘》
質物合韻3例：1 匱器 李尤《匱匣銘》　2 物實 李尤《盤銘》　3 戌悉 李尤《上西門銘》
之脂合韻1例：1 矢紀 李尤《弧矢銘》
微支合韻1例：1 虵微 李尤《熏鑪銘》
之物合韻1例：1 記位 李尤《太學銘》

甘肅地區

之微合韻1例：1 機慈思 皇甫規《女師箴文》

湖北地區

微部3例：1 悲依 王逸《九思傷時》　2 穨追 王逸《琴思楚歌》　3 嵬

崥 _{王延壽《魯靈光殿賦》}

物部1例：1 味氣出貴 _{王逸《荔枝賦》}

脂微合韻5例：1 衣機帷姿 _{王逸《機婦賦》} 2 悲違黎遲飢迷懷晞雷 _{王逸《九思疾世》} 3 夷崽 _{王逸《九思傷時》} 4 璣低霏悽棲徽依西懷悲摧 _{王逸《九思怨上》} 5 姿鬐跂榱楣追跠狋 _{王延壽《魯靈光殿賦》}

脂物合韻1例：1 對睢悴視髴 _{王延壽《魯靈光殿賦》}

微物合韻1例：1 蔚瑋 _{王延壽《魯靈光殿賦》}

質物合韻4例：1 位棄 _{王逸《琴思楚歌》} 2 忽室 _{王逸《琴思楚歌》} 3 曖邃祕濞悸 _{王延壽《魯靈光殿賦》} 4 一屈日 _{王延壽《魯靈光殿賦》}

之脂合韻1例：1 時絲脂之 _{王逸《機婦賦》}

支脂合韻1例：1 奇爲儀兒睢離知睨脾咿啼醨此崎施枝溪危離垂跂 _{王延壽《王孫賦》}

支微合韻1例：1 纍賣 _{王逸《九思傷時》}

脂微支合韻1例：1 資_脂機_微師_脂移夷_脂暉_微 _{胡廣《法高卿碑》}

支物職合韻1例：1 義_支沸_物噫_職 _{王逸《琴思楚歌》}

山東地區

微部1例：微衰威違悲 _{孔融《六言詩》}

質部1例：1 密穴室日實一漆畢 _{孔融《臨終詩》}

脂微合韻4例：1 歸悲輝遲薇飛誰依追衣希 _{孔融《雜詩》} 2 巍私肥祁饑悲 _{孔融《六言詩》} 3 姿輝機 _{禰衡《鸚鵡賦》} 4 姿機飛 _{禰衡《弔張衡文》}

微之合韻1例：1 非歸哀來 _{孔融《六言詩》}

支脂合韻1例：1 差涯栖陂 _{劉梁《七舉》}

微質物合韻1例：1 彎_物瑟_質類_物領_物淚_質欷_微 _{禰衡《鸚鵡頌》}

寧夏地區

質物歌合韻1例：1 器_質愛_物化内_物 _{傅幹《皇后箴》}

未知地區

脂部5例：1 楷禮 _{無名氏《太學中謠八俊》} 2 禮濟梯 _{闕名《樊毅修華嶽碑》} 3 啟禮楷 _{史岑《出師頌》} 4 諧眉 _{無名氏《更始時南陽童謠》} 5 諧妻齋齋泥迷 _{無名氏《太常妻》}

微部9例：1 悲衣違輝綏歸闈飛晞扉 _{無名氏《古詩》} 2 歸累 _{無名氏《悲歌》} 3 徊懷 _{無名氏《吳資歌》} 4 累歸 _{無名氏《豔歌行》} 5 衰遺 _{無名氏《建安初荊州童謠》} 6 積摧乖哀 _{唐姬《歌一首》} 7 幃徊歸誰衣 _{無名氏《古詩》} 8 希悲 _{闕名《鏡銘》} 9 晞歸 _{無名氏《薤露歌》}

質部1例：1 日結血 闕名《古詩》
物部1例：1 胃尉 無名氏《竈下養諺》
脂微合韻12例：1 歸菲藜悲累衣 無名氏《孤兒行》 2 歸葵 闕名《劉脩碑》 3 歸誰累飛葵誰衣 無名氏《古詩》 4 畿威歸祇機 王阜《劉驗驗郡太守箴》 5 階懷回 無名氏《古八變歌》 6 葵晞輝哀歸悲 無名氏《長歌行》 7 棲喈徊西懷 闕名《張公神碑》 8 齊階悲妻徊哀稀飛 無名氏《古詩》 9 私□幾毘微懁懷 闕名《郭究碑》 10 巍梯隈伊嶉威祁私資迟□哀 闕名《無極山碑》 11 諧開 無名氏《袁文開諺》 12 姿威 闕名《綏民校尉熊君碑》
微物合韻1例：1 欷喟 闕名《嚴訢碑》
質物合韻4例：1 栗失□勿必 闕名《無極山碑》 2 內日 無名氏《古詩爲焦仲卿妻作》 3 遂季惠 無名氏《朱暉歌》 4 穗悴 無名氏《古歌》
微之合韻2例：1 歸哀來 無名氏《古詩爲焦仲卿妻作》 2 臺微畿饑 闕名《張壽碑》
支脂合韻2例：1 淒啼離莀爲 無名氏《皚如山上雪》 2 齊兮 闕名《樊敏碑》
微支合韻5例：1 歸悲衣啼糜糜兒非非遲歸 無名氏《東門行》 2 虧頽懷 闕名《郭君碑》 3 危回追摧歸哀徊 闕名《北海相景君銘》 4 儀歸衣儀違歸催 無名氏《古詩爲焦仲卿妻作》 5 歸谿機 闕名《周憬功勳銘》
脂微支合韻5例：1 陂脂$_{脂}$饑$_{微}$ 無名氏《古詩》 2 遲$_{脂}$爲施歸$_{微}$ 無名氏《古詩爲焦仲卿妻作》 3 歸$_{微}$差違$_{微}$師$_{脂}$懷$_{微}$徊$_{微}$暉$_{微}$乖$_{微}$追$_{微}$衣$_{微}$ 徐淑《答秦嘉詩》 4 隨追$_{微}$師$_{脂}$ 郭正《法真頌》 5 儀$_{支}$夷脂巂$_{微}$虧$_{支}$陭$_{支}$規$_{支}$崺$_{支}$悲$_{微}$徯$_{支}$泂$_{微}$雷$_{支}$ 闕名《周憬功勳銘》
脂微支魚合韻1例：1 歸$_{微}$悲$_{微}$衣$_{微}$啼$_{支}$糜$_{支}$兒$_{支}$遲$_{脂}$居$_{魚}$ 無名氏《東門行》
脂微支之合韻1例：1 來$_{之}$齊$_{脂}$隨徊$_{微}$開頽離$_{支}$垂$_{支}$期$_{之}$ 無名氏《雙白鵠》
微支之合韻2例：1 懷$_{微}$來$_{之}$華移$_{支}$雷$_{微}$懷$_{微}$依 無名氏《古詩爲焦仲卿妻作》 2 巂$_{微}$離$_{支}$圍$_{微}$悲$_{微}$摧$_{微}$材$_{之}$ 無名氏《豔歌行》
微支魚合韻1例：1 飛$_{微}$徊$_{微}$衣書$_{魚}$悲$_{微}$移$_{支}$ 無名氏《古詩爲焦仲卿妻作》
質祭合韻1例：1 蔕計 無名氏《孤兒行》
質物職合韻1例：1 出掘國德結 闕名《任伯嗣碑》
微支錫合韻1例：1 易$_{錫}$歸$_{微}$麗$_{支}$ 闕名《楊孟文石門頌》
之幽微合韻1例：1 疇$_{幽}$時$_{之}$期$_{之}$遺$_{微}$ 闕名《北海相景君銘》
之職幽物合韻1例：1 吏$_{之}$思$_{之}$備$_{職}$就$_{幽}$究$_{幽}$既$_{物}$志$_{之}$意$_{職}$祐$_{之}$ 闕名《北海相景君銘陰》

脂微支錫質合韻1例：1 利$_{脂}$義$_{支}$避$_{錫}$池$_{支}$緇$_{微}$計$_{質}$闕名《周㦤功勳銘》

七 《詩經》入韻脂、微諸部字中古音表

韻字 * 字爲入聲字	王力古韻部	押本韻次數	合韻次數	合計次數	《廣韻》韻部	《廣韻》反切	《廣韻》又音
脂	脂	1	1	2	脂	旨夷	
祇	脂	0	1	1	脂	旨夷	
夷	脂	1	5	6	脂	以脂	
姨	脂	1	0	1	脂	以脂	
桋	脂	0	1	1	脂	以脂	
師	脂	3	3	6	脂	疏夷	
毗	脂	1	1	2	脂	房脂	
膍	脂	0	1	1	脂	房脂	又步迷（齊）
資	脂	1	0	1	脂	即夷	
咨	脂	0	0	0	脂	即夷	
飢	脂	3	1	4	脂	居夷	
鴟	脂	1	0	1	脂	處脂	
茨	脂	1	1	2	脂	疾資	
遲	脂	3	6	9	脂	直尼	又音穉（至）
坻	脂	0	1	1	脂	直尼	
私	脂	2	1	3	脂	息夷	
尸	脂	1	1	2	脂	式之 *式脂	
蓍	脂	1	0	1	脂	式之 *式脂	
紕	脂	1	0	1	脂	匹夷	
眉	脂	1	0	1	脂	武悲	
湄	脂	0	1	1	脂	武悲	
麋	脂	1	0	1	脂	武悲	
鶥	脂	0	1	1	脂	武悲	
屎	脂	1	0	1	脂	喜夷	
祁	脂	1	2	3	脂	渠脂	
葵	脂	1	1	2	脂	渠追/渠隹 *	

續表

韻字*字爲入聲字	王力古韻部	押本韻次數	合韻次數	合計次數	《廣韻》韻部	《廣韻》反切	《廣韻》又音
騩	脂	0	2	2	脂	渠追	
黎	脂	0	1	1	齊	朗奚	黎，力脂切。犁，又即奚切。周校郎奚切
齊	脂	1	2	3	齊	徂奚	
臍	脂	1	0	1	齊	徂奚	
懠	脂	1	0	1	齊	徂奚	又音劑（支）
妻	脂	2	0	2	齊	七稽	又七計（霽）
萋	脂	2	5	7	齊	七稽	
淒	脂	1	1	2	齊	七稽	又千弟（薺）
棲	脂	1	0	1	齊	先稽	
氐	脂	0	1	1	齊	都奚	
荑	脂	2	0	2	齊	杜奚	
犀	脂	1	0	1	齊	先稽	
躋	脂	0	3	3	齊	相稽 周校祖稽	又音霽
隮	脂	1	0	1	齊	相稽 周校祖稽	又音霽
迷	脂	1	1	2	齊	莫兮	
泥	脂	0	2	2	齊	奴低	又奴計（霽）
皆	脂	1	0	1	皆	古諧	
偕	脂	4	0	4	皆	古諧	
喈	脂	3	4	7	皆	古諧	
階	脂	2	1	3	皆	古諧	
湝	脂	1	0	1	皆	戶皆	
旨	脂	3	0	3	旨	職雉	
指	脂	1	0	1	旨	職雉	
底	脂	0	1	1	旨	職雉	
視	脂	1	0	1	旨	承矢	
美	脂	1	1	2	旨	無鄙	
兕	脂	1	0	1	旨	徐姊	
几	脂	0	3	3	旨	居履	

續表

韻字 *字爲入聲字	王力古韻部	押本韻次數	合韻次數	合計次數	《廣韻》韻部	《廣韻》反切	《廣韻》又音
姊	脂	1	0	1	旨	將几	
秭	脂	2	0	2	旨	將几	
匕	脂	1	0	1	旨	卑履	
妣	脂	2	0	2	旨	卑履	又甫至（至）
矢	脂	2	0	2	旨	式視	
死	脂	3	0	3	旨	息姊	
履	脂	1	1	2	旨	力几	
薺	脂	1	0	1	薺	徂禮	
禮	脂	5	0	5	薺	盧啓	
醴	脂	3	0	3	薺	盧啓	
鱧	脂	1	0	1	薺	盧啓	
體	脂	2	1	3	薺	他禮	
涕	脂	1	0	1	薺	他禮	
濟	脂	3	1	4	薺	子禮	又音霽
泲	脂	1	0	1	薺	子禮	
弟	脂	7	5	12	薺	徒禮	又特計（霽）
禰	脂	1	0	1	薺	奴禮	
爾	脂	0	1	1	紙	兒氏	
邇	脂	1	1	2	紙	兒氏	
瀰	脂	0	0	0	紙	綿婢	
瀰	脂	1	0	1	紙	綿婢	
砥	脂	1	0	1	紙	諸氏	
穉	脂	1	1	2	至	直利	
伙	脂	1	0	1	至	七四	
比	脂	1	1	2	至	毗至	又房脂（脂）、必履（旨）、扶必（質）三切
穧	脂	1	0	1	霽	子計	又音劑（支）
*穗	質	0	1	1	至	徐醉	
*棄	質	1	1	2	至	詰利	
*悸	質	0	1	1	至	其季	
*四	質	2	3	5	至	息利	

續表

韻字 *字爲入聲字	王力古韻部	押本韻次數	合韻次數	合計次數	《廣韻》韻部	《廣韻》反切	《廣韻》又音
*駟	質	0	0	0	至	息利	
*季	質	0	2	2	至	居悸	
*畀	質	1	0	1	至	必至	
*肄	質	1	1	2	至	羊至	
*濞	質	0	0	0	至	匹備	
*肆	質	0	0	0	至	息利	
*至	質	1	0	1	至	脂利	
*致	質	0	0	0	至	陟利	
*棣	質	1	2	3	霽	特計	
*翳	質	0	0	0	霽	於計	
*惠	質	0	0	0	霽	胡桂	
*戾	質	0	1	1	霽	郎計	
*屆	質	0	0	0	怪	古拜	
哀	微	2	3	5	咍	烏開	
回	微	3	1	4	灰	戶恢	
枚	微	2	2	4	灰	莫杯	
靁	微	1	0	1	灰	魯回	
罍	微	1	0	1	灰	魯回	
隤	微	1	0	1	灰	杜回	
穨	微	0	0	0	灰	杜回	
崔	微	1	0	1	灰	倉回	
摧	微	2	0	2	灰	昨回	
嵬	微	1	0	1	灰	五灰	
推	微	1	0	1	灰	他回	
罪	微	1	0	1	賄	徂賄	
維	微	0	3	3	脂	以追	
惟	微	0	1	1	脂	以追	
遺	微	3	0	3	脂	以追	又以醉（至）
纍	微	2	0	2	脂	力追	
綏	微	4	1	5	脂	息遺	
悲	微	7	4	11	脂	甫眉	

附錄

續表

韻字 *字爲入聲字	王力古韻部	押本韻次數	合韻次數	合計次數	《廣韻》韻部	《廣韻》反切	《廣韻》又音
水	微	3	0	3	旨	式軌	
藟	微	1	0	1	旨	力軌	
唯	微	1	0	1	旨	以水	又音惟（脂）
懷	微	9	0	9	皆	戶乖	
壞	微	1	0	1	怪	胡怪	
微	微	5	0	5	微	無非	
薇	微	4	3	7	微	無非	
圍	微	0	1	1	微	雨非	又許歸（微）
違	微	2	3	5	微	雨非	又許歸（微）
霏	微	1	1	2	微	芳非	
騑	微	1	1	2	微	芳非	
飛	微	4	2	6	微	甫微	
腓	微	0	2	2	微	符非	
威	微	2	1	3	微	於非	
祈	微	1	0	1	微	渠希	
畿	微	1	0	1	微	渠希	
頎	微	1	0	1	微	渠希	
尾	微	1	2	3	尾	無匪	
豈	微	1	1	2	尾	袪狶	
菲	微	1	0	1	微	芳非	又芳尾（尾）
韡	微	0	1	1	尾	于鬼	
煒	微	0	1	1	尾	于鬼	
葦	微	1	2	3	尾	于鬼	
畏	微	4	0	4	未	於胃	紆物（物）
幾	微	3	0	3	微	渠希	又居依（微）、居豈（尾）二切
晞	微	2	1	3	微	香衣	
衣	微	10	2	12	微	於希	
依	微	1	5	6	微	於希	
歸	微	20	9	29	微	舉韋	
萎	微	0	0	0	支	於爲	

續表

韻字 * 字爲入聲字	王力古韻部	押本韻次數	合韻次數	合計次數	《廣韻》韻部	《廣韻》反切	《廣韻》又音
火	微	3	1	4	果	呼果	
*愛	物	0	0	0	代	烏代	
*僾	物	0	0	0	代	烏代	
*悖	物	1	0	1	隊	蒲昧	又蒲没（没）
*妹	物	0	0	0	隊	莫佩	
*對	物	2	1	3	隊	都隊	
*退	物	0	0	0	隊	他内	
*潰	物	0	1	1	隊	胡對	
*内	物	0	0	0	隊	奴對	
*騅		0	0	0	脂	職追	
*鷕		0	0	0	小	以沼	又羊水（旨）
*位	物	1	0	1	至	于愧	
*遂	物	0	1	1	至	徐醉	
*隧	物	1	0	1	至	徐醉	
*檖	物	0	1	1	至	徐醉	
*穟	物	0	0	0	至	徐醉	
*醉	物	2	2	4	至	將遂	
*誶	物	1	0	1	至	雖遂	
*類	物	4	1	5	至	力遂	
*匱	物	1	0	1	至	求位	
*寐	物	1	1	2	至	彌二	
*萃	物	1	0	1	至	秦醉	
*瘁	物	1	0	1	至	秦醉	
*懟	物	1	0	1	至	直類	
*媿		0	0	0	至	俱位	
*涖		0	0	0	霽	郎計	又力二（至）
*斐		0	0	0	尾	敷尾	

附錄三　上古陰、入聲韻諸部關係考材料附錄

一　上古陰、入聲韻歸字表①

（一）之部

茲滋孳慈鷀絲淄輜緇錙菑孜子秄字㞢李宰梓滓辭詞祠伺司笥嗣飼思罳偲鰓顋㠯似姒耔以㞢寺痔峙庤時持詩塒塒蒔鰣恃侍待俟涘竢矣挨埃唉之芝止趾址沚芷祉治笞始枲怡詒貽飴殆迨怠給胎苔台駘咍蚩媸嗤史使駛吏士仕齒恥耳餌珥珥市而胹耐甾鄙不坯伾駓邳㔻否痞不芣罘杯胚己圮紀記跽忌起屺芑里釐狸理裏俚鯉悝埋薶霾悝箕基菁其欺萁期旗萁淇祺騏麒琪綦僖熹嘻喜禧已部菩倍蓓醅培陪賠剖掊母拇晦侮鵑海梅莓每悔晦誨敏癡擬疑嶷礙負婦態能乃奶來萊徠賚睞事再在才材財豺采採彩菜該垓賅咳孩骸亥駭佩媒煤祺某謀郁賄洧鮪有囿侑畮久玖灸疚柩羑丘邱蚯尤訧疣友又右佑祐郵舊㠱熙頤姬裘巳祀杞志誌痣徙屣葸哉栽載裁灰恢詼龜𩭿臺擡醫災改

（二）職部

則側廁惻測色嗇穡克剋直值殖植置式軾試弒拭戒誡械弋代袋岱貸棘亟殛極戟織職熾識革勒國鹹幗或惑域蜮稶緎墨默黑息熄媳意薏憶臆噫冀驥異翼食蝕飾飭塞賽畐逼偪福輻蝠幅菖匐副富伏茯北背邶愠匿曀力菔備㞧服鵬麥䵢㮛忒㝊得惪德特陟騭刻劼核昱煜立翊翌敕奭牧賊

（三）幽部

笛䄚宙冑抽袖岫由油柚鮋郛莩稃俘孚浮蜉桴勹包苞胞枹雹飽抱菢鮑鮑泡袍炮庖咆麅砲茅矛蟊督桺懋袤卯昴茆柳冒帽呆保堡葆褓緥褒稻蹈滔韜縚謟慆舀阜壽鑄禱幬燾濤儔籌疇醻𧿒壽陶匋綯萄騊糟遭曹槽漕嘈彫雕鵰凋琱調周週惆稠綢醜酒酋蜪鰌遒輶猶猷酉丑狃扭紐鈕彪缶寶牟侔眸犛討肘紂酎俟儦莜悠攸儵條滌絛翏戮醪嫪繆瘳謬蟉流硫旒留騮瘤餾溜餾雷早草愁秋楸湫鞦搜餿廋溲叟瘦修脩羞秀莠誘囚泗舟帚掃受綏授柔揉鞣蹂

---

① 王力:《古代漢語》(第二冊), 中華書局1981年版, 第672—677頁。考慮到篇幅, 將字表放在附錄。

暑綹咎旭軌鳩九宄仇丂考攷烤朽韭救求球逑賕憂優幼窈呦黝臭收手守狩
首讎臼舅好休告造糙皓浩皋嗥暤翱州洲酬丩糾赳虬務鶩鶩霧婺島搗導道
蚤騷搔慅劉瀏懰游遊戊茂就鷲幽牡簋報牢老棗皂蒐售廐麀孝

（四）覺部

寂督踧俶叔菽淑戚慼蹙目睦苜腹複覆蝮复復鰒馥髎穆篤竹竺築毒奎
陸稑宿縮匊菊鞠趣畜蓄育毓燠藇澳奧陶雗梏酷嚳鵠告誥靠窖鷟粥逐肅夙
肉六祝覺學孰熟妯軸戮鞫旭電

（五）宵部

表毛旄旌氂毳眊貓苗描刀舠叨盜撈勞癆嶗潦杲澡藻躁燥操召招昭沼
照詔超弨韶紹邵劭貂迢苕桃逃兆晁挑佻祧窕跳眺抄鈔炒吵少眇秒渺妙梢
捎筲稍悄俏峭誚鞘宵消銷霄硝逍肖熬敖嗷獒鰲鷔傲高膏縞稿犒蒿鎬敲巢
嘲朝潮廟寮潦燎僚遼繚鷯療交郊蛟茭鮫狡絞姣皎校較效校咬焦蕉鷦醮譙
譙樵憔羔糕豪毫壕濠号號鴞爻搖瑤窯遙謠鷂要腰葽翹驍曉堯笑夭妖爻教
殽淆肴麃鑣驕嬌矯轎蹻喬橋僑藔倒到莉敦繳皦邀徼窽耗昊弔梟小姚

（六）藥部

卓桌焯綽悼淖罩掉酌灼芍妁約豹勺杓釣皃貌濯擢躍翟翟糴燿耀鶴催
確推虐瘧謔瀑曝暴爆樂爍鑠樂藥櫟礫凿鑿爵爝搦弱溺嫋龠籥籲駁犖沃的
激檄削

（七）侯部

誅蛛株邾朱珠硃銖洙茱姝拄主駐註柱注住蛀炷芻雛趨鄒騶緅儒濡孺
需嚅輸俞逾榆渝愉瑜愈喻諭偸婾數縷褸屨履婁樓僂蔞螻摟簍鏤瘻藪構購
媾覯樞區驅軀傴摳歐謳鷗甌毆嘔漚拘駒句鴝狗苟雊禺隅愚遇寓偶耦藕豆
逗脰荳頭姤詬后聚取娶趣緅陬驟口叩扣斗抖鬥走俱具須鬚嫂後厚戍投尌
廚樹躕樹澍扇漏戍豎乳侮兜奏寇

（八）屋部

握渥幄齷屋豕涿琢啄捉浞齪足促濁鋜獨蠋躅燭囑矚屬觸蜀羑樸濮僕
璞樸卜扑赴訃木沐賣讀櫝牘瀆犢贖續黷录剝剥碌錄綠鹿麓漉簏轆族鏃簇
蔟嗽俗谷欲慾浴速漱束嗽辱溽縟薅耨角斛觳嶽獄奏曲岳珏玉殼愨穀穀轂
轂局跼觳禿粟哭

（九）魚部

巴笆豝芭把耙葩叚葭豭假嘏遐蝦霞瑕暇馬罵禡鴉牙芽雅訝迓邪夸誇

姱跨胯刳洿譁華驊者奢都堵賭覩屠瘏豬潴諸煮渚著箸儲躇褚暑署薯曙緒
車姐且租祖組阻俎詛粗徂殂疽雎砠苴狙沮蛆助鋤逋補哺捕鋪蒲脯匍葡圃
浦溥舖甫脯黼敷輔傅賻痡夫鈇扶蚨芙布佈怖斧釜父社杜肚徒土吐普撫無
蕪舞憮廡塗途荼除余餘徐敘汝女兔菟盧蘆鱸壚鸕廬臚賦武瓜孤呱瓠狐
弧瓠魯貯宁紓舒紓序予預豫姑辜沽酤鴣蚣古估牯鹽罟詁故固錮枯苦胡湖
糊葫餬蝴鬍怙祜鼓瞽蘇穌酥虎膚虜處諝滹虎琥慮壉遽籧墟虛嘘虞素間呂
侶莒筥矩榘巨拒距炬詎秬鉅渠衙五伍吾梧齬悟寤晤語滸許午忤魚漁妒雇
顧戽户扈滬呼乎互汙吁迂紆於盂宇于芋栩詡羽禹烏嗚淤於亞壺祛胠去巫
誣毋懼瞿衢疋楚礎胥壻舁舉嶼輿歟與譽車庫褲拏奴駑帑孥努弩怒恕如茹
絮跦府腑俯付附駙鮒舍捨家稼嫁賈價夏廈吳蜈誤娛旅膂梳疏蔬居琚裾鋸
倨踞譕模下寡花遮所冶野莽圖初楀書鼠黍股殺蠱毋圉御禦

（十）鐸部

陌貊百怕泊箔伯帛舶粕迫魄白柏拍摸膜莫寞漠暮慕墓幕詐榨乍昨祚
阼胙作柞酢怍窄乇吒詫亳託宅胳擱閣格骼各客壑額貉洛落絡駱烙雒略路
潞賂輅露鷺罩擇澤鐸撢籜釋譯懌斁驛繹亦奕弈赦赫嚇赤度渡錯措厝借藉
籍惜昔醋郭槨廓鞹斫石碧妬虁蠖穫鑊獲護濩霍藿並朔槊愬逆諾若箬夜掖
液腋被夕射麝謝榭脚却卻舃隙霸壩圻柝斥拆惡索虢掠蹠尺席蓆步庶
縛薄

（十一）支部

佳崖涯卦挂掛罣蛙窪街鞋圭閨奎觿砦髭齜紫呰雌疵此泚斯廝支枝肢
豉翅技伎妓芰歧岐跂只咫枳軹知蜘智踟匙是題提醍褆媞緹騠紙氏祇芪疧
俾脾髀神婢鼙稗牌卑碑兒倪霓貌蜺睨軏規鬩窺雞豀溪奚蹊徯攜巂篲褫
遞踶灑釃麗驪鸝儷邐躧纚曬厄豸豕弭醯兮徙買賣柴虀

（十二）錫部

畫劃責簀幘漬蹟績積謫讁適滴嫡摘鏑敵鬲隔膈厄軶扼解蟹懈邂束刺
策易埸賜惕剔鬄錫裼霓湜嬖臂避辟璧壁擗霹癖譬僻鬩甓擘狄荻逖帝蒂諦
褅締啻繢溢鎰益隘鷁役疫厯歷擊繫系係迹析淅晰皙派脈册覈鶂宲閴

二　金文陰、入聲韻諸部用韻表

王國維《兩周金石文韻讀》

序號	韻部	時代	入韻字	所出器物及編號
1	鐸部	東周	逜客若	16 簠鼎
2	鐸部	東周	各射	40 丙鼓
3	屋部	東周	速樸遺蜀	38 甲鼓
4	藥部	東周	邋樂	40 丙鼓
5	魚鐸合韻	東周	庶趞	39 乙鼓
6	魚鐸合韻	東周	寫射庶兔	40 丙鼓
7	魚鐸合韻	東周	車碩寫庶搏	41 丁鼓
8	之幽合韻	東周	鯉柳	39 乙鼓
9	之支合韻	東周	又是	47 癸鼓
10	之職合韻	東周	子德祀福敕士事	2 秦盄和鐘
11	之職合韻	東周	趩德飤喜友德國起諆之	10 王孫遺諸鐘
12	之職合韻	東周	寺時趩燹時	38 甲鼓
13	之質合韻	東周	惠饎期之	25 邿大宰簠
14	職脂合韻	西周	福琍國①	1 宗周鐘
15	職部	西周	飤福	23 弭仲簠

郭沫若《金文韻讀補遺》

序號	韻部	時代	入韻字	所出器物及編號
1	鐸部	東周	客若	10 郐王糧鼎
2	鐸部	西周	賣伯	14 召伯虎簋
3	幽侯合韻	西周	丂冓	31 叔多父盤
4	幽覺合韻	西周	周祝考休壽	7 微鑾鼎
5	幽宵合韻	東周	湘乎考壽韶	1 者減鐘
6	魚鐸合韻	東周	祖各	20 秦公簋
7	魚鐸合韻	東周	壺客叚	27 曾伯陭壺
8	魚鐸合韻	東周	榨者女	35 晉公盦
9	魚之合韻	東周	祖績坏夏	20 秦公簋
10	魚職合韻	東周	祖國下夏	36 秦公鐘

---

① 此銘文有"三壽惟琍"句,王國維案:晉姜鼎云三壽惟利,此疑亦利字,利在脂部,與之部合韻。

續表

序號	韻部	時代	入韻字	所出器物及編號
11	之幽合韻	東周	舊壽保	39 邾公華鐘
12	之魚合韻	東周	祖所司輔堵	37 齊侯鎛鐘
13	之職合韻	東周	子德敕士祀	20 秦公簋
14	之職合韻	東周	士右國	35 晉公盞
15	之職合韻	東周	子德祀福敕士事	36 秦公鐘
16	之質合韻	東周	呈祀止	33 拍舟
17	職部	東周	亟德勒	8 晉姜鼎
18	職部	西周	福國	9 宗婦鼎

陳世輝《金文韻讀續輯》

序號	韻部	時代	入韻字	所出器物及編號
1	錫部	西周	諫歷歷	46 牆盤
2	幽藥合韻	東周	壽樂保	5 者汈鐘
3	幽藥合韻	西周	爵酌孝考壽	54 伯公父勺
4	魚鐸合韻	東周	家各	6 越王鐘
5	魚鐸合韻	西周	下斁	46 牆盤
6	魚鐸合韻	東周	獲余	60 吳太子劍
7	之幽合韻	西周	裘休寶	17 不壽簋
8	之幽合韻	西周	裘休簋	29 大師虘簋
9	之幽合韻	西周	保牛休	59 史叔彝
10	之脂合韻	西周	綮屖	46 牆盤
11	之職合韻	西周	德德子	3 沇其鐘
12	之職合韻	東周	之弋	6 越王鐘
13	之職合韻	東周	忌德國弋期之	8 蔡侯鐘
14	之職合韻	東周	祀福士右德國服	10 秦武公鐘
15	之職合韻	東周	翼嗣福	40 中山王方壺
16	之職合韻	西周	福子	43 克盨
17	之職合韻	西周	福子亟	44 伯沇其盨
18	之職合韻	東周	德之	5 者汈鐘
19	職部	西周	德德	2 井人妄鐘
20	職部	東周	德得	41 夃蠻圓壺

陳邦懷《兩周金文韻讀輯遺》[①]

序號	韻部	時代	入韻字	所出器物及編號
1	微之職月合韻	西周	違微薑之服職剌月	26 班簋
2	微職合韻	西周	畏陟	26 班簋
3	幽職合韻	西周	壽考福福福寶	3 癲鐘（戊）
4	幽職合韻	東周	福寶	10 伯㒼作官叔鼎
5	之幽合韻	西周	寶友	9 先獸鼎
6	之幽合韻	西周	子休簋子祀	25 叚簋
7	之幽合韻	東周	殷母壽	33 邿遺簋
8	之幽合韻	東周	壽事	49 齊侯壺
9	之幽合韻	東周	孝壽之	59 其次句鑃
10	之脂合韻	東周	𡐦之	15 鄘子羗𡐦鼎
11	之脂合韻	東周	子𠦪事遣爾子辭	49 齊侯壺
12	之脂合韻	西周	事事事彝	51 麥盉
13	之脂合韻	西周	事事里異彝	53 召卣
14	之脂物合韻	東周	子備嗣銉物	49 齊侯壺
15	之職合韻	西周	德佩祀	1 癲鐘（甲）
16	之職合韻	西周	戠戈每祀	50 𤉢尊
17	之職幽合韻	西周	壽福友之寶	13 衛作己中鼎
18	之職幽合韻	西周	考佩殷福職寶	29 癲簋
19	之職幽合韻	西周	福職姬壽	40 蔡姞作尹叔簋
20	職部	西周	服亟䩹	26 班簋
21	職幽合韻	西周	殷孝福	30 命父𦉢簋
22	職幽合韻	西周	殷福寶	34 寧簋
23	職幽合韻	東周	殷孝福壽	37 魯伯悆簋

羅江文《金文韻讀續補》

序號	韻部	時代	入韻字	所出器物及編號
1	魚鐸合韻	東周	鎛祖	3 郑公孫班鐘

[①] 陳邦懷脂、微部不分，微、物部分字亦不分，現將其分開統計。

續表

序號	韻部	時代	入韻字	所出器物及編號
2	魚陽合韻	東周	上疆魯	1 郘公敄人鐘
3	魚陽合韻	東周	祖輔女黃	39 輔師嫠簋
4	魚陽合韻	東周	簠疆	54 陳侯作王中妫簠
5	魚陽合韻	東周	臣疆	57 原仲簠
6	魚陽合韻	東周	臣疆	58 蔡大善夫□臣
7	真脂合韻	東周	身彝人	47 叔趯父卣
8	之幽合韻	東周	壽期之	3 郏公孫班鐘
9	之幽合韻	西周	休右壽	9 小克鼎
10	之幽合韻	西周	首休友	10 趙曹鼎
11	之幽合韻	東周	事首休簠	19 師虎簋
12	之幽合韻	東周	亥壽之	57 原仲簠
13	之魚合韻	東周	亥簠期之	55 長子□臣作騰臣
14	之魚合韻	東周	亥簠期之	56 樂子□豧飤臣
15	之脂合韻	東周	子事旨	22 師匋簋

三 《詩經》陰、入聲韻諸部用韻表

入聲韻獨用

職部 87 例：1 得服側 ₁周南·關雎2章 2 革緎食 ₁₈召南·羔羊2章 3 側息 ₁₉召南·殷其雷2章 4 側特慝 ₄₅鄘風·柏舟2章 5 麥北弋 ₄₈鄘風·桑中2章 6 麥極 ₅₄鄘風·載馳4章 7 麥極 ₅₄鄘風·載馳4章 8 極德 ₅₈衛風·氓4章 9 側服 ₆₃衛風·有狐3章 10 麥國國食 ₇₄王風·丘中有麻2章 11 飾力直 ₈₀鄭風·羔裘2章 12 食息 ₈₆鄭風·狡童2章 13 克得得極 ₁₀₁齊風1南山4章 14 襋服 ₁₀₇魏風·葛屨1章 15 棘食國極 ₁₀₉魏風·園有桃2章 16 輻側直億特食 ₁₁₂魏風·伐檀2章 17 麥德國國國直 ₁₁₃魏風·碩鼠2章 18 翼棘稷食極 ₁₂₁唐風·鴇羽2章 19 食食 ₁₂₃唐風·有杕之杜1、2章 20 棘域息 ₁₂₄唐風·葛生2章 21 棘息息特 ₁₃₁秦風·黃鳥1章 22 翼服息 ₁₅₀曹風·蜉蝣2章 23 翼服 ₁₅₁曹風·候人2章 24 棘忒忒國 ₁₅₂曹風·鳲鳩3章 25 克得 ₁₅₈豳風·伐柯1章 26 福食德 ₁₆₆小雅·天保5章 27 翼服戒棘 ₁₆₇小雅·采薇5章 28 棘德 ₁₇₄小雅·湛露3章 29 則服 ₁₇₇小雅·六月2章 30 翼服服國 ₁₇₇小雅·六月3章 31 試翼奭服革 ₁₇₈小雅·采芑1章 32 蓄特富異 ₁₈₈小雅·我行其野3章 33 翼棘革 ₁₈₉小雅·斯干4章 34 特克則得力 ₁₉₂小雅·正月7章 35 德國 ₁₉₄小雅·雨無正1章 36 螣得極側 ₁₉₉小雅·何人斯8章 37 食北

200小雅·巷伯6章 38 德極 202小雅·蓼莪4章 39 服試 203小雅·大東4章 40 息國 205小雅·北山4章 41 息直福 207小雅·小明5章 42 棘稷翼億食福 209小雅·楚茨1章 43 食福式稷敕極億 209小雅·楚茨4章 44 翼彧穡食 210小雅·信南山3章 45 臘賊 212小雅·大田2章 46 黑稷福 212小雅·大田4章 47 翼福 216小雅·鴛鴦2章 48 棘極國 219小雅·青蠅2章 49 福德 220小雅·賓之初筵4章 50 息曀極 224小雅·菀柳1章 51 翼德 229小雅·白華7章 52 翼國 235大雅·文王3章 53 億服 235大雅·文王4章 54 德服 235大雅·文王6章 55 憶服 235大雅·文王4章 56 翼福國 236大雅·大明3章 57 德色革則 241大雅·皇矣7章 58 式則 243大雅·下武3章 59 德服 243大雅·下武4章 60 北服 244大雅·文王有聲6章 61 匐嶷食 245大雅·生民4章 62 背翼福 246大雅·行葦4章 63 德福 247大雅·既醉1章 64 福億 249大雅·假樂2章 65 翼德翼則 252大雅·卷阿5章 66 息國極應德 253大雅·民勞3章 67 克服德力 255大雅·蕩2章 68 國德德側 255大雅·蕩4章 69 賊則 256大雅·抑8章 70 國忒德棘 256大雅·抑12章 71 穡食 257大雅·桑柔6章 72 賊國力 257大雅·桑柔7章 73 極背克力 257大雅·桑柔15章 74 德直國 259大雅·崧高8章 75 則德 260大雅·烝民1章 76 德則色翼式力 260大雅·烝民2章 77 德國 262大雅·江漢6章 78 棘極 262大雅·江漢3章 79 戒國 263大雅·常武1章 80 翼克國 263大雅·常武5章 81 稷極 275周頌·思文1章 82 德則 299魯頌·泮水4章 83 德服鹹 299魯頌·泮水5章 84 忒稷 300魯頌·閟宮3章 85 熾富背試 300魯頌·閟宮5章 86 國福 305商頌·殷武4章 87 翼極 305商頌·殷武5章

覺部14例：1 鞠覆育毒 35邶風·谷風5章 2 祝六告 53鄘風·干旄3章 3 陸軸宿告 56衛風·考槃3章 4 告鞠 101齊風·南山3章 5 匊篤 117唐風·椒聊2章 6 六燠 122秦風·無衣2章 7 薁菽 154豳風·七月6章 8 陸復宿 159豳風·九罭3章 9 蓫宿畜復 188小雅·我行其野2章 10 鞠畜育復腹 202小雅·蓼莪4章 11 奧蹙菽戚宿覆 207小雅·小明3章 12 俶告 247大雅·既醉3章 13 迪復毒 257大雅·桑柔11章 14 肅穆 282大雅·雝1章

藥部13例：1 籥翟爵 38邶風·簡兮3章 2 綽較謔虐 55衛風·淇奧3章 3 樂謔藥 95鄭風·溱洧1章 4 樂謔藥 95鄭風·溱洧2章 5 鑿襮沃樂 116唐風·揚之水1章 6 櫟駁樂 132秦風·晨風2章 7 罩樂 171小雅·南有嘉魚1章 8 的爵 220小雅·賓之初筵1章 9 沃樂 228小雅·隰桑2章 10 虐謔謔熇藥 254大雅·板4章 11 削爵濯溺 257大雅·桑柔5章 12 藐濯 259大雅·崧高4章 13 樂樂樂 298魯頌·有駜1、2、3章

屋部25例：1 谷木 2周南·葛覃1章 2 谷谷 2周南·葛覃1、2章 3 角族 11周南·麟之趾3章 4 角屋獄獄足 17召南·行露2章 5 樕鹿束玉 23召南·野有死麕2章 6 束讀讀辱 46鄘風·牆有茨3章 7 曲實玉玉族 108魏風·汾沮洳3章 8 續轂馵玉屋曲 128秦風·小戎1章 9 屋穀 154豳風·七月7章 10 谷木 165小雅·伐木1章 11 穀祿足 166小雅·天保2章 12 穀玉

附　　錄　　　　　　　　　　237

184 小雅·鶴鳴2章 13 谷束玉　186 小雅·白駒4章 14 穀粟穀族　187 小雅·黃鳥1章 15 禄僕禄屋　192 小雅·正月3章 16 屋穀禄椓獨　192 小雅·正月13章 17 粟獄卜穀　196 小雅·小宛5章 18 木谷　196 小雅·小宛6章 19 濁穀　204 小雅·四月5章 20 奏禄　209 小雅·楚茨6章 21 湑渥足穀　210 小雅·信南山2章 22 束獨　229 小雅·白華1章 23 禄僕　247 大雅·既醉7章 24 鹿穀谷　257 大雅·桑柔9章 25 角續　291 大雅·良耜1章

鐸部40例：1 莫濩綌斁 2 周南·葛覃2章　2 露夜露 17 召南·行露1章　3 石席 26 邶風·柏舟3章　4 落若 58 衞風·氓3章　5 蓆作 75 鄭風·緇衣3章　6 射御 78 鄭風·大叔于田2章　7 攫攫伯 85 鄭風·籜兮1章　8 攫攫伯 85 鄭風·籜兮2章　9 夜莫 100 齊風·東方未明3章　10 薄鞹夕 105 齊風·載驅1章　11 碩獲 127 秦風·駟驖2章　12 澤戟作 133 秦風·無衣2章　13 獲攫 154 豳風·七月4章　14 駱若度 163 小雅·皇皇者華4章　15 作莫 167 小雅·采薇1章　16 奕舃繹 179 小雅·車攻4章　17 澤作宅 181 小雅·鴻雁2章　18 攫石錯 184 小雅·鶴鳴1章　19 藿夕客 186 小雅·白駒2章　20 閣橐 189 小雅·斯干3章　21 惡懌 191 小雅·節南山8章　22 夜夕惡 194 小雅·雨無正2章　23 作莫度獲 198 小雅·巧言4章　24 蹐碩炙莫庶客錯度獲格酢 209 小雅·楚茨4章　25 碩若 212 小雅·大田1章　26 白駱駱若 214 小雅·裳裳者華3章　27 柏弈懌 217 小雅·頍弁1章　28 炙酢 231 小雅·瓠葉2章　29 赫莫獲度廓宅 241 大雅·皇矣1章　30 懌莫 254 大雅·板2章　31 格度射 256 大雅·抑7章　32 作獲赫 257 大雅·桑柔14章　33 伯宅 259 大雅·崧高2章　34 碩伯 259 大雅·崧高8章　35 貊伯墼籍 261 大雅·韓奕6章　36 駱雒繹斁作 297 魯頌·駉3章　37 博斁逆獲 299 魯頌·泮水7章　38 繹宅貊諾若 300 魯頌·閟宮7章　39 柏度尺舃碩奕作碩若 300 魯頌·閟宮9章　40 斁奕客懌昔作夕恪 301 商頌·那1章

錫部12例：1 適益謫 40 邶風·北門2章　2 翟髢揥皙帝 47 鄘風·君子偕老2章　3 簀錫璧 55 衞風·淇奥3章　4 甓鷊惕 142 陳風·防有鵲巢2章　5 鵙績 154 豳風·七月3章　6 帝易 235 大雅·文王6章　7 辟剔 241 大雅·皇矣2章　8 績辟 244 大雅·文王有聲5章　9 益易辟辟 254 大雅·板6章　10 帝辟帝辟 255 大雅·蕩1章　11 鬩厄 261 大雅·韓奕2章　12 刺狄 264 大雅·瞻卬5章

陰、陰聲韻互押

之侯合韻1例：1 取子① 鴟鴞1章

之幽合韻6例：1 造士 思齊5章　2 有收 瞻卬2章　3 茂止 召旻4章

---

① 江有誥言之侯借韻，王力言此二字不入韻。

4 造疢考孝① 閔予小子1章　　5 止考 訪落1章　　6 紑俅基牛鼐鯑柔休② 絲衣1章

之魚合韻 5 例：1 雨母 螮蝀2章　　2 止否膴謀 小旻5章　　3 者謀虎 巷伯6章　　4 膴飴謀龜時茲③ 綿3章　　5 士祖父④ 常武1章

幽侯合韻 4 例：1 駒侯游⑤ 白駒3章　　2 椐趣 棫樸1章　　3 揄蹂叟浮 生民7章　　4 收輈驅 小戎1章

幽宵合韻 14 例：1 陶翿敖 君子陽陽2章　　2 滔儦敖 載驅4章　　3 皎僚糾悄 月出1章　　4 蔞蜩 七月4章　　5 譙翛翹搖嘵 鴟鴞4章　　6 酒殽 正月12章　　7 鯑柔敖求⑥ 桑扈4章　　8 酒殽⑦ 車舝3章　　9 廟保 思齊3章　　10 休逑恘憂休 民勞2章　　11 酒紹 抑3章　　12 鳥蓼⑧ 小弁1章　　13 糾趙蓼朽茂 良耜1章　　14 舟髦⑨ 柏舟1、2章

侯魚合韻 4 例：1 稼庾⑩ 甫田4章　　2 戒事耜畝穀⑪ 大田1章　　3 祸附侮⑫ 皇矣8章　　4 柞澤主旅⑬ 載芟1章

支脂合韻 1 例：1 伙柴 車攻5章

支微合韻 1 例：1 雷斯⑭ 殷其雷1、2、3章

陰、入聲韻互押

之職合韻 24 例：1 異貽 42邶風・靜女3章　　2 背痗 62衛風・伯兮4章　　3 牧來載棘 168小雅・出車1章　　4 止止試止 178小雅・采芑3章　　5 輻載意 192小雅・正月10章　　6 克富又 196小雅・小宛2章　　7 載息 203小雅・大東3章　　8 戒事耜畝 212小雅・大田1章　　9 否史恥息識又 220小雅・賓之初筵5章　　10 食誨載 230小雅・綿蠻1章　　11 食誨載 230小雅・綿蠻2章　　12 側極食誨載 230小雅・綿蠻3章　　13 直載翼 237大雅・綿5章　　14 載備祀福 239大雅・旱麓4章

---

① 江有誥言"考"字不入韻。
② 之幽合韻，江有誥言"基、鼐"不入韻。
③ 王力言魚之合韻，江有誥言"膴"不入韻。
④ 王力言之魚合韻，江有誥言"士"不入韻。
⑤ 江有誥言可幽侯合韻（一三五句），王力言此三字不入韻。
⑥ 王力言幽宵合韻，江有誥言"敖"不入韻。
⑦ 江有誥言幽宵通韻，王力言此二字不入韻。
⑧ 江有誥言幽宵通韻，王力言此章僅幽韻。
⑨ 江有誥言幽宵通韻。王力言此二字不入韻。
⑩ 江有誥言一三句可作侯魚通韻，王力言此二字皆不入韻。
⑪ 江有誥言合第六句侯魚通韻，王力言"穀"不入韻。
⑫ 江有誥言侯魚通韻，王力言"祸"不入韻。
⑬ 江有誥言魚侯通韻，王力言"主"不入韻。
⑭ 江有誥言支脂通韻，王力言此二字不入韻。

附　　錄

15 巫來圅伏 242 大雅·靈臺2章　16 字翼 245 大雅·生民3章　17 子德 249 大雅·假樂1章　18 式止晦 255 大雅·蕩5章　19 事式 259 大雅·崧高2章　20 塞來 263 大雅·常武6章　21 忒背極慝倍識事織 264 大雅·瞻卬4章　22 富忌 264 大雅·瞻卬5章　23 富時疚茲 265 大雅·召旻5章　24 鮪鯉祀福 281 周頌·潛1章

幽覺合韻7例：1 修歗歜淑 69 王風·中穀有蓷2章　2 罦造憂覺 70 王風·兔爰2章　3 軸陶抽好 79 鄭風·清人3章　4 皓繡鵠憂 116 唐風·揚之水2章　5 猶就咎道① 195 小雅·小旻3章　6 祝究 255 大雅·蕩3章　7 收篤 267 周頌·維天之命1章

宵藥通韻10例：1 芼樂 1 周南·關雎3章　2 暴笑敖悼 30 邶風·終風1章　3 勞朝暴笑悼 58 衛風·氓5章　4 膏曜悼 146 檜風·羔裘3章　5 沼樂炤虐 192 小雅·正月11章　6 盜暴 198 小雅·巧言3章　7 濯翯沼躍② 242 大雅·靈臺3章　8 昭樂僚貌教虐芼③ 256 大雅·抑11章　9 到樂 261 大雅·韓奕5章　10 藻蹻蹻昭笑教 299 魯頌·泮水2章

侯屋通韻4例：1 裕愈 223 小雅·角弓3章　2 木附屬 223 小雅·角弓6章　3 附後奏侮 237 大雅·綿9章　4 谷穀垢 257 大雅·桑柔12章

魚鐸合韻22例：1 居御 12 召南·鵲巢1章　2 茹據愬怒 26 邶風·柏舟2章　3 故露 36 邶風·式微1章　4 路袪惡故 81 鄭風·遵大路2章　5 沰莫度度路 108 魏風·汾沮洳1章　6 莫除居瞿 114 唐風·蟋蟀1章　7 夜居 124 唐風·葛生4章　8 固除庶 166 小雅·天保1章　9 茹獲 177 小雅·六月4章　10 除莫庶暇顧怒 207 小雅·小明2章　11 譽射 218 小雅·車舝2章　12 御旅處 227 小雅·黍苗3章　13 椐柘路固 241 大雅·皇矣2章　14 去呱訏路 245 大雅·生民3章　15 席御酢斝炙臐咢 246 大雅·行葦3章　16 呼夜 255 大雅·蕩5章　17 度虞 256 大雅·抑5章　18 去故莫虞怒 258 大雅·云漢6章　19 若賦 260 大雅·烝民2章　20 惡斁夜譽 278 周頌·振鷺1章　21 柞澤伯旅 290 周頌·載芟1章　22 鷺下舞 298 魯頌·有駜1章

支錫通韻5例：1 提辟揥刺 107 魏風·葛屨2章　2 易知祇 199 小雅·何人斯6章　3 解易辟 261 大雅·韓奕1章　4 解帝 300 魯頌·閟宮3章　5 辟績辟適解 305 商頌·殷武3章

錫歌合韻1例：1 地裼瓦儀議罹④ 斯干9章

入、入聲韻互押

職緝合韻2例：1 飭服熾急國 六月1章　2 式入 思齊4章

---

① 王力言依韓詩"集"作"就"。幽覺通韻。江有誥言"集"不入韻。
② 江有誥言"沼"入韻，"沼"王力言不入韻，歸宵韻。
③ 江有誥、王力皆言"慘"當作"懆"。
④ 王力言歌錫合韻，但言疑裼非韻。

職覺合韻 5 例：1 告則 抑2章　2 穋麥 七月7章　3 夙育稷 生民1章　4 稷福穋麥國稑 閟宮1章　5 備戒告 楚茨5章

屋覺合韻 2 例：1 蠋宿 東山1章　2 綠匊局沐 采綠1章

屋錫合韻 1 例：1 局蹐脊蜴① 正月6章

鐸盍合韻 1 例：1 赫業作② 常武3章

陰、陽聲韻互押

幽冬合韻 1 例：1 務戎③ 常棣4章

之蒸合韻 1 例：1 來贈④ 女曰雞鳴3章

侯東合韻 1 例：1 後鞏後⑤ 瞻卬7章

支脂元合韻 1 例：1 泚支 瀰脂 鮮元⑥ 新臺1章

《詩經》分篇章陰、入聲韻部獨用合用統計表一

獨用或合用次數\上古韻部\風雅頌	之	職	之職	幽	覺	幽覺	宵	藥	宵藥	侯	屋	侯屋	魚	鐸	魚鐸	支	錫	支錫
周南	6	1		4				1	1	3			6	1				
召南	10	2		2			1				2		8	1	1			
邶風	9	0	1	7	1		2	1	1	2	0		12	1	2		1	
鄘風	2	4	1	2	1					1	1		2				1	
衛風	5	2	0	4	1		3	1	1	1			1	1		1	1	
王風	3	1		4		2	1			0			4					
鄭風	4	2		7		1	2	2		1			8	4	1			
齊風	2	1		1	1								3	2	0			
魏風	4	4		0			2				1		4		1			1
唐風	0	3		7	2		0	1		2			6	2				
秦風	5	1		4			1	1			1		3	2				

---

① 江有誥言"局"不入韻。王力言此章屋錫合韻。
② 王力言盍鐸合韻，"赫"字不入韻，江有誥言"業"不入韻，皆屬魚部。
③ 王力言幽侵合韻，江有誥言此章無韻。
④ 江有誥以爲"贈"當是"貽"字，故不言之蒸通韻。
⑤ 江有誥言"鞏"不入韻，王力言侯東通韻。
⑥ 江有誥言支脂元借韻，王力言脂脂元合韻。

附　　錄　　　　　　　　　　241

續表

獨用或合用次數　上古韻部　風雅頌	之	職	之職	幽	覺	幽覺	宵	藥	宵藥	侯	屋	侯屋	魚	鐸	魚鐸	支	錫	支錫
陳　風	2	0		3			2			1			5			1	1	
檜　風	0	0		0			2			1			1			1		
曹　風	1	3		1			1			1			1					
豳　風	3	1		4	2		0				1		11	1			1	
小　雅	53	26	9	42	3	1	19	3	2	9	13	2	56	15	5	4		1
大　雅	36	29	12	18	2	1	5	3	3	6	2	2	22	7	7	1	7	1
周　頌	6	1	1	2	1	1	1			1	1		7		2			
魯　頌	4	4		4			1	1					9	4	1			1
商　頌	2	2		1									3	1				1
合　計	157	87	24	117	14	7	45	13	10	26	25	4	172	40	22	8	12	5

《詩經》分篇章陰、入聲韻部獨用合用統計表二

獨用或合用次數　韻部　風雅頌	歌錫	之幽	之魚	幽宵	之侯	幽侯	魚侯	屋覺	職覺	職緝	屋錫	鐸盍	之蒸	侯東
周　南														
召　南														
邶　風														
鄘　風			1	1										
衛　風														
王　風				1										
鄭　風													1	
齊　風				1										
魏　風														
唐　風														
秦　風					1									
陳　風				1										
檜　風														
曹　風														

續表

獨用或合用次數 風雅頌 \ 韻部	歌錫	之幽	之魚	幽宵	之侯	幽侯	魚侯	屋覺	職覺	職緝	屋錫	鐸盍	之蒸	侯東
豳 風				2	1			1	1					
小 雅	1		2	3		1	2	1	1	1	1			
大 雅		3	2	3		2	1		2	1		1		1
周 頌		3		2			1							
魯 頌									1					
商 頌														
合 計	1	6	5	14	1	4	4	2	5	2	1	1	1	1

四 《楚辞》陰、入聲韻諸部用韻表

屈賦部分

入聲韻

職部 17 例

1 北域側得息《楚辭·九章》 2 備代《楚辭·招魂》 3 代意《楚辭·招魂》 4 得極《楚辭·天問》 5 得則《楚辭·遠遊》 6 服則《楚辭·離騷》 7 極得《楚辭·九章》 8 極識《楚辭·天問》 9 極息側《楚辭·九歌》 10 極翼《楚辭·離騷》 11 戒代《楚辭·天問》 12 默得《楚辭·九章》 13 牧國《楚辭·天問》 14 食得德極《楚辭·九辯》 15 息服《楚辭·離騷》 16 息軾得惑極直《楚辭·九辯》 17 意極《楚辭·天問》

覺部 3 例

1 復感《楚辭·九章》 2 育腹《楚辭·天問》 3 竺燠《楚辭·天問》

藥部 1 例

1 邈樂《楚辭·離騷》

屋部 4 例

1 木足《楚辭·九章》 2 欲禄《楚辭·天問》 3 屬轂《楚辭·遠遊》 4 濁足《楚辭·漁夫》

鐸部 16 韻

1 路步《楚辭·離騷》 2 錯度《楚辭·離騷》 3 若柏作《楚辭·九歌》 4 度作《楚辭·天問》 5 釋白《楚辭·九章》 6 薄薄《楚辭·九章》 7 蹠客薄釋《楚辭·九章》

8 作穫《楚辭·九章》　9 度路《楚辭·九章》　10 路度《楚辭·遠遊》　11 廓繹客薄《楚辭·九辨》　12 託索石釋託《楚辭·招魂》　13 簿迫薄《楚辭·招魂》　14 薄博《楚辭·大招》　15 酪蕁薄擇《楚辭·大招》　16 作澤客昔《楚辭·大招》

錫部 4 例

1 嗌役厭惕《楚辭·大招》　2 畫歷《楚辭·天問》　3 解締《楚辭·九章》　4 適惕策益《楚辭·九辨》

陰、入通押

之職合韻 14 例

1 代意置載備異再識《楚辭·九章》　2 服國志喜《楚辭·九章》　3 服直肶之《楚辭·九章》　4 極得子婦尤之期之《楚辭·天問》　5 極服悔醢《楚辭·離騷》　6 佩異態竢《楚辭·九章》　7 食得極賊止里久《楚辭·招魂》　8 識喜《楚辭·天問》　9 市姒佑惑服《楚辭·天問》　10 思事意異《楚辭·九辨》　11 絶測凝極《楚辭·大招》　12 異佩《楚辭·離騷》　13 異喜《楚辭·九章》　14 之疑辭之戒得《楚辭·九章》

幽覺合韻 1 例

1 救告《楚辭·九章》

宵藥合韻 4 例

1 鏊教樂高《楚辭·九辨》　2 撟樂《楚辭·遠遊》　3 耀騖《楚辭·遠遊》　4 約効《楚辭·九辨》

侯屋合韻 2 例

1 屬具《楚辭·離騷》　2 屬數《楚辭·天問》

魚鐸合韻 16 例

1 錯懼《楚辭·九章》　2 錯路御去舉《楚辭·九辨》　3 錯洿故《楚辭·天問》　4 度暮故《楚辭·九章》　5 固惡寤古《楚辭·離騷》　6 顧路漠壑《楚辭·遠遊》　7 假路慮《楚辭·大招》　8 璐顧圃《楚辭·九章》　9 絡呼居《楚辭·招魂》　10 暮故《楚辭·九章》　11 女女宇惡《楚辭·離騷》　12 圃暮迫索《楚辭·離騷》　13 索妒《楚辭·離騷》　14 下若薄索《楚辭·九辨》　15 夜錯假賦故居《楚辭·招魂》　16 夜御下予佇妒馬女《楚辭·離騷》

支錫合韻 1 例

1 隘績《楚辭·離騷》

之幽覺合韻 1 例：

1 秀幽䨓幽畜覺囿《楚辭·大招》

陰、陰互押

之幽合韻 3 例：1 佩好《楚辭·九章》 2 首在守《楚辭·天問》 3 疑浮《楚辭·遠遊》

支歌合韻 2 例：1 佳規施卑移《楚辭·大招》 2 離知《楚辭·九歌》

宵魚合韻 1 例：1 招遽逃遙《楚辭·大招》

幽宵侯合韻 1 例：1 流昭宵幽聊由廚侯《楚辭·九章》

魚歌合韻 1 例：1 瑕加《楚辭·九辨》

魚支合韻 1 例：1 知譽《楚辭·九辨》

入、入互押

錫鐸合韻 1 例：1 積繫策迹適愁適迹益釋《楚辭·九章》

職覺合韻 1 例：1 默鞠《楚辭·九章》

其他

魚陽合韻 1 例：1 莽土《楚辭·九章》

魚鐸陽合韻 1 例：1 與莽陽序暮度路《楚辭·離騷》

宋賦部分

入聲韻

職部 2 例：1 飾翼極式色《楚辭·神女賦》 2 翼域《楚辭·笛賦》

鐸部 1 例：1 白赤《楚辭·登徒子好色賦》

錫部 1 例：1 積益《楚辭·高唐賦》

陰、入通押

魚鐸合韻 2 例：1 客席阻甫下《楚辭·高唐賦》 2 牾蹠《楚辭·高唐賦》

職宵合韻 1 例：1 照備《楚辭·小言賦》

職幽合韻 1 例：1 備究《楚辭·神女賦》

之幽覺合韻 1 例：1 首授記之覆覺究《楚辭·神女賦》

陰、陰互押

之幽合韻 1 例：1 子手齒起徵子《楚辭·笛賦》

之魚合韻 1 例：1 灰餘廬《楚辭·風賦》

幽宵合韻 1 例：1 夭嗷號鳩巢遊流《楚辭·高唐賦》

魚侯合韻 2 例：1 傅去附《楚辭·神女賦》 2 砫下《楚辭·高唐賦》

魚歌合韻 1 例：1 華波羅《楚辭·舞賦》

魚宵合韻 1 例：1 袪妙《楚辭·登徒子好色賦》

陰、陽通押

魚侯陽合韻1例：1 口_侯 下怒_庄莽_陽《楚辭‧風賦》

五　周秦群經諸子韻文陰、入聲韻諸部合韻表

陰、入通押

之職合韻79例

1 革塞食悔《易‧鼎》2 起止始時災來怠食色伏飭《易‧襍卦傳》3 食來祀《易‧困》4 災志憶事否志疑《易‧遯》5 志備祐《易‧大有》6 志富栽之試栽《易‧無妄》7 志富載疑《易‧小畜》8 志喜疑事志富《易‧升》9 事紀極德疑福極《書‧洪範》10 代志《儀禮‧郊特牲》11 黑餌《儀禮‧弓人》12 志得克福《儀禮‧郊特牲》13 誨殖嗣《左傳‧襄公》14 食志祐《左傳‧昭公》15 資富《論語‧堯曰》16 來直翼得德《孟子‧滕文公》17 稷殖疑基《國語‧晉語》18 富志《老子‧辯德》19 事富《老子‧淳風》20 備事《管子‧白心》21 戒戒異思識備《管子‧樞言》22 舊備《管子‧牧民》23 來治德得極極德《管子‧心術下》24 食事士《管子‧四稱》25 事富克事悔《管子‧四稱》26 事力翼則得極得《管子‧心術上》27 事植嗣飭國《管子‧版法》28 巳起食《管子‧度地》29 忒側紀始《管子‧弟子職》30 疑事植《管子‧七臣七主》31 右仕巳國德《管子‧四稱》32 事謀識《孫武子‧九地》33 事意《孫武子‧九地》34 國得惑力時來治《家語‧賢君》35 戒悔《家語‧觀周》36 極載默極《莊子‧則陽》37 裏起治代起有《莊子‧則陽》38 識疑來止《莊子‧山木》39 子理直極息《莊子‧盜跖》40 得食富事《穆天子傳》41 得服測息牧刻之之來《逸周書‧周祝解》42 等改極服《逸周書‧周祝解》43 時疑貸德《逸周書‧柔武解》44 植謀《逸周書‧周祝解》45 治服力惑《逸周書‧酆保解》46 富治《三略》47 飭惑起理備態《戰國策‧秦》48 理起服息辭治《戰國策‧秦》49 食事《墨子‧七思》50 職得喜備《墨子‧襍守》51 得佩富《文子‧上德》52 來能意備得《文子‧自然》53 始巳理謀時期得福則《文子‧符言》54 事辭喜極《文子‧九守》55 事異《文子‧下德》56 德辭事備《荀子‧成相》57 戒有悔態《荀子‧成相》58 來事翼極起巳母裏理《荀子‧右簠》59 起始來德《荀子‧勸學》60 塞服佩異媒喜《荀子‧右箴》61 事戒識意《荀子‧成相》62 嗣識《荀子‧哀公》63 態備忌匿《荀子‧成相》64 志富待思《荀子‧成相》65 備惑飾匿伺餌《韓非子‧外儲右上》66 等子服稷備側國息《韓非子‧愛臣》67 富代殆子起《韓非子‧揚權》68 舊備《韓非子‧主道》69 能意《韓非子‧主道》70 置祀治置祀《韓非子‧外儲左上》71 時財謀時治富止起倍《呂氏春秋‧士容論》72 識事備恢恢疑來《呂氏春秋‧審分覽》73 測極式則事副德惑德《素問‧疏五過論》74 服得理子《靈樞‧病傳第四十二》75 德事《鬼谷子》76 異

志《鬼谷子》77 飭服極德式革治誨志事嗣戒《泰山刻石銘》78 始紀子理士海事富志字載意《琅邪臺刻石》79 起海始紀理巳德服極則意式《之罘西觀銘》

幽覺合韻 3 例

1 守復考奧由《儀禮·禮運》 2 奧寶保《老子·爲道》 3 告毒孰憂求遊舟遊《莊子·列御寇》

宵藥合韻 4 例

1 橈弱《易·大過》 2 貌照《逸周書·周祝解》 3 削約《戰國策·齊》 4 燿效《文子·守樸》

侯屋合韻 10 例

1 寶踰《左傳·哀公》 2 谷辱足偷渝隅《老子·同異》 3 辱谷後垢《莊子·天下》 4 寇鬭《文子·上義》 5 束搆《荀子·勸學》 6 湊搆《韓非子·揚權》 7 具欲務《呂氏春秋·仲夏紀》 8 斲豆鬭寇《呂氏春秋·孟春紀》 9 後奏《鶡冠子》 10 霧漚瀆《靈樞·營衛生會第十》

魚鐸合韻 58 例

1 度懼故《易·繫辭》 2 踱度御序《儀禮·禮運》 3 獲箸《儀禮·曲禮上》 4 射繹舍《儀禮·射義》 5 土戶炙酪帛朔《儀禮·禮運》 6 下赦《儀禮·月令》 7 夏露《儀禮·孔子閒居》 8 柘羽《儀禮·月令》 9 作度固《儀禮·禮運》 10 舍墓《左傳·僖公》 11 詐虞《左傳·宣公》 12 夜夏《論語·微子》 13 豫助豫度《孟子·梁惠王》 14 助籍《孟子·滕文公》 15 序射《孟子·滕文公》 16 惡處《老子·苦恩》 17 惡故《老子·任爲》 18 螫據搏固作嗄《老子·元符》 19 度固《管子·牧民》 20 度赦懼《管子·版法》 21 度圖《管子·內業》 22 度圖慮《管子·內業》 23 惡度助《管子·牧民》 24 固度素《管子·七臣七主》 25 故路《管子·四時》 26 居舍度《管子·白心》 27 弩戟櫓《管子·輕重巳》 28 舍薄圖舍《管子·內業》 29 舍圖度下所《管子·內業》 30 赦錯故固《管子·七臣七主》 31 舒固舍薄《管子·內業》 32 索所《管子·內業》 33 下距汐作把舖女野《管子·度地》 34 榭舍圖夜處《管子·四稱》 35 度舍居故《莊子·知北游》 36 作怖《莊子·逸篇》 37 暮懼《吳子·料敵》 38 慮顧措《吳子·料敵》 39 度故《逸周書·周祝解》 40 輔怙居落距旅《逸周書·柔武解》 41 懼度《逸周書·太子晉解》 42 怒作《六韜》 43 寡若虜禦《三略》 44 步舍《荀子·勸學》 45 惡度途故《荀子·成相》 46 惡舍《韓非子·揚權》 47 惡素《韓非子·主道》 48 夜鼠《韓非子·揚權》 49 圉度《韓非子·揚權》 50 固詐《呂氏春秋·仲春紀》 51 逆慕薄郄下苦下處《呂氏春秋·士容論》 52 赦故《呂氏春秋·季夏紀》 53 助惡《呂氏春秋·慎行論》 54 固夏度《素問·生氣通天論》

55 故暮護處補《素問·離合真邪論》 56 路寫《素問·調經論》 57 下女路《素問·陰陽應象大論》 58 露處《靈樞·官能第七十三》

支錫合韻 4 例

1 繫睨《左傳·哀公》 2 迹崖《莊子·知北游》 3 訾帝《逸周書·太子晉解》 4 啟解此《文子·上德》

陰、入其他

屋宵合韻 1 例：1 裕小《書·仲虺之誥》

錫歌合韻 2 例：1 地賜賜益《韓非子·揚權》 2 帝地懈辟易畫《琅邪臺刻石》

魚屋合韻 1 例：1 玉素《文子·上德》

宵覺合韻 1 例：1 廟朝學《儀禮·禮運》

之鐸合韻 2 例：1 子齒席《管子·弟子職》 2 事詐《逸周書·周祝解》

職幽合韻 2 例：1 德福咎《書·洪範》 2 牧桴《逸周書·周祝解》

鐸歌合韻 2 例：1 度宜《素問·脈要精微論》 2 義謨《管子·四稱》

陰、入三韻

魚鐸侯合韻 2 例：1 下魚後侯慕鐸踰侯《家語·觀周》 2 處魚度鐸候侯路鐸忤魚布魚故魚去魚寫魚《素問·離合真邪論》

魚鐸屋合韻 2 例：1 慕鐸欲屋慮魚《文子·道原》 2 足屋著魚索鐸逆鐸《素問·示從容論》

魚鐸之合韻 1 例：1 舉士之處所射鐸魚《儀禮·射義》

之職緝合韻 1 例：1 德職合緝得職來之合緝事之《鬼谷子》

之職覺合韻 1 例：1 覆覺載之使之備職《文子·道原》

之職幽合韻 1 例：1 懲職疑時來首幽久《易·既濟》

之職幽侯合韻 1 例：1 道幽葆幽口侯起之咎幽理之市之愈侯得職道幽海之晦之《素問·疏五過論》

之職幽覺合韻 1 例：1 嗇職嗇職復覺德職德職克職克職極職國母之久之道幽《老子·守道》

職幽覺緝合韻 1 例：1 極德直力服急緝息德毒覺忒食告幽則應職鞠覺《爾雅·釋訓》

陰、陰互押

之幽合韻 39 例

1 保母《易·繫辭》 2 道久《易·臨》 3 道咎造久首《易·乾》 4 道已始

《易·恒亨》 5 咎道久 《易·離》 6 始咎道 《易·繫辭》 7 久醜咎 《易·大過》 8 起始道理紀 《儀禮·月令》 9 道久殆 《老子·歸根》 10 改殆母道 《老子·象元》 11 久壽 《老子·辯德》 12 老道巳 《老子·元符》 13 事救 《老子·歸元》 14 巳保守咎道 《老子·運夷》 15 寶久 《管子·白心》 16 道久葆道守 《管子·白心》 17 紀理止道子 《管子·正》 18 首起待 《莊子·天運》 19 道時 《逸周書·小明武解》 20 牛茅 《逸周書·周祝解》 21 柔柔疑 《逸周書·太子晉解》 22 首久 《三略》 23 道母 《文子·精誠》 24 道始 《文子·精誠》 25 道有宰 《文子·道原》 26 理使道 《文子·上德》 27 守久 《文子·符言》 28 游絲治 《荀子·右雲》 29 財羞時疑 《鶡冠子》 30 道始 《鶡冠子》 31 游郵慈囚之舟 《鶡冠子》 32 理道 《素問·刺要論》 33 理久殆寶 《素問·至真要大論》 34 理久理道 《素問·方盛衰論》 35 守使 《素問·陰陽應象大論》 36 右裏使市母咎 《素問·刺禁論》 37 流憂時 《靈樞·師傳第二十九》 38 道事司 《鬼谷子》 39 留來 《鬼谷子》

之魚合韻 8 例

1 祖祉汝 《書·甘誓》 2 戶下俎鼓嘏祖子下所祐 《儀禮·禮運》 3 譽侮 《老子·淳風》 4 踣舉 《呂氏春秋·恃君覽》 5 戶巳 《靈樞·刺節真邪第七十五》 6 下里止 《靈樞·官能第七十三》 7 虛枯著期 《靈樞·根結第五》 8 右者殆 《靈樞·九鍼十二原》

之侯合韻 6 例

1 俯止 《儀禮·樂記》 2 醯宴 《儀禮·曲禮上》 3 傴俯走侮口 《左傳·昭公》 4 在止胕 《素問·陰陽類論》 5 府紀始理 《靈樞·營氣第十六》 6 府母止殆 《靈樞·禁服第四十八》

幽侯合韻 14 例

1 主咎 《易·豐》 2 首後 《老子·贊元》 3 道取 《管子·白心》 4 主軀 《管子·七臣七主》 5 傴僂俯走軌 《莊子·列御寇》 6 休後 《墨子·襛守》 7 道主 《文子·自然》 8 巧數 《文子·下德》 9 珠由 《文子·符言》 10 主寶 《文子·守虛》 11 主首 《文子·符言》 12 走遊 《文子·道原》 13 符周 《呂氏春秋·審分覽》 14 府道 《靈樞·經脈第十》

幽宵合韻 5 例

1 求燥 《易·乾》 2 笑道 《老子·同異》 3 酒消 《管子·侈靡》 4 遊交 《文子·道原》 5 標調 《素問·至真要大論》

魚侯合韻 15 例

1 懼主 《易·震》 2 居主 《老子·任成》 3 主下 《老子·重德》 4 厚附 《管子·形勢解》 5 儷聚處 《山海經·海內經》 6 暑怒主雨 《文子·九守》 7 下後 《文子·符言》 8 下與後 《文子·道原》 9 下主 《文子·上德》 10 具處 《韓非子·揚權》 11 符諸 《鶡冠子》 12 怒

下取《素問·離合真邪論》 13 取下《靈樞·刺節真邪第七十五》 14 取寫《靈樞·刺節真邪第七十五》 15 下去取補寫《靈樞·官能第七十三》

支歌合韻 14 例

1 義卦《易·說卦傳》 2 雌谿谿離兒《老子·反朴》 3 離兒疵爲疵知《老子·能爲》 4 離知《管子·內業》 5 此徙技此卑《家語·觀周》 6 知離知離《莊子·在宥》 7 柯枝《逸周書·周祝解》 8 施加宜知移化隨《三略》 9 知爲《文子·微明》 10 離知《韓非子·揚權》 11 知隨《韓非子·外儲右上》 12 疵知窺離《呂氏春秋·審應覽》 13 堤離《素問·陰陽類論》 14 離知《鬼谷子》

陰、陰其他

之宵合韻 3 例：1 事教辭有恃《老子·養身》 2 事表理喜以已《文子·自然》 3 小少始《鶡冠子》

魚歌合韻 4 例：1 嘏地《文子·道原》 2 下地《文子·道原》 3 夸何《鶡冠子》 4 下禍《鶡冠子》

宵侯合韻 1 例：1 誅拘消《三略》

魚微合韻 1 例：1 閭虛闈《韓非子·揚權》

魚宵合韻 1 例：1 廡馬斧窖《管子·七臣七主》

魚幽合韻 1 例：1 怒秀《素問·四氣調神大論》

魚支合韻 1 例：1 暑處賈女下解禦武土櫓下寡《逸周書·大明武解》

陰陰三韻

之幽侯合韻 3 例：1 道_幽紀_之母_之始_之府_侯《素問·陰陽應象大論》 2 紀_之裏_之主_侯道_幽理_之理_之始_之矣_之寶_幽理_之裏_之理_之殆_之理_之府_侯《素問·疏五過論》 3 數_侯紀_之理_之道_幽《靈樞·官能第七十三》

之幽宵合韻 1 例：1 驕_宵憂_幽疑_之《三略》

之幽魚合韻 1 例：1 寫_魚下_魚下_魚道_幽止_之始_之殆_之補_魚下_魚《靈樞·脹論第三十五》

之幽魚侯合韻 1 例：1 道_幽海_之道_幽下_魚止_之取_侯《靈樞·刺節真邪第七十五》

之侯魚合韻 2 例：1 補_魚數_侯府_侯走_侯取_侯始_之《靈樞·根結第五》 2 部_之府_侯下_魚在_之苦_魚下_魚在_之《靈樞·官能第七十三》

之宵魚合韻 2 例：1 理_之在_之下_魚裏_之少_宵《靈樞·官能第七十三》 2 少_宵夏_魚理_之紀_之始_之《靈樞·刺節真邪第七十五》

支歌脂合韻 1 例：1 溪_支離_歌宜_歌夷_脂《逸周書·大明武解》

支歌微合韻1例：1 知支知支化歌爲微圍歌爲歌過《莊子·則陽》

入、入互押

職緝合韻3例：1 食惻汲福《易·井》 2 立力入《文子·上德》 3 福國雜極《鶡冠子》

職覺合韻5例：1 得復《文子·精誠》 2 服稷睦國《文子·符言》 3 六式《鶡冠子》 4 復式《素問·至真要大論》 5 得伏北覆惑《靈樞·刺節真邪第七十五》

職屋合韻3例：1 德力欲《文子·符言》 2 附服足朴《文子·符言》 3 極握《文子·道原》

職藥合韻3例：1 職弱《三略》 2 息乏《文子·九守》 3 德極息業《鶡冠子》

屋鐸合韻3例：1 澤玉穀《穆天子傳》 2 木石澤殰《文子·道原》 3 夕握《文子·道原》

鐸藥合韻1例：1 藥石《靈樞·九鍼十二原》

屋覺合韻1例：1 菽足族《呂氏春秋·士容論》

屋藥合韻1例：1 足樂《三略》

錫月合韻1例：1 脈察《素問·脈要精微論》

質鐸合韻1例：1 赤血《靈樞·決氣第三十》

物錫合韻5例：1 敵詘《管子·國蓄》 2 敵貴《家語·觀周》 3 謫出《文子·精誠》 4 脈氣《靈樞·九鍼十二原》 5 述溢《三略》

六　西漢詩文陰、入聲韻諸部合韻表

江蘇地區

之職合韻5例：1 識事意側翼 枚乘《七發》 2 識思 劉向 3 態怪意喜 劉歆 4 喜亟 劉去《歌一首》 5 置態 劉向

魚鐸合韻5例：：1 惡痦 劉友《諸呂用事兮歌》 2 路御 枚乘《七發》 3 慕故 劉向《九歎離世》 4 愬語 劉向《九歎愍命》 5 奧路 劉胥《欲久生兮歌》

支錫合韻1例：1 嬖智 劉向《九歎愍命》

之幽合韻1例：1 財之職 劉友《歌一首》

之魚合韻2例：1 處母父所厚暑 枚乘《七發序》 2 詬醢 劉向《九歎怨思》

幽魚合韻3例：1 愁聊紓 劉去《歌一首》 2 酒口 枚乘《七發》 3 浮霧舉 劉向《九歎遠遊》

幽宵合韻2例：1 醪庖彫寥髦袍毛醪撩 枚乘《柳賦》 2 幽繚 淮南小山《招隱士》

魚宵合韻 1 例：1 珠旄 劉向《九歎遠逝》

屋覺合韻 3 例：1 谷木族瀆足楸毒禄朴斲愨屋足篤渥木 劉安《屏風賦》 2 緑曲鵠 枚乘《七發》 3 足濁目 枚乘《七發》

鐸藥合韻 2 例：1 寞樂 劉向《九歎憂苦》 2 若澤樂 枚乘《七發》

支歌合韻 3 例：1 柴荷 劉向《九歎愍命》 2 崖枝雌啼儀知斯 劉勝《文木賦》 3 枝離豼 枚乘《七發》

覺職合韻 1 例：1 逐服 劉向《九歎愍命》

屋職合韻 1 例：1 簏匐 劉向《九歎愍命》

宵鐸合韻 1 例：1 芼露 劉向《九歎逢紛》

之脂合韻 1 例：1 絲遲絲之詞 枚乘《柳賦》

河南地區

之職合韻 1 例：1 志植 賈誼《弔屈原文》

宵藥合韻 1 例：1 暴躁悼 賈誼

魚鐸合韻 1 例：1 故度去 賈誼《鵩鳥賦》

幽之合韻 1 例：1 浮休舟浮憂疑 賈誼《鵩鳥賦》

魚歌合韻 1 例：1 魚蟻 賈誼《弔屈原賦》

河北地區

職緝合韻 2 例：1 黑訥惑 董仲舒《士不遇賦》 2 立國國得 李延年《歌一首》

屋覺職藥魚合韻 1 例：1 邈藥速屋徒魚木屋覺禄屋辱屋角屋逼職俗屋束屋谷屋 董仲舒《士不遇賦》

山東地區

之職幽合韻 1 例：1 久幽色職侍之菜之志之識職代之志之置職侍之思之事之 東方朔《七諫怨世》

宵藥合韻 1 例：1 樂到 東方朔

魚鐸合韻 5 例：1 錯路馭去 東方朔《七諫謬諫》 2 固涸 東方朔《七諫謬諫》 3 顧路 韋孟《在鄒詩》 4 路去 東方朔《七諫哀命》 5 舍路 東方朔《七諫哀命》

脂質合韻 1 例：1 至私 東方朔《七諫謬諫》

之幽合韻 2 例：1 憂尤 東方朔《七諫哀命》 2 事職 韋玄成《戒子孫詩》

宵幽合韻 1 例：1 舊朝 韋孟《在鄒歌》

魚宵合韻 3 例：1 陋朝 韋孟《在鄒歌》 2 居隅符書妖躍 孔臧《鴞賦》 3 娛嫗苗媮 韋孟《諷諫詩》

支歌合韻1例：1 知離 _{東方朔《七諫怨世》}
脂之合韻1例：1 醴_脂騑米_脂啟_脂待泥_脂啟_脂齊_脂禮 _{鄒陽《酒賦》}
微支合韻1例：1 枝蠹枝歸 _{鄒陽《几賦》}

山西地區

之幽合韻物部2例：1 時思詩郵周茲災求幽郵流期休 _{班婕妤《自悼賦》} 2 綦流憂浮休期之 _{班婕妤《自悼賦》}

四川地區

之職合韻1例：1 事富 _{司馬相如}
宵藥合韻1例：1 縞削髯 _{司馬相如《子虛賦》}
魚屋合韻2例：1 鼓斯後睹 _{楊雄《解難》}　2 趣欲 _{楊雄《羽獵賦》}
魚鐸合韻11例：1 遇路 _{王褒《四子講德論》}　2 度霸 _{楊雄《青州箴》}　3 度虞 _{楊雄《長楊賦》}　4 堊坿 _{司馬相如《子虛賦》}　5 候射路 _{楊雄《羽獵賦》}　6 穫芋轃 _{王褒《僮約》}　7 懼拏 _{楊雄《交州箴》}　8 路固柜虞 _{楊雄《城門校尉箴》}　9 悟赂 _{楊雄《太常箴》}　10 誤祚霸 _{楊雄《揚州箴》}　11 詐痦 _{楊雄《衛尉箴》}
支錫合韻3例：1 地帝懈 _{楊雄《元后誄》}　2 帝智 _{王褒《四子講德論》}　3 擊眦繫地 _{司馬相如《子虛賦》}
脂質合韻3例：1 諰二 _{司馬相如《封禪文》}　2 隸至 _{司馬相如《子虛賦》}　3 至比 _{王褒《四子講德論》}
之幽合韻4例：1 梅陶 _{司馬相如《子虛賦》}　2 謀籌 _{楊雄《揚州箴》}　3 芝虬 _{楊雄《甘泉賦》}　4 獸茂母 _{王褒《四子講德論》}
魚之合韻4例：1 邪罘諸 _{司馬相如《子虛賦》}　2 虛騑騏 _{司馬相如《子虛賦》}　3 與怒懼態 _{司馬相如《子虛賦》}　4 子父 _{王褒《洞簫賦》}
幽魚合韻8例：1 矛州牛愚 _{王褒《僮約》}　2 巧御 _{楊雄《長楊賦》}　3 掃滌箒斗 _{王褒《僮約》}　4 游豬憂 _{楊雄《上林苑令箴》}　5 旄興驅 _{楊雄《羽獵賦》}　6 濡曳流 _{王褒《四子講德論》}　7 閒隅 _{司馬相如《上林賦》}　8 御獸 _{司馬相如《子虛賦》}
幽宵合韻15例：1 道笑 _{楊雄《長楊賦》}　2 浮焱 _{司馬相如《上林賦》}　3 寶堯 _{王褒《四子講德論》}　4 瘳聊繇 _{楊雄《大司農箴》}　5 道草鎬杳 _{楊雄《羽獵賦》}　6 道獸廟 _{司馬相如《子虛賦》}　7 調茅龜鐃 _{楊雄《荊州箴》}　8 調苗飆 _{王褒《責髯奴辭》}　9 好醜紹 _{王褒《四子講德論》}　10 趫消求 _{司馬相如《大人賦》}　11 鳥少 _{楊雄《解嘲》}　12 少保 _{楊雄《城門校尉箴》}　13 獸獸沼 _{司馬相如《封禪文》}　14 詔茂 _{王褒《四子講德論》}　15 州巢 _{楊雄《豫州箴》}

附　　錄

魚宵合韻 2 例：1 區繇吾渠夫 _{楊雄《解嘲》}　2 興趡橋敖 _{楊雄《河東賦》}

鐸屋合韻 5 例：1 榛鐸屋合韻 _{司馬相如《子虛賦》}　2 樸咢 _{王褒《聖主得賢臣頌》} 3 腋木略 _{王褒《四子講德論》}　4 斮射 _{王褒《四子講德論》}　5 族伯籍錯 _{楊雄《宗正卿箴》}

屋覺合韻 3 例：1 獨斛學 _{楊雄《元后誄》}　2 屋戳 _{楊雄《將作大匠箴》}　3 瑪目 _{司馬相如《子虛賦》}

職鐸合韻 2 例：1 熾伯 _{楊雄《解嘲》}　2 極石牧 _{楊雄《青州箴》}

鐸藥合韻 1 例：1 石弱 _{楊雄《長楊賦》}

支歌合韻 4 例：1 此彼 _{楊雄《解難》}　2 雞羲 _{司馬相如《子虛賦》}　3 籬岐 _{楊雄《光祿勳箴》} 4 斯支離 _{楊雄《元后誄》}

職覺合韻 3 例：1 力敕鶩覆側 _{楊雄《司空箴》}　2 力睦德 _{王褒《四子講德論》} 3 陸服 _{楊雄《冀州箴》}

職緝合韻 2 例：1 魶翼 _{司馬相如《子虛賦》}　2 殖給 _{楊雄《上林苑令箴》}

屋藥合韻 2 例：1 縞縠曲谷 _{司馬相如《子虛賦》}　2 爵祿穀 _{楊雄《解嘲》}

魚鐸屋合韻 2 例：1 射_鐸鍱_屋處_魚騖_魚欲_屋拊_魚兔_魚仆_魚寇_魚 _{王褒《四子講德論》} 2 與_魚隃_魚觸_屋獲_鐸遽_魚注_魚怖_魚胆_魚獲_鐸聚_魚 _{楊雄《羽獵賦》}

鐸藥職合韻 1 例：1 略_鐸獲_鐸櫟_藥若_鐸藉_職伏_職藉_鐸澤_鐸 _{司馬相如《子虛賦》}

覺月職合韻 1 例：1 別_月偪_職陸_覺鶩_覺 _{楊雄《幽州箴》}

屋盍合韻 1 例：1 捷足 _{楊雄《反離騷》}

屋覺鐸合韻 1 例：1 谷_屋閣_鐸屬_屋宿_覺 _{司馬相如《子虛賦》}

屋覺藥職合韻 1 例：虐_藥賊_職伏_職毒_覺足_屋族_屋 _{王褒《四子講德論》}

屋職合韻 1 例：1 穀麓伏 _{楊雄《上林苑令箴》}

藥覺合韻 1 例：1 虐酷 _{楊雄《執金吾箴》}

藥職合韻 1 例：1 服郁皪貌側 _{司馬相如《子虛賦》}

魚幽歌合韻 1 例：1 枷_歌杷_魚盧_魚車_魚呹_魚頭_魚挐_魚纑_魚醍_魚麤_魚烏_魚魚_魚鳧_魚軀_幽餘_魚豬_魚芋_魚駒_魚廡_魚牛_幽挐_魚 _{王褒《僮約》}

魚幽藥合韻 1 例：1 去_魚獸_幽兔_魚耀_藥宙_幽 _{司馬相如《子虛賦》}

之職幽合韻 1 例：1 紀_之士_之守_幽稷_職 _{楊雄《博士箴》}

支錫物合韻 1 例：1 地_支蠻_物擊_錫地_支 _{楊雄《羽獵賦》}

職屋合韻 1 例：1 國谷 _{楊雄《長楊賦》}

職物合韻 1 例：1 概代械備 _{楊雄《蜀都賦》}

職錫合韻 1 例：1 食易 _{楊雄《大司農箴》}

陝西地區

魚鐸合韻 2 例：1 度舍 _{司馬談《論六家要旨》}　2 漠奴 _{李陵《徑萬里兮歌》}

脂之合韻 1 例：1 死鄙 _{司馬遷《悲士不遇賦》}

未知作者籍貫

之職合韻 1 例：1 富態 _{廷尉翟公《署門》}

魚鐸合韻 1 例：1 白博作索苦 _{無名氏《鐃歌將進酒》}

之幽合韻 1 例：1 母首 _{嚴遵《道德指歸說目》}

幽宵合韻 1 例：1 幽繚 _{淮南小山《招隱士》}

職緝合韻 1 例：1 合國 _{闕名《郊祀歌赤蛟》}

職屋合韻 1 例：1 禄彧服德息極 _{闕名《孝昭帝冠辭》}

職錫合韻 1 例：1 益北德國服極 _{無名氏《鐃歌上》}

鐸藥合韻 1 例：1 笮櫂 _{無名氏《鐃歌上陵》}

七　東漢詩文陰、入聲韻諸部合韻表

陝西地區

之職合韻 11 例：1 囿富 _{班固《東都賦》}　2 治事備 _{班固《奕音》}　3 戒再俟在 _{班固《幽通賦》}　4 載代 _{班固《幽通賦》}　5 異熹 _{馮衍《顯志賦》}　6 意志思 _{馮衍《顯志賦》}　7 載代備 _{傅毅《明帝誄》}　8 富喜異怪 _{馬融《長笛賦》}　9 意事澤 _{馬融《長笛賦》}　10 志置思 _{馬融《琴賦》}　11 塞載代 _{蘇順《和帝誄》}

宵藥合韻 2 例：1 操樂 _{馮衍《顯志賦》}　2 照曜 _{傅毅《明帝誄》}

魚鐸合韻 6 例：1 度故 _{班彪《悼離賦》}　2 度素御務 _{班固《東都賦》}　3 骼素 _{班固《東巡頌》}　4 豆陋務慕附鶩諭 _{班固《竇將軍北征賦》}　5 奏投 _{馬融《長笛賦》}　6 藪澤 _{馬融《廣成頌》}

支錫合韻 3 例：1 帝地 _{班固《典引》}　2 誼避累 _{班固《幽通賦》}　3 議帝瑞 _{馬融《廣成頌》}

之幽合韻 12 例：1 茲期流脩思來時 _{班彪《北征賦》}　2 求時 _{班昭《東征賦》}　3 謀遭 _{馮衍《顯志賦》}　4 期由 _{馮衍《顯志賦》}　5 久止 _{馮衍《鄭衆婚禮謁文贊》}　6 災留游 _{班彪《北征賦》}　7 詩秋由流 _{班固《東都賦》}　8 阜首起 _{班固《西都賦》}　9 舟旗流浮 _{班固《西都賦》}　10 茂友 _{馮衍《顯志賦》}　11 輈斿時 _{傅毅《洛都賦》}　12 舟流遊嬉遊 _{傅毅《七激》}

魚之合韻 2 例：1 右後 _{馬融《長笛賦》}　2 副距數 _{馬融《樗蒲賦》}

幽魚合韻9例：1 虞周 班固《答賓戲》　2 考壽 杜篤《首陽山》　3 流浮隅休 梁鴻《適吳詩》　4 舟幬流謳浮游 馬融《廣成賦》　5 求謳留 趙壹《迅風賦》　6 衢無幽 班固《東都賦》　7 署孝 班固《西都賦》　8 補道茂 班固《幽通賦》　9 都蒲憂 馬融《樗蒲賦》

幽宵合韻3例：1 周幽鼃謠條流 班固《幽通賦》　2 妙篠 班固《竹扇賦》　3 藕嗃調摽 馬融《長笛賦》

魚宵合韻6例：1 處表 班固《幽通賦》　2 鋪鑣 傅毅《洛都賦》　3 郊苗虞 馬融《廣成頌》　4 謠盧 班固《幽通賦》　5 郊都 杜篤《論都賦》　6 腴殊要誅餘 杜篤《論都賦》

魚歌合韻4例：1 武雅 班固《東都賦》　2 雅旅下後 班固《十八侯銘靳歙》　3 徒邪都家 班固《十八侯銘王吸》　4 寡禦予 班固《幽通賦》

鐸屋合韻2例：1 石幄朔宅 班固《十八侯銘張良》　2 作落木 馬融《廣成頌》

屋覺合韻2例：1 砥伏谷復覺屬樸 馬融《長笛賦》　2 濁毒酷足 趙壹《刺世疾邪賦》

鐸職合韻3例：1 德著澤落薄 班固《答賓戲》　2 㮰莋貊 杜篤《論都賦》　3 德石 馮衍《顯志賦》

鐸藥合韻1例：1 惡鄂薄宅鶴 馬融《長笛賦》

之職幽合韻1例：1 嗣之意職罏幽 杜篤《論都賦》

覺之合韻1例：1 奧囿 班固《答賓戲》

幽魚覺合韻1例：1 獸幽覆覺聚魚 班固《西都賦》

幽宵魚合韻1例：1 到宵叫幽髟雅幽嘯課宵 馬融《長笛賦》

鐸祭合韻1例：1 榭獲裔藉胙 班固《西都賦》

鐸歌合韻1例：1 度舍 馮衍《顯志賦》

幽覺宵合韻1例：1 妙宵好幽奧覺 傅毅《七激》

微支合韻4例：1 罷威飛垂 班固《傅寬銘》　2 披悲 馮衍《顯志賦》　3 偉麾 傅毅《洛都賦》　4 崖磙危枝頹 馬融《長笛賦》

支歌合韻4例：1 奇蠡彌騾騠 杜篤《論都賦》　2 貀崖歌 傅毅《七激》　3 池堤莎委涯陂螭鯢 馬融《廣成賦》　4 涯鯊隨 馬融《廣成賦》

魚幽之合韻3例：1 畮之矩魚所魚老幽舉魚 班固《西都賦》　2 基之周幽熙之幽區魚頤之 班固《典引》　3 獸幽具魚囿之 馬融《廣成賦》

魚宵歌合韻2例：1 表宵署魚野歌布魚 班固《西都賦》　2 摽宵下歌禦魚柱縷魚阻魚取魚矩魚呂魚主魚 馬融《長笛賦》

幽宵之合韻3例：1 遊幽姬之丘幽流幽僚宵 班彪《冀州賦》　2 仕之狩幽表宵 班固《答賓戲》　3 沼宵獸幽囿之 班固《東都賦》

幽歌合韻 1 例：1 胄阜野 班固《北征頌》
職緝合韻 7 例：1 立國 班固《答賓戲》　2 邑翼極 班固《東都賦》　3 憶邑域 班固《竇將軍北征頌》　4 殖邑國 班固《西都賦》　5 級服陟 班固《奕音》　6 德飾立息側式 杜篤《書撝賦》　7 國集墨極 傅毅《明帝誄》

職緝屋合韻 1 例：1 直職曲屋邑緝惑職 班固《十八侯銘王陵》
鐸職緝合韻 1 例：1 恪鐸亳鐸邑緝德鐸 班固《典引》
鐸錫合韻 5 例：1 易澤帛襗役 班固《竇將軍北征頌》　2 畫澤 傅毅《七激》　3 客策迫 傅毅《舞賦》　4 迫積 馬融《長笛賦》　5 昔惕 馬融《長笛賦》
覺藥合韻 2 例：1 樂竹燠 班固《東都賦》　2 鑠樂肅 班固《東都賦》
鐸藥職合韻 1 例：1 錯鐸息職樂藥福 馬融《廣成頌》
職覺合韻 2 例：1 目伏 馬融《廣成賦》　2 息縮忒惑福鵩 班固《幽通賦》
職覺鐸合韻 1 例：1 逐覺落鐸服職 班固《竇將軍北征頌》
職覺藥合韻 1 例：1 激藥覆覺息職 班固《西都賦》
屋職合韻 1 例：1 獄極谷蜀 杜篤《論都賦》
鐸盍合韻 1 例：1 業作 班固《典引》
鐸緝合韻 1 例：1 石蛤 班固《答賓戲》
鐸屋覺合韻 1 例：1 獄屋洛鐸滌覺作鐸 班固《東都賦》
藥屋盍合韻 1 例：1 樂藥屬屋爵藥擢藥闔盍 班固《西都賦》
藥錫合韻 1 例：1 翮灼 班昭《蟬賦》
藥職合韻 2 例：1 福鑠 班固《典引》　2 域躍 班固《典引》

河北地區

之職合韻 2 例：1 誨誡 崔瑗　2 事富 崔駰《司徒箴》
魚鐸合韻 3 例：1 布胙庶路 崔駰《達旨》　2 路慕度處 崔寔《答譏文》　3 謨慮 崔駰《達旨》
之魚合韻 1 例：1 子否暑 崔駰《扇銘》
幽魚合韻 1 例：1 酒缶後 崔駰《酒箴》
幽宵合韻 3 例：1 表寶道 崔駰《達旨》　2 杼禦舉楚趙脯女武序 崔駰《達旨》　3 驟徒車旄 崔駰《東巡頌》
魚歌合韻 2 例：1 馬駑 崔駰《安封侯詩》　2 柱濟野 崔瑗《河堤謁者箴》
屋覺合韻 1 例：1 促局足逐濁錄卜曲祿嶽 酈炎《見志詩》
脂支合韻 2 例：1 胝蹄泥 崔駰《博徒論》　2 弛是履 崔駰《達旨》

職覺合韻1例：1 德國迪 崔駰《縫銘》
錫月合韻1例：1 計辟逖役 崔瑗《司隸校尉箴》
職緝合韻1例：1 直廙及 崔瑗《司隸校尉箴》
錫鐸合韻1例：1 迹惕赦 崔寔《大赦賦》
幽之魚合韻1例：1 殊幽陶幽凝之優 崔駰《達旨》
鐸質覺職合韻1例：1 得職實質學覺國職藿鐸 崔駰《達旨》
魚幽宵歌合韻1例：1 道幽侶魚窕宵父魚首幽女魚受幽豎魚序魚偶魚主魚所魚虜魚祖魚下歌酒幽主魚柱魚聚魚後魚數魚垢魚父魚 張超《誚青衣賦》

河南地區
之職合韻6例：1 備事 蔡邕《彈棋賦》 2 事司鼇備 蔡邕《胡廣碑》 3 事圄備張衡 4 浼塞 張衡 5 異戴值備 戴良《失父零丁》 6 字笥事意記 邊韶
幽覺合韻1例：1 視救售 張衡《西京賦》
宵藥合韻3例：1 悼效曜 蔡邕《姜肱碑》 2 妙悼耀效 蔡邕《郭泰碑》 3 眺妙曜 朱穆《鬱金賦》
魚屋合韻3例：1 觸趨遇 張衡《西京賦》 2 柱斧樸杵許 蔡邕《短人賦》 3 燭驅屬 張衡《東京賦》
魚鐸合韻6例：1 布固度謨 蔡邕《周磐碑》 2 布祚慕路 蔡邕 3 度譽素污固慕迕故路 蔡邕 4 固露度路慕墓 張衡《西京賦》 5 具路御 張衡《羽獵賦》 6 摹念 張衡《東京賦》
支錫合韻1例：1 知地賜 蔡邕《釋誨》
脂質合韻1例：1 戾泪質贅二 張衡《東京賦》
微物合韻1例：1 配摧懷 張衡《東京賦》
之幽合韻1例：1 婦臼 蔡邕《題曹娥碑後文》
之魚合韻2例：1 藪友有 蔡邕《釋誨》 2 治隅祺之 堂谿協《開母廟石闕銘》
幽魚合韻4例：1 丘流鉤鰡 張衡《歸田賦》 2 獸乳就狩 蔡邕《五靈頌麟頌》 3 后輔庶序宇武朽後 蔡邕《胡廣碑》 4 舞雨楚胥優 張衡《舞賦》
幽宵合韻2例：1 敖陶濤聊 張衡《思玄賦》 2 優搖休疇條朝 堂谿協《開母廟石闕銘》
魚宵合韻2例：1 驅趨猇書初儲 張衡《西京賦》 2 麌宵藪走取後 張衡《西京賦》
魚歌合韻6例：1 固塗庫暇 張衡《東京賦》 2 嬨暇素顧 張衡《七辯》 3 馬寡鹵 張衡《西京賦》 4 我雅魯 張衡《鮑德誄》 5 野渚予伫女 張衡《思玄賦》 6 者睹五土

苦張衡《西京賦》

屋覺合韻 2 例：1 穀禄淑渥族穀辱 蔡邕《濟北相崔君夫人誄》　2 目啄逐戴良《失父零丁》

藥鐸合韻 1 例：1 弱約作 張衡《西京賦》

職屋合韻 1 例：1 束色 蔡邕《華賦》

之脂合韻 1 例：1 臺階菜能 邊讓《章華臺賦》

鐸覺合韻 1 例：1 陸石椁 張衡《冢賦》

支歌合韻 1 例：1 夥姼施罷移池 張衡《西京賦》

職質合韻 1 例：1 福淢職敕德刻息 張衡《東京賦》

魚鐸歌合韻 1 例：1 迓歌夜歌塗魚路鐸布魚 張衡《思玄賦》

江蘇地區

宵魚合韻 1 例：1 侯繇昭□ 桓麟《劉寬碑》

四川地區

之職合韻 1 例：1 憶思 李尤

魚鐸合韻 1 例：1 怒度 李尤《馬箠銘》

幽魚合韻 1 例：1 擾受虬走耦首阜缶 李尤《平樂觀賦》

幽宵合韻 1 例：1 要牢朝龜 李尤《辟雍賦》

屋覺合韻 1 例：1 目谷 李尤《函谷關賦》

屋職合韻 1 例：1 翼繘 李尤《德陽殿賦》

幽之魚合韻 1 例：1 流幽游幽留幽州幽偷魚搜魚修幽基之 李尤《函谷關賦》

魚宵歌之合韻 1 例：1 武魚主魚敘魚鼓魚馬歌下歌倒宵羽魚峙之舞魚 李尤《平樂觀賦》

甘肅地區

屋覺合韻 1 例：1 禄獨足曲陸蠋谷轂數屬 秦嘉《留郡贈婦詩》

之幽合韻 1 例：1 悠期 梁竦《悼騷賦》

湖北地區

魚鐸合韻 1 例：1 布怖步呼故度悟 王延壽《夢賦》

支錫合韻 1 例：1 池歷鈠袿蛇奇 黃香《九宮賦》

微物合韻 1 例：1 蔚瑋 王延壽《魯靈光殿賦》

之幽合韻 3 例：1 晷有朽 王延壽《魯靈光殿賦》　2 道右首 胡廣《詩中箴》　3 娭能浮萊臺 王逸《九思傷時》

魚幽合韻1例：1 夫挐絢蒻拘囚居 _{王逸《九思悼亂》}
宵幽合韻3例：1 遙嶢條鴞怓 _{王逸《九思守志》} 2 曉繞老 _{王逸《琴思楚歌》} 3 謷譨流 _{王逸《九思怨上》}
魚宵合韻1例：1 耦宇杳雨 _{王逸《九思遭厄》}
魚歌合韻2例：1 序魯宇輔野 _{王延壽《魯靈光殿賦》} 2 武後禍主矩 _{胡廣《侍中箴》}
鐸屋合韻1例：1 落錯陌峉岳澤薄石 _{王逸《九思憫上》}
鐸藥合韻1例：恪虐作託 _{胡廣《侍中箴》}
鐸質錫合韻1例：1 白_鐸擊_錫鞸_質戟_鐸廓_鐸崿 _{黃香《九宮賦》}
錫鐸合韻1例：1 厄汨易闃石 _{王逸《九思遭厄》}
幽宵魚合韻1例：1 悠_幽昭_宵樞_魚憂_幽 _{王逸《九思怨上》}
幽宵之合韻1例：1 愁_幽憂_幽尤_之聊_幽遊_幽州_幽眇_宵 _{王逸《九思逢尤》}
魚幽宵之合韻1例：1 埃_之如_魚由_幽劬_魚朝_宵 _{王逸《九思逢尤》}
屋覺藥鐸魚合韻1例：1 局_屋促_屋辱_屋樂_藥白_鐸沐_屋若_鐸躅_屋爍_藥响_魚剝_屋告_覺 _{王逸《九思憫上》}
魚陽幽宵歌之合韻1例：1 處_魚蕩_陽鼓_魚倒_宵左_歌軌_之道_幽 _{王逸《九思遭厄》}
脂物合韻1例：1 對睢悴視騃 _{王延壽《魯靈光殿賦》}
職幽合韻1例：1 式綏德敕則福 _{胡廣《綏笥銘》}
山東地區
魚鐸合韻1例：1 路素固故祚暮步厝度暮 _{孔融}
支脂合韻1例：1 差涯栖陂 _{劉梁《七舉》}
寧夏地區
宵藥合韻1例：1 曜效教暴 _{傅幹《皇后箴》}
未知作者籍貫
之職合韻5例：1 意來異食備嗣熾 _{白狼王唐菆《遠夷樂德歌》} 2 載備載 _{闕名《孔廟禮器碑》} 3 富寺置值 _{無名氏《涼州歌》} 4 笥識 _{無名氏《柳伯騫諺》} 5 置誨 _{無名氏《爰珍歌》}
幽覺合韻1例：1 孝嘯 _{無名氏《二郡謠》}
宵藥合韻1例：1 較_藥綽逴虐邈權倒樂的 _{闕名《魯峻碑》}
魚鐸合韻3例：1 度暮作袴 _{無名氏} 2 路去 _{無名氏} 3 墓路寤露固度誤素 _{無名氏}
微物合韻1例：1 欷喟 _{闕名《嚴訢碑》}

之幽合韻6例：1 柳庸手婦守 無名氏《古詩》　2 壽首右守 無名氏《董逃行》　3 紀道舅好喜 闕名《費鳳別碑》　4 里紀市圮首 闕名《曹全碑》　5 里有已理毛裏婦里矣 闕名《吳仲山碑》　6 期軌子祉已止紀里歾 闕名《夏承碑》

魚之合韻7例：1 父母 無名氏《南陽諺》　2 後口語去府負 無名氏《古詩爲焦仲卿妻作》　3 虎吐茹母父 無名氏《京兆謠》　4 戶語母府取語 無名氏《古詩爲焦仲卿妻作》　5 苢雨洧楚土 闕名《費鳳別碑》　6 樓敷隅鉤珠襦須頭鋤敷餘不愚夫頭駒頭餘夫居鬚趨殊 無名氏《陌上桑》　7 母取 無名氏《古詩爲焦仲卿妻作》

魚幽合韻11例：1 候嵎疇儒休殊於夫 闕名《李翊碑》　2 盧初留 無名氏《古詩爲焦仲卿妻作》　3 盧居扶隅俱遊榆跗 無名氏《步出夏門行》　4 茂武旅武舉虎輔咎壽 闕名《武榮碑》　5 區諸由敷求留 無名氏《古詩爲焦仲卿妻作》　6 愁愁憂頭脩 無名氏《古歌》　7 后舅久 闕名《樊毅脩華嶽碑》　8 流頭周憂遊 無名氏《茅山父老歌》　9 頭流 無名氏《皚如山上雪》　10 州殊柔優 闕名《高頤碑》　11 冑偶 闕名《高頤碑》

幽宵合韻5例：1 草抱道槁抱 無名氏《古詩》　2 交抱道 無名氏《婦病行》　3 交條 無名氏《太學中諸八俊》　4 孝授教 闕名《孔廟禮器碑》　5 條旄 無名氏《折楊行》

魚宵合韻1例：1 府□敘表 闕名《蔡湛頌》

魚歌合韻3例：1 虎社 闕名《郲原頌》　2 苦車馬賈魯苦土馬雨 無名氏《孤兒行》　3 宇土祖緒社祚輔 闕名《綏民校尉熊君碑》

鐸職合韻1例：1 石直 無名氏《古詩爲焦仲卿妻作》

鐸藥合韻2例：1 恪卓 無名氏《太學中諸八廚》　2 度曜 闕名《成陽靈臺碑》

職質合韻3例：1 室力 闕名《費汎碑》　2 則德食室職 闕名《無極山碑》　3 賊服栗 闕名《辛通達李仲會造橋碑》

支之合韻1例：1 時離奇之 無名氏《古詩爲焦仲卿妻作》

鐸緝合韻1例：1 立迫 無名氏《古詩爲焦仲卿妻作》

屋職合韻1例：1 惻漉犢 無名氏《平陵東》

物職合韻1例：1 貸匱悴 無名氏《刺巴郡守詩》

之職幽合韻1例：1 冑之茂之究之謀之備職□使之異職□□壽幽思之 闕名《王純碑》

之幽微合韻1例：1 疇幽時之期之之遺微 闕名《北海相景君銘》

之幽魚合韻3例：1 母之婦之友之久幽厚魚 無名氏《古詩爲焦仲卿妻作》　2 父魚緒魚朽幽已之後魚 闕名《平輿令薛君碑》　3 榆魚隅魚雛魚殊魚愉魚不之飴魚疏魚持之梧魚廚魚留幽趨魚樞魚如魚夫魚 無名氏《隴西行》

之職幽物合韻1例：1吏之思之備職就幽究幽既物志之意職祐之闕名《北海相景君銘陰》

職緝物合韻1例：1及緝卒物恤職闕名《費鳳碑》

職覺祭合韻1例：1德職力職則式職勖覺服職特得職沛祭直職告覺毓覺極職勒職闕名《鄭固碑》

鐸錫合韻1例：1易逆戟 史岑《出師頌》

鐸屋職合韻1例：1白鐸曲屋諤鐸□□宅□碩鐸夕鐸德職闕名《王政碑》

藥鐸盍合韻1例：1鑠藥業盍胙鐸闕名《費汎碑》

鐸屋藥盍合韻1例：1堉屋穀屋樂藥狹盍石鐸洛鐸帛鐸僕屋白狼王唐菆《遠夷懷德歌》

職覺屋緝藥月質物合韻1例：1玉屋室質職職貸則職德職絜月爵藥物物祿屋畜覺虐藥邑緝伏職洽緝歿物瀧屋贖屋闕名《費鳳碑》

八　廣州廣府民歌押韻統計表

編號	歌曲類型	曲名	地區	韻脚字	入韻類型
1	号子	女抬扛号子(1)	广州	无韻	
2	号子	女抬扛号子(2)	广州	无韻	
3	号子	男抬扛号子	广州	无韻	
4	号子	搬运工人号子	佛山	无韻	
5	号子	女搬运工人推车号子	广州	无韻	
6	号子	大板车号子	广州	无韻	
7	号子	板车号子	佛山	无韻	
8	号子	起重号子(1)	广州	无韻	
9	号子	起重号子(2)	佛山	无韻	
10	号子	打桩号子	佛山	无韻	
11	号子	短促号子	佛山	无韻	
12	号子	绥江船夫号子	怀集	无韻	
13	号子	撑船调（绥江号子）	怀集	无韻	
14	号子	闸坡船工拉木号子	阳江	无韻	

續表

编号	歌曲类型	曲名	地区	韵脚字	入韵类型
15	号子	二人数蛋歌	广州	手（通篇以"手"入韵）	阴声 [au]
16	号子	数果歌	佛山	无韵	
17	号子	数鱼花	南海	十十	入声 [ap]
18	咸水歌	真心阿妹唔论家穷	中山	鋌穷	阳声
19	咸水歌	串古人字眼	中山	星丁精经公青拼明	阳声
20	咸水歌	对花	中山	①样长样长 ②面镰面镰 ③耳儿耳儿	①阳声 ②阳声 ③阴声
21	咸水歌	海底珍珠容易揾	中山	①揾寻涌逢① ②当量爽糖 ③浑寻海 [hoi²] 来 [lai⁴] ④乱缘缘	①阳声 ②阳声 ③阳声、阴声 ④阳声
22	咸水歌	虾仔冇肠鱼冇脏	中山	喉喉/椗情	阴声 [au]、阳声
23	咸水歌	肥鱼满仓歌满篷	东莞	红龙蓬	阳声
24	咸水歌	情歌	番禺	引人/扇年	阳声
25	咸水歌	怨命	广州	揾难/命命成	阳声 [an] / [eng]
26	咸水歌	一边卖货二兼游河	斗门	梳货货何	阴声 [o]
27	咸水歌	十二月采茶	番禺	①茶花摘 [zaak⁶] 家 ②时支摘 [zaak⁶] 时 ③明瓶明 ④深 [sam¹] 巾人 ⑤舟游活 [wut⁶] 舟 ⑥乌姑粗 ⑦秋收悠 ⑧娘两乡 ⑨阳凉饮 [jam²] 肠 ⑩天仙/洞逢	①阴声 [aa] ②阴声 [i] ③阳声 ④阳声 [an] ⑤阴声 [au] ⑥阴声 [u] ⑦阴声 [au] ⑧阳声 [oeng] ⑨阳声 [oeng] ⑩阳声 [in] / [ung]
28	咸水歌	膊头担伞	顺德	亲返亲返	阳声 [an]
29	咸水歌	天阴落水浸蒲床	阳江	帐 [zoeng³] 床 [cong⁴]	阳声
30	咸水歌	麻篮担水上高山	阳春	难山餐	阳声 [aan]

---

① 男：海底珍珠容易揾，真心阿妹世上难寻。女：海底珍珠大浪涌，真心阿哥世上难逢。揾（wan2）寻（cam4）。

續表

编号	歌曲类型	曲名	地区	韵脚字	入韵类型
31	咸水歌	手攀啷车又腾	湛江	兄 [hing¹] 裳 [soeng⁴]	阳声
32	咸水歌	钓鱼仔	中山	郎长上旁郎长上旁	阳声 [ong]、[oeng]
33	咸水歌	来到高堂失失慌	中山	干干	阳声 [in]
34	咸水歌	挂红歌	中山	见具体歌词	
35	咸水歌	全盒歌（1）	中山	湾山间间	阳声 [aan]
36	咸水歌	全盒歌（2）	中山	齐礼弟礼弟仔礼弟泥礼弟礼礼弟驶仔/九口友/赊借/柜底盒[haap⁶] 齐	阴声 [ai] / [au] / [e] / [ai]
37	咸水歌	伴郎歌	中山	袋腮袋腮	阴声 [oi]
38	咸水歌	细蚊仔	中山	仔/京/米/升/细/程	阴/阳交韵 [ai] / [ing]
39	咸水歌	共产党恩情长	中山	长章香	阳声 [oeng]
40	咸水歌	送郎一条花手巾	中山	琴 [kam⁴] 音 [jam¹] 产 [caan²] 心 [sam¹] 巾 [gan¹] 心 [sam¹] 字 [zi⁶] 人 [jan⁴] 园 [jyun⁴] 缠 [cin⁴] 好 [hou²] 田 [tin⁴] 郎 [long⁴] 强 [goeng⁶] 草 [cou²] 糖 [tong⁴]	阳声韵
41	咸水歌	十送阿姑	斗门	①娘 [noeng⁴] 长 [coeng⁴] 讲 [gong²] 肝 [gon¹] ② 亲 [can¹] 深 [sam¹] 紧 [gan²] 人 [jan⁴] ③ 疏 [so¹] 多 [do¹] 做 [zou⁶] 多 [do¹] ④ 间 [gaan¹] 行 [haang⁴] 啖 [daam⁶] 餐 [caan¹] ⑤ 家 [gaa¹] 喳 [caa¹] 话 [waa⁶] 沙 [saa¹] ⑥ 口 [hau²] 头 [tau⁴] 闹 [naau⁶] 恨 [han⁶] ⑦ 前 [cin⁴] 天 [tin¹] 念 [nim⁶] 田 [tin⁴] ⑧ 头 [tau⁴] 流 [lau⁴] 候 [hau⁶] 流 [lau⁴] ⑨ 花 [faa¹] 差 [caa¹] 马 [maa⁵] 花 [faa¹] ⑩乡 [hoeng¹] 康 [hong¹] 往 [wong⁵] 娘 [noeng⁴]	①阳声 ②阴声 ③阴声 ④阳声 ⑤阴声 ⑥阴声 ⑦阳声 ⑧阴声 ⑨阴声 ⑩阳声

續表

编号	歌曲类型	曲名	地区	韵脚字	入韵类型
42	咸水歌	金妹姐	斗门	离尾尾几被企	阴声 [ei]
43	咸水歌	拆蔗寮	斗门	寮焦笑寮叫娇聊寮娇寮笑遥	阴声 [iu]
44	咸水歌	十二月瓜果	珠海	开台 [ji^4] 脆坠对水 [mui^6] 妹对水椇 [mei^4]	阴声 [oi]
45	咸水歌	拖佬渡艇	斗门	戴埋	阴声 [aai]
46	咸水歌	蕹菜落塘唔在引	佛山	引 [jan^5] 人 [jan^4] 酒 [zau^2] 炉 [lou^4]	阳声 阴声
47	叹情	数茧歌	佛山	母（mou^5）弓（gung^1） 宿（suk^1）屋（uk^1） 猛（maang^5）衫（saam^1）	阴声 入声 阳声
48	叹情	金桔仔	佛山	枝（kei^4）持（ci^4）气（hei^3）知（zi^1） 弯难山返	阴声 阳声 [aan]
49	叹情	送夫郎	南海	不入韵	不入韵
50	叹情	劝嫖仔歌	佛山	上（soeng^5）凉（loeng^4）/景（ging^2）亡（mong^4）	阳声
51	叹情	劝夫歌	佛山	①夜头问盘 ②茶财好门 ③线盘食钱	不入韵
52	叹情	落货支钱马路去	佛山	去（heoi^2）粮（loeng^4）惯（gwaan^3）寒（hon^4）	不入韵
53	叹情	拆书叹情	佛山	女（neoi^5）洋（joeng^4）到（dou^3）堂（tong^4）贵（gwai^3）寒（hon^4）	
54	叹情	拆字	佛山	门（mun^4）明（ming^4）	
55	叹情	姑嫂对唱	佛山	处猪/圩米	[u] / [ai]
56	叹情	诉情	佛山	坐闻人行数匀 件莲月莲髻来 面肚短皮髻条	
57	叹情	姐妹别	佛山	姐我完顾情 妹重期面甜	
58	叹情	牛角出来尖对尖	从化	尖钳镰尖钳镰	[im]
59	叹情	明天姐妹要分群	东莞	枕（zam^2）群（kwan^4）亲（can^1）	

續表

编号	歌曲类型	曲名	地区	韻脚字	入韻类型
60	叹情	贺新婚	台山	中龙凤蓉［ung］光妆装［ong］行［aang］中［ung］郎讲凰［ong］	阳声
61	叹情	闹房歌	台山	中隆凤蓉［ung］光妆讲［ong］行［aang］	
62	叹情	女哭	台山	裙裙身［an］女开［oi］配（pui³）晓（hiu²）流（lau⁴）	
63	叹情	下川新娘歌	台山	多笋歌	阴声［o］
64	叹情	上川闹房歌	台山	开（hoi¹）回（wui⁴）改（goi²）才（coi⁴）	阴声
65	叹情	情郎爱妹妹爱郎	开平	①样强赏向上想肠②望郎朗光讲爽郎③彩（coi²）开（hoi¹）来（lai⁴）会（kui²）配（pui³）耐（noi⁶）海（hoi²）台（ji⁴）④喜（hei²）你（nei⁵）期（gei¹）美（mei⁵）善（sin⁶）义（ji⁶）比（bei²）眉（mei⁴）	［oeng］［ong］
66	叹情	唱十鹃	江门	海（hoi2）头（tau4）县（jyun4）年（nin4）坐（co5）头（tau4）会（kui2）寻（cam4）景（ging2）形（jing4）伴（bun6）寒（hon4）众（zung3）琴（kam4）上（soeng5）娘（noeng4）锦（gam2）零（ling4）坐（co5）离（lei4）	
67	叹情	麻园嫁女歌	江门	饭（faan⁶）行（haang⁴）山（saan¹）埋（maai⁴）	
68	叹情	骂妈歌	江门	妈话妈	［aa］
69	叹情	哭世娇	高鹤	乌（wu¹）笋（lo⁴）	
70	叹情	十贺新郎	高鹤	景（ging²）盛（sing⁴）宁（ning⁴）顷（king²）荣（wing⁴）命（meng⁶）情（cing⁴）堂（tong⁴）	
71	叹情	贺新郎	新会	①哥和多哥科坐婆②你利被喜基企期③旺妆房讲郎榜皇	①［o］②［ei］③［ong］

續表

编号	歌曲类型	曲名	地区	韻脚字	入韻类型
72	叹情	叹家姐（1）	斗门	翁涌 [ung] 口流 [au] 坦 [aan] 行 [aang]	
73	叹情	叹家姐（2）	斗门	懒弹懒饭难	[aan]
74	叹情	哭嫁歌	斗门	剩 [ing] 靓 [eng] /离离 [ei] /饭返 [aan] /豆流 [au]	
75	叹情	叹情调	珠海	蟹埋 [aai] /凤逢 [ung]	
76	叹情	特来恭贺主成双	阳江	光（gwong¹）安（on¹）晚（maan⁵）双（soeng¹）	
77	叹情	别低年同伴	封开	光方	[ong]
78	叹情	哥像牡丹嫂似凤	封开	俏条（iu）/台台（i）/俏条（iu）	
79	叹情	罗董出嫁歌	怀集	我坐 [o] /沿（jyun⁴）烂（laan⁶）裳（soeng⁴）	
80	叹情	铺床调	怀集	床仓郎 [ong] /宝嫂 [ou] /郎 [ong]	
81	叹情	十个大哥嫁个妹	郁南	伞环 [aan] 绣绸 [au] 鞋（haai4）盏（zaan2）寨（zaai6）甜（tim4）	
82	叹情	骂媒婆	怀集	客人	不入韻
83	叹情	哭家姑	佛山	人（jan⁴）怀（waai⁴）人（jan⁴）晒（saai³）人（jan⁴）	
84	叹情	哭妻	佛山	卷（gyun²）凉（loeng⁴）	
85	叹情	哭阿妈	中山	人恩 [an] /养肠 [oeng]	
86	叹情	好在留人来禀报	恩平	口（hau²）地（dei⁶）磨（mo⁴）禀（lam⁵）文（man⁴）	
87	木鱼歌	金山客叹五更	广州	①难山揾闲饭关惯烦眼餐板②形惊姓症成应精城③乡娘养方上藏讲霜帐凉丧光样肠	① [aan]② [eng] [ing]③ [oeng] [ong]
88	木鱼歌	思乡	佛山	想乡量乡畅 [oeng] 房 [ong]	
89	木鱼歌	木鱼	斗门	人（jan⁴）甲（gaap³）身（san¹）人（jan⁴）	
90	木鱼歌	水仙花	斗门	菜（coi³）来（lai⁴）耐（noi⁶）来（lai⁴）起（hei²）/翻还晚间散难 [aan]	

續表

编号	歌曲类型	曲名	地区	韻脚字	入韻类型
91	木鱼歌	情歌对唱	台山	① 线（sin³）前（cin⁴）绳（sing⁴） ② 树（syu⁶）娘（noeng⁴）枝（kei⁴）连（lin⁴） ③ 凉（loeng⁴）想（soeng²）量（loeng⁴） ④ 绿（luk⁶）梅（mui⁴）红（gung¹） ⑤ 食（ji⁶）迟（ci⁴）屋（uk¹）连（lin⁴） ⑥ 房（fong⁴）黄（wong⁴）房（fong⁴） ⑦ 装（zong¹）房（fong⁴）望（mong⁶）肠（coeng⁴） ⑧ 肠（coeng⁴）娘（noeng⁴） ⑨ 出（ceot¹）人（jan⁴） ⑩ 节（zit³）圆（jyun⁴）转（zyun²）情（cing⁴）	
92	木鱼歌	步出天门	台山	望（mong⁶）煌（wong⁴）低（dai¹）民（man⁴）	
93	木鱼歌	十相送	台山	松冲弄雄中逢	[ung]
94	木鱼歌	五卷四书无心听	恩平	心（sam¹）天（tin¹）年（nin⁴）前（cin⁴）巡（ceon⁴）	
95	木鱼歌	但看玉客	阳江	面言 [in] /痛梦红 [ung]	
96	木鱼歌	风入罗帷空帐望	合山	酸（syun¹）难（naan⁴）墙长 [oeng] 望方 [ong]	
97	木鱼歌	姻缘恨	合山	①烧遥隔 [gaak³] 娇 ②蛊逢 ③东嘱 [zuk1] 红 ④吞群分 [an] 堂 [ong] ⑤到音 [jam¹] 到⑥望郎	① [iu] ② [ung] ③ [ung] ④ ⑤ [ou] ⑥ [ong]
98	木鱼歌	花在眼前娇不见	合山	红容中	[ung]
99	山歌	榄树揽花花揽仔	东莞	探（taam¹）行（haang⁴）斤（gan¹）人（jan⁴）烂（laan⁶）咸（haam⁴）	
100	山歌	问哥捋瓜	东莞	去水开 [oi] 瓜花 [aa] 水 [oi] 瓜爬瓜 [aa]	
101	山歌	我是茶山人女	东莞	吵流 [au] 篙做苏 [ou]	
102	山歌	老爷骑马我骑龙	东莞	红龙东	[ung]

續表

编号	歌曲类型	曲名	地区	韵脚字	入韵类型
103	山歌	耕田歌	东莞	正（zeng³）灯（dang¹）景（ging²）情（cing⁴）	
104	山歌	人民心向共产党	高鹤	歌多歌 亮党 [dong²] 长	[o] [oeng]
105	山歌	耕仔歌	新会	仔贱剪天眠前贱浅 [in] 难餐 [aan] 田片剪年 [in]	
106	山歌	情娘生得好面容	怀集	旁塘 [ong] 红松 [ung]	
107	山歌	日头出早红彤彤	怀集	彤春晏（aan3）工难（naan⁴）担（daam¹）黑（haak¹）懒（laan⁵）	[ung]
108	山歌	乜字大过一丘田	怀集	大（daai⁶）田（tin⁴）日（jat⁶）基（gei¹）大（daai⁶）田（tin⁴）一（jat¹）基（gei¹）	
109	山歌	阿哥配妹妹心开	怀集	浓红逢	[ung]
110	山歌	一只山歌飘过岭	怀集	岭声声青	[eng]
111	山歌	日头落岭又是日	怀集	日年日年	
112	山歌	识字歌	怀集	孤符 [u] 亲问 [an] 胡 [u]	
113	山歌	情娘生得好身材	怀集	材（coi⁴）妙（miu⁶）笑（siu³）开（hoi¹）	
114	山歌	一轮红日挂当空	怀集	空垌龙	[ung]
115	山歌	有情不怕路途长	广宁	阳凉长	[oeng]
116	山歌	送夫参军	广宁	天边前 头愁头 愁愁头	[in] [au] [au]
117	山歌	山边竹叶青悠悠	广宁	悠头忧	[au]
118	山歌	铁打葫芦难开口	广宁	忧口 [au] 机机 [ei] 唱（coeng³）黄（wong⁴）顶（deng²）坪（ping⁴）湾（waan¹）	

續表

编号	歌曲类型	曲名	地区	韵脚字	入韵类型
119	山歌	揾食难	郁南	①当昂讲光 ②命升[ing]请平 ③贵题米为 ④饥儿[ai]己飞 ⑤手谋够油 ⑥闲悭晏难间	[ong] [eng] [ai] [ei] [au] [aan]
120	山歌	咁久未闻妹声音	郁南	心临坎寻襟寻音	[am]
121	山歌	问郎过了几时返	郁南	单单山返[aan] 思枝匙[i]	
122	山歌	物贵民心慌	郁南	升（sing¹）惊（geng¹）宁（ning⁴） 穷松重铜[ung]	
123	山歌	正月桃花月色新	封开	新闻[an]象（zoeng⁶）春（ceon¹）	
124	山歌	送肥	封开	时肥时	[i]
125	山歌	夜晚唱得到天明	封开	兄应明停明	[ing]
126	山歌	望得花开果成双	封开	郎（long⁴）双（soeng¹）	
127	山歌	劝妻思想要开通	封开	中衷通	[ung]
128	山歌	井水饮干心冇凉	封开	长央凉[oeng]心沉心[am]	
129	山歌	桃花开满枝	封开	枝备肥	[ei]
130	山歌	猜物歌	封开	顶跸顶跸[eng] 讲[ong]连[in]讲[ong]连[in]	
131	山歌	十二月花开	封开	红浓通	[ung]
132	山歌	人心难测水难量	封开	量量	[oeng]
133	山歌	隔江烧瓦窑相望	封开	丝时[i]枝枝[ei]迟[i]	
134	山歌	妹是芙蓉花一枝	封开	时（si⁴）眯（mai⁵）快（faai³）迟（ci⁴） 做（zou⁶）迟（ci⁴）妹（mui⁶）枝（kei⁴）	
135	山歌	丈夫出门总冇返	德庆	返烦懒单	[aan]
136	山歌	执对槐钩到林蓬	德庆	翁蓬捅蜂	[ung]

續表

编号	歌曲类型	曲名	地区	韻脚字	入韻类型
137	山歌	夜雨落	德庆	光塘望滂讲慌	[ong]
138	山歌	行过山路记艰难	新兴	响上潭（taam⁴）人（jan⁴） 光慌潭（taam⁴）人（jan⁴） 餐难潭（taam⁴）人（jan⁴）	[oeng] [ong] [aan]
139	山歌	插青爱插油甘青	广州	样岭青青	[eng]
140	山歌	云灵岭	阳春	①山山弯弯闲斑 ②前眠 [in] 冤冤 [un] 田年 [in] ③凶 [ung] 厌 [im] 层层 [ang] 冲终 [ung]	[aan]
141	山歌	荡荡金风景入秋	阳江	秋牛 [au] 河磋疏 [o]	
142	山歌	哥去参军保国防	电白	方装防	[ong]
143	山歌	日出东边一点红	吴川	红红有空	[ung]
144	山歌	姑你重情兄尽心	吴川	沉心	[am]
145	山歌	丰收歌	信宜	黄光忙 [ong] 钩头收收 [au] 中同东 [ung] 头流收 [au]	
146	山歌	天天天	高州	天伶天	[in]
147	山歌	高山顶上一棵松	高州	松风冬	[ung]
148	山歌	担盐歌	高州	弓隆肿穷	[ung]
149	山歌	十八娇娇三岁郎	高州	郎房黄	[ong]
150	山歌	长工歌	高州	修修头休	[au]
151	山歌	苦在心头知冇知	高州	枝 [ei] 移知 [i]	
152	山歌	打件衣服送畀哥	高州	坡哥疏	[o]
153	山歌	担盐歌	廉江	州流	[au]
154	山歌	牛角弯弯	廉江	①涌穷空 ②涌松穷 ③涌翁融④涌东雄	[ung] [ung] [ung] [ung]
155	山歌	睇牛歌	佛山	礼嚟	[ai]
156	山歌	鸡山牛歌	珠海	归低啼	[ai]
157	山歌	牛歌	珠海	光装岗	[ong]
158	山歌	沙滩梅阁斗牛歌	新会	菜（coi³）来（lai⁴）口（hau²）人（jan⁴）	

續表

编号	歌曲类型	曲名	地区	韵脚字	入韵类型
159	山歌	睇牛人仔真下贱	新会	贱件伶	[in]
160	山歌	鸭蛋打开黄春春	恩平	春（ceon^1）孙（syun^1）屋（uk^1）坟（fan^4）	
161	山歌	接妹还	台山	山山难转还盼闲 [aan] 跑跑 [aau] 还还 [aan]	
162	山歌	牧童歌	顺德	青靓城香 [eng] 甜（tim^4）年（nin^4）青靓靓洋 [eng]	
163	山歌	掌牛仔歌	东莞	牛头 [au] 坑（haang^1）工（gung^1）面田边 [in] 碟（dip^6）钳（kim^4）流头楼头 [au]	
164	山歌	睇牛歌	封开	秋牛洲牛	[au]
165	山歌	农业走向集体化	花县	华哈化	[aa]
166	山歌	旨有黄河先有井	从化	井城城平	[eng]
167	小曲	沙基惨案歌	广州	结（git^3）劫（gip^3）诉（sou^3）残（caan^4）胞（baau^1）力（lik^6）唱（co-eng^3）	
168	小曲	夸娇歌	佛山	怪鞋带鞋位仔细嚟	[ai]
169	小曲	十二月花	遂溪	扬香霜	[oeng]
170	小曲	卜令歌	怀集	①分份匀②分分匀③堂樑④堂梁⑤堂梁⑥开栽⑦开栽⑧开来⑨开来	[an][ong] [oeng][oi][oi] [ai]
171	小曲	燕岩一树梅花发	怀集	岩（ngaam^4）潺（saan^4）潺（saan^4）山（saan^1）岩（ngaam^4）岩（ngaam^4）	
172	小曲	叹五更（1）	怀集	①房床 [ong] 莺莺 [oeng] ②庭（ting4）吟（jam4）香香 [oeng] ③房 [ong] 中 [ung] 帐香香 [oeng] ④长（coeng^4）更（gaang^1）离离 [ei] ⑤光讲 [ong] 还还 [aan]	
173	小曲	叹五更（2）	怀集	天 [in] 心心芯心 [am] 天 [in]（5段韵脚字一样）	
174	小曲	青山垫坐望郎来	怀集	开开 [oi] 来来 [ai] 色色 [ik] 来来 [ai]	

續表

编号	歌曲类型	曲名	地区	韵脚字	入韵类型
175	小曲	送郎调（1）	怀集	阶鞋买来	[ai]
176	小曲	送郎调（2）	怀集	①楼（lau4）头（tau4）转（zyun2）老（lou5） ②前（cin4）拳（kyun4）话（waa6）钱（cin4） ③间（gaan1）鞋（haai4）买（maai5）来（lai4） ④根（gan1）身（san1）绣（sau3）心（sam1） ⑤江（gong1）多（do1）我（ngo5）哥（go1）	
177	小曲	唱十二月古人	怀集	起悲里悲里里 长将阳将阳阳	[ei] [oeng]
178	小曲	补缸调	怀集	方庄缸	[ong]
179	小曲	五更咽	怀集	灯灯灯 [ang] 房光 [ong]	
180	小曲	米粮调	怀集	子（zi2）开（hoi1）台（ji4）	
181	小曲	五更叹	封开	莲年煎 度（dok6）甜（tim4）天（tin1）	[in]
182	小曲	泗科彩调	封开	长（coeng4）庄（zong1）长（coeng4） 长（coeng4）苍（cong1）凰（wong4）	
183	小曲	小北江水路歌	连州	①街埋 [aai] 山难 [aan4] 石（daam3）闸（zaap6）戴寨卖街卖排埋 [aai] ②沙（saa1）虾（haa1）妆（zong1）江（gong1）洞（dung6）笼（lung4）沙（saa1）家（gaa1）香（hoeng1）岭（leng5）娘（noeng4）上（soeng5）石（daam3）潭（taam4）滩（taan1）坑（haang1） ③口（hau2）酒（zau2）枝（kei4）疑（ji4）基（gei1）池（ci4）跌（dit3）饮（jam2）淋（lam4）镰（lim4）岩（ngaam4）卖（maai6）耕（gaang1） ④坡（bo1）婆（po4）螺（lo4）山（saan1）滩（taan1）峡（haap6）滩（taan1）还（waan4）牙（ngaa4）街（gaai1）鸭（aap3）潭（taam4） ⑤硬（ngaang6）横（waang6）滩（taan1）岩（ngaam4）潺（saan4）难（naan4）撑（caang1）舰（laam6）耿（gang2）滩（taan1）门（mun4）塔（taap3）家（gaa1）	

續表

编号	歌曲类型	曲名	地区	韻脚字	入韻类型
184	舞歌	采茶歌	南海	①茶芽花[aa] ②新巾人[an] ③纷人紧亲[an] ④边田田[in] ⑤舟游喉[au] ⑥黄香娘[oeng] ⑦秋收秋[au] ⑧秋愁头[au] ⑨阳裳阳[oeng] ⑩枯无夫[u] ⑪冬空逢[ung] ⑫年煎年[in]	
185	舞歌	海阔天空鹤飞至	中山	鱼臾	[yu]
186	舞歌	新年探亲	阳春	亲（can¹）衣（ji¹）去（heoi²）门（mun⁴）	
187	舞歌	白云飞出满江河	封开	①坪声桯命性情 ②声情定性剩瓶 ③多窝座过助河 ④多河磨火错婆	[ing][eng]混用 [ing][eng]混用 [o] [o]
188	舞歌	幸福生活乐无穷	封开	融中穷穷	[ung]
189	舞歌	我们情义好因由	封开	由头游	[au]
190	舞歌	梁山伯与祝英台	封开	文身人魂纷文亲吞人	[an]
191	舞歌	看花调	封开	花芽花[aa]借（ze³）青（ceng¹）天田[in]花[aa]借（ze³）青（ceng¹）	
192	舞歌	种得豆来麻开花	封开	麻花[aa]桥朝[iu]	
193	舞歌	劝夫抗美要同心	郁南	端权团[yun]坚前先[in]	
194	舞歌	丰产人心乐	郁南	耕登层层	[ang]
195	舞歌	河口采茶歌	郁南	光康邦	[ong]
196	舞歌	红罗帐上望郎来	怀集	来来来	[ai]
197	舞歌	哈哈笑	怀集	哈夸花花	[aa]
198	舞歌	采花蝴蝶爱成双	怀集	郎塘	[ong]
199	舞歌	正月采茶贺新年	怀集	年年年	[in]
200	舞歌	大开门	怀集	年莲[in]开开[oi]姑姑[u]	

續表

编号	歌曲类型	曲名	地区	韵脚字	入韵类型
201	舞歌	今朝见郎心开花	怀集	嫁骂[aa]/狼床[ong]/花[aa]	阴、阳换韵
202	舞歌	采茶节气歌	怀集	水[eoi]台[i]/来来[ai]	阴声
203	舞歌	阿哥爱妹妹爱哥	怀集	河哥呵呵磨多哥哥	阴声[o]
204	舞歌	看花容易绣花难	怀集	上（soeng5）堂（tong4）/丹丹丹难难[aan]	阳声
205	岁时节令歌	新年歌（1）	东莞	田（tin4）添（tim1）健（gin6）年（nin4）	
206	岁时节令歌	新年歌（2）	东莞	年（nin4）边（bin1）甜（tim4）	
207	岁时节令歌	贺新年	东莞	秋头闹忧楼口[au]挡[ceo1]手牛溜秋久头旧愁[au]	
208	岁时节令歌	盛世丰年祝喜多	怀集	何多呵	[o]
209	岁时节令歌	龙舟舟出街游	佛山	舟游斗头寿头	[au]
210	岁时节令歌	龙舟鼓响叮当	佛山	当祥[oeng]旺堂	[ong]
211	岁时节令歌	鲤鱼歌	南海	庭兴[ing]头楼[au]核达[at]嘴载[oi]牙华[aa]翅[i]器[ei]春春[eon]尾尾[ei]	
212	岁时节令歌	喃银树	南海	绣头窦楼酒头寿头九头	[au]
213	岁时节令歌	莲歌	封开	云（wan4）春春（ceon1）云（wan4）春（ceon1）	
214	岁时节令歌	分糍歌	封开	钱钱（cin4）行（haang4）颈（geng2）横（waang4）献（hin3）享（hoeng2）生（saang1）	
215	岁时节令歌	献酒词	封开	酒酒酒酒[au]财[oi]	
216	岁时节令歌	姐妹行埋讲梳头	广宁	翅（ci3）身（san1）白（baak6）头（tau4）	
217	岁时节令歌	如今侨乡大不同	台山	红同[tung]荣[ing]光郎堂[ong]	
218	岁时节令歌	卖鸡头	开平	鸡鸡泥鸡啼鸡	[ai]
219	岁时节令歌	懒婆娘	开平	①鸡啼鸡题 ②娘象丈酱样姜凉 ③嘴雷女哀水队除 ④水去趣句嘴泪谁 ⑤荡巷望糖当忙床缸糖 ⑥方糖慌光巷塘撞爽床讲忙	[ai] [oeng] [eoi] [eoi] [ong] [ong]

續表

编号	歌曲类型	曲名	地区	韻脚字	入韻类型
220	岁时节令歌	雄鸡歌	台山	鸡泥啼来米泥	[ai]
221	岁时节令歌	绣花歌	台山	①下花画华[aa] ②花雅假瑕[aa] ③下霞马牙[aa] ④巧透茂头[au] ⑤跐爪（zaau2）开（hoi1）来（lai4） ⑥通龙众珑[ung]	
222	岁时节令歌	颂太平	台山	铃铃廷	[ing]
223	岁时节令歌	打字歌	台山	字（zi6）人（jan4）点（dim2）丁（zaang1）千（cin1）迎（jing4）大（daai6）前（cin4）	
224	岁时节令歌	众提彩灯游呀游	郁南	楼收乐游	[au]
225	岁时节令歌	贺春姐妹百花开	封开	新新亲[an]来来[ai]	
226	儿歌	嗳姑乖	广州	乖大街卖戴晒[aai]拉[aa]	
227	儿歌	沙堆梅阁摇儿歌	新会	呵呵呵呵[o]	
228	儿歌	杜阮摇儿歌	新会	歌词就是"呵嗳"和"唔唔"	
229	儿歌	双水横村摇儿歌（1）	新会	呵啰啰呵呵呵啰	
230	儿歌	双水横村摇儿歌（2）	新会	句末字全是"啰"	
231	儿歌	罗坑天湖摇儿歌	新会	句末字全是"呀"	
232	儿歌	嗳仔歌	中山	嗳嗳[oi]	
233	儿歌	走荫	新会	荫荫[am]边眠[in]井凉响娘[eng]	
234	儿歌	排排坐	广州	坐果火坐歌	[o]
235	儿歌	月光光照地堂	广州	光堂晚[ong]香姜[oeng]辣达[aat]肥皮[ei]薄角[ok]尖（zim1）鞭（bin1）长梁[oeng]高刀[ou]圆船[yun]底仔底[ai]	
236	儿歌	鸡驰驰	佛山	花家话搽[aa]粉（fan2）音（jam1）心（sam1）	
237	儿歌	月光光	南海	光堂榔[ong]香娘长[oeng]鬐归[ai]	
238	儿歌	麻雀仔	广州	鬐围细泥仔仔	[ai]

續表

编号	歌曲类型	曲名	地区	韻脚字	入韻类型
239	儿歌	禾雀仔 企神台	佛山	仔来［ai］扒茶瓜［aa］椗（ding³）听（jan⁵）	
240	儿歌	麻雀仔	南海	枝［ei］姨［i］髻围［ai］	
241	儿歌	鸡公仔 尾弯弯	广州	弯难晏间［aan］蒸蒸［ing］煮［yu］朝［iu］棍裙烂［an］崩［ang］淋［am］	
242	儿歌	鸡公仔 尾婆婆	广州	婆歌我何	［o］
243	儿歌	落雨大	广州	大街卖鞋带排［aai］粒［ap］瑕［aa］	
244	儿歌	落雨大	佛山	大街卖晒孩［lai¹］	［ai］
245	儿歌	细蚊仔莫撩刁	广州	刁摇庙醮焦［iu］餞公［ung］镬壳［ok］	
246	儿歌	三元里抗英	广州	响（hoeng²）城（seng⁴）上（soeng⁵）烂（laan⁶）响（hoeng²）下（haa⁵）晒（saai³）	
247	儿歌	昨晚妈妈闻乜叫	广州	天眠［in］叫叫叫叫叫叫［iu］ 5段韻脚字一样	
248	儿歌	执田螺	恩平	婆螺多笋煮烧角［ok］笋［o］	
249	儿歌	水滴滴	东莞	流头州［au］路牢［ou］流头楼头榴球头饱头［au］	
250	儿歌	嗳大妹	怀集	李理［ei］船船［yun］	
251	儿歌	蒸油炸	怀集	炸爸［aa］吃（jaak³）银吞［an¹］	
252	儿歌	白鸡仔	封开	花茶花牙卡虾［aa］	
253	儿歌	趯趯转菊花园	广州	转园圆船［yun］睇仔大卖［ai］钱钱钱［in］鬼抵抵［ai］	
254	儿歌	刽莲子	广州	塘方［ong］处处［yu］九手手［au］	
255	生活音调	笑嫂望哥回	郁南	销撩笑瞄	［iu］
256	生活音调	劝君戒鸦片	郁南	容宗公	［ung］
257	生活音调	葡萄美酒夜光杯	阳江	杯（bui¹）催（ceoi¹）笑（siu³）回（wui⁴）	
258	生活音调	咏龙井泉	郁南	空中同风	［ung］
259	生活音调	咏肇庆望夫石	郁南	旁江光［ong］裳肠［oeng］	
260	生活音调	莫学少年浪荡游	封开	楼头愁流游	［au］

續表

编号	歌曲类型	曲名	地区	韻脚字	入韻类型
261	生活音调	十万王兵逞英雄	恩平	功风涌龙公穷雄	[ung]
262	生活音调	大塘番石榴	广州	榴榴榴[au]塘[ong]榴榴[au]塘[ong]	
263	生活音调	潭州蔗	广州	蔗（ze³）刨（paau⁴）蔗（ze³）刨（paau⁴）蔗蔗 ze³	
264	生活音调	卖蔗（1）	佛山	蔗蔗 ze³ 刨 paau⁴ 蔗 ze³	
265	生活音调	卖蔗（2）	佛山	蔗（ze³）渴（hot³）	
266	生活音调	甜杨桃	广州	桃桃[ou]果果[wo]桃桃果	
267	生活音调	甜杨桃	佛山	桃桃	[ou]
268	生活音调	收买（1）	佛山	卖买	[aai]
269	生活音调	收买（2）	佛山	无韻	
270	生活音调	卖凉茶	佛山	制埋	[ai]
271	生活音调	卖雪条	佛山	条一句	
272	生活音调	卖粉藕	佛山	藕藕	[au]
273	生活音调	尚英饼	佛山	饼（beng²）叫（giu³）滞（zai⁶）尿（seoi¹）饼（beng²）	
274	生活音调	卖小食	佛山	无韻	
275	生活音调	兰花豆	佛山	豆一句	
276	生活音调	卖西瓜	佛山	无韻	
277	生活音调	补镬（1）	佛山	镬镬[wok⁶]	
278	生活音调	补镬（2）	佛山	无韻	
279	生活音调	铲刀（1）	佛山	无韻	
280	生活音调	铲刀（2）	佛山	剪钱	[in]
281	生活音调	外海叫牛歌（1）	江门	嗨	
282	生活音调	外海叫牛歌（2）	江门	呀	
283	生活音调	看牛歌（1）	佛山	啰	
284	生活音调	看牛歌（2）	佛山	箭箭钱	[in]
285	生活音调	放牛歌	开平	俄（都是俄…俄）	
286	生活音调	罗坑天湖叫牛歌	新会	来啰	
287	生活音调	罗坑天湖尿牛歌	新会	"尿"一个字	

續表

编号	歌曲类型	曲名	地区	韵脚字	入韵类型
288	生活音调	双水横村叫牛浸水歌	新会	水（seoi²）跪（gwai⁶）跪（gwai⁶）水（seoi²）	
289	生活音调	杜阮叫牛歌	新会	啰	
290	生活音调	双水横村叫牛歌	新会	开开开尾[ei] 开开开死[ei] 开开开[oi]	
291	生活音调	古井官冲叫牛歌	新会	仔仔仔[ai] 荡王[ong]	
292	生活音调	荷塘蟠步叫牛歌	新会	处处处	[yu]
293	生活音调	牛歌	江门	无韵	
294	生活音调	看牛歌	南海	无韵	
295	生活音调	看牛歌	广州	无韵	
296	生活音调	放牛仔歌	广州	无韵	
297	生活音调	荷塘篁湾叫牛歌	新会	无韵	
298	生活音调	叫鸭歌	番禺	无韵	

九　陰、入聲韻通假字材料

之、職部通假字字例

（1）之—職

事—植：《左傳·文公六年》："置善則固，事長則順。"事，當讀作"植"。〇朱駿聲《說文通訓定聲》："事，假借爲植。"——《彙釋》P.9

倍—背：《左傳·昭公十二年》："從我者子乎，去我者鄙乎，倍其鄰者恥乎！"〇銀雀山漢墓竹簡《孫子兵法·軍爭》："倍丘勿迎，詳北勿從。"今本《孫子兵法》作"背丘勿迎"。〇朱駿聲《說文通訓定聲》："倍，假借爲背。"——《彙釋》P.73

在—則：《禮記·禮運》："體魄則降，知氣在上。"《孔子家語·問禮》作"知氣則上。"——《彙釋》P.160

待—特：《莊子·逍遙游》："彭祖乃今以久特聞。"釋文："特聞，崔本作待問。"——《彙釋》P.249

止—職：《詩·小雅·巧言》："匪其止共，維王之邛。"箋："小人好爲讒佞，既不共其職事，又爲王作病。"止，讀爲"職"。——《彙釋》P.400

有—域：《國語·魯語上》："共工氏之伯九有也，其子曰后土。能平九土，故祀以爲社。"注："有，域也。"○朱駿聲《説文通訓定聲》："有，假借又爲或，即域。"——《彙釋》P.540

志—識：《國語·晉語》："其壯也，彊志而用命。"注："志，識也。"○馬王堆漢墓帛書乙本《老子·道篇》："微眇玄達，深不可志。夫唯不可知，故強爲之容。"甲本同，王弼本、傅奕本、河上公本均作"識"。——《彙釋》P.593

態—慝：《荀子·成相》："讒夫多進，反覆言語生詐態。"王念孫《讀書雜志》："態，讀爲奸慝之慝。……以態爲慝者，古聲不分去、入也。"——《彙釋》P.617

䡍—植：《周禮·考工記·輪人》："察其䡍蚤不齲，則輪雖敝不匡。"注："䡍謂輻入轂中者。"——《彙釋》P.786

給—貸：《淮南子·氾論》："出百死而給一生，以爭天下之權。"朱駿聲《説文通訓定聲》："給，假借爲貸。"——《彙釋》P.824

綦—極：《荀子·王霸》："及其綦也，索爲匹夫不可得也。"注："綦，謂窮極之時。"——《彙釋》P.829

載—植：《國語·吳語》："十旌一將軍，載常建鼓，挾經秉枹。"載，樹立；常，旗名。——《彙釋》P.854

負—伏：《墨子·節葬下》："譬猶使人負劍，而求其壽也。"負，當讀爲"伏"，指伏劍自刎，非指背負。——《彙釋》P.868

部—踣：《墨子·旗幟》："寇却解，輒部幟，如進數。"清孫詒讓閒詁："王引之曰：'部讀爲踣，謂仆其幟也。'"——《彙釋》P.901

（2）職—之

直—㨄：《韓詩外傳》卷七："是故孝子欲養而不待也，木欲直而時不待也。"直，當讀爲"㨄"。○朱駿聲《説文通訓定聲》："直，假借爲㨄。"——《彙釋》P.20

値—持：《詩·陳風·宛邱》："無冬無夏，值其鷺羽。"傳："值，持也。"○朱駿聲《説文通訓定聲》："值，假借爲値。"——《彙

釋》P. 67

則—之：《詩·齊風·雞鳴》："匪東方則明，月出之光。"又"匪雞則鳴，蒼蠅之聲。"則，即"之"的音變。——《彙釋》P. 137

則—乃：《禮記·曲禮上》："侍坐於先生，先生問焉，終則對，請業則起，請益則起。"三"則"字，皆當讀爲"乃"。——《彙釋》P. 137

域—有：《詩·商頌·玄鳥》："古帝命武湯，正域彼四方。"又"肇域彼四海，四海來假。"傳："域，有也。"——《彙釋》P. 167

植—志：《管子·法法》："是故上無固植，下有疑心；國無常經，民力必竭數也。"○宋玉《招魂》："弱顏固植，謇其有意些。"——《彙釋》P. 356

極—忌：《左傳·昭公十五年》："楚費無極害朝吳之在蔡也，慾去之。"《史記·楚世家》《伍子胥列傳》並作"費無忌"。索隱曰："《左傳》作'無極'，極，忌聲相近。"——《彙釋》P. 360

殖—挚：《左傳·昭公元年》："内官不及同姓，其生不殖。"注："殖，長也。"○朱駿聲《説文通訓定聲》："殖，假借爲挚。"——《彙釋》P. 385

或—又：《左傳·哀公元年》："今吳不如過，而越大於少康，或將豐之，不亦難乎？"《史記·吳世家》作"又將寬之"。——《彙釋》P. 391

或—有：《書·微子》："殷其弗或亂正四方。"《史記·宋微子世家》作"弗有"。○朱駿聲《説文通訓定聲》："或，假借爲有。"——《彙釋》P. 391

息—思：《詩·周南·漢廣》："南有喬木，不可休息；漢有游女，不可求思。"釋文："本或作休思。"按《韓詩》作"休思"。○朱駿聲《説文通訓定聲》："息，假借爲思。"——《彙釋》P. 600

食—伺：《管子·君臣上》："主德不立，則婦人能食其意；國無常法，則大臣敢侵其勢。"又《君臣下》："明君在上，便僻不能食其意。"——《彙釋》P. 1047

我們將出現陰、入聲韻諸部通假的字列出。表中以諧聲爲組，這樣可以直觀地看出各組字在不同字典中的數例，也可以對陰、入聲韻在不同諧聲組上的交涉有個直觀的印象。

各類通假字字典中之、職部字諧聲組互通情況比較表

《通假字彙釋》		《古漢語通假字字典》	
之—職 23 例	職—之 17 例	之—職 3 例	職—之 7 例
有—域	或—有 或—又 域—有	有—域	域—囿
思—塞 諰—塞			
志—幟 志—識			識—誌
跱—特 待—特			
掊—踣 部—踣			
期—極 綦—極		綦—極	
態—慝		態—慝	
事—植			
	食—伺		食—飼 食—伺
畓—植			
	直—孳		
負—伏			服—負
倍—背			
	值—持		
			翼—頤
在—則	則—之 則—乃		
否—富			
	植—志		
材—側			則—才
	極—忌		
止—職			
	殖—孳		
	戒—馘		
	誡—駭		

續表

《通假字彙釋》		《古漢語通假字字典》	
之—職 23 例	職—之 17 例	之—職 3 例	職—之 7 例
	息—思		
	則—纔		
	核—荄		
載—植			
	熾—饎		
勑—飭			
紿—貸			

幽、覺部通假字字例

(1) 幽—覺

報—復:《淮南子·天文》:"東北爲報德之維也,西南爲背陽之維,東南爲常羊之維,西北爲蹏通之維。"注:"報,復也。"○朱駿聲《說文通訓定聲》:"報,假借爲復。"——《彙釋》P.169

孚—覆:《左傳·莊公十年》:"對曰'小信未孚,神弗福也。'"——《彙釋》P.306

柚—軸:《詩·小雅·大東》:"小東大東,杼柚其空。"釋文:"柚,一本又作軸。"——《彙釋》P.342

翏—戮:睡地虎秦墓竹簡《法律答問》:"譽適(敵)以恐衆心者翏。翏者可(何)如?生翏,翏之已乃斬之之謂殹。"翏,即"戮"。——《彙釋》P.813

繆—穆:《禮記·大傳》:"序以昭繆,別之以禮義。"注:"繆,讀爲穆,聲之誤也。"○朱駿聲《說文通訓定聲》:"繆,假借爲穆。"——《彙釋》P.841

造—告:《韓詩外傳》卷二:"舉觴造桀。"《新序·節士》作"告"。○朱駿聲《說文通訓定聲》:"造,假借爲告。"——《彙釋》P.913

造—慼:《韓非子·忠孝》:"舜見瞽瞍,其容造焉。"王先慎集解:"造與慼通。"按《孟子·萬章上》作"其容有慼。"慼焉,不安貌。——《彙釋》P.913

條—滌：《周禮·秋官·序官》："條狼氏下士六人。"注："杜子春云'條當爲滌器之滌。'玄謂：滌，除也。"○朱駿聲《說文通訓定聲》："條，假借爲滌。"——《彙釋》P.68

由—迪：《史記·屈原賈生列傳》："易初本由兮，君子所鄙。"集解引王逸曰："由，道也。"按《楚辭·九章·懷沙》作"迪"。○朱駿聲《說文通訓定聲》："由，假借爲迪。"——《彙釋》P.647

（2）覺—幽

祝—州：《春秋·桓公五年》："城祝丘。"祝丘，《尚書大傳·洪範五行傳》作"州邱"。○《穀梁傳·隱公四年》："衛祝吁弒其君完。"注："祝吁，《左氏》《公羊》及《詩》作'州吁'"——《彙釋》P.631

穆—繆：《詩·唐風·綢繆》，阜陽漢簡《詩經》作《洞穆》。○朱駿聲《說文通訓定聲》："穆，假借爲繆爲謬。"——《彙釋》P.678

畜—孝：馬王堆漢墓帛書甲本《老子·道德經》："六親不和，案有畜茲。"乙本作"孝茲"，王弼本、傅奕本、河上公本均作"孝慈。"——《彙釋》P.654

各類通假字字典中幽、覺部字諧聲組互通情況比較表

《通假字彙釋》		《古漢語通假字字典》	
幽—覺21例	覺—幽6例	幽—覺8例	覺—幽4例
瘳—戮 翏—戮			
謬—穆 繆—穆	穆—繆	僇—穆 繆—穆	
柚—軸 由—迪		柚—軸	軸—怞
造—告 簉—造			鵠—浩
造—竈 造—蹙	竈—造	造—蹙 造—戚	
皋—槔 皋—告			
	告—叫		
修—滌 條—滌 脩—滌		脩—倏 脩—滌	

續表

| 《通假字彙釋》 || 《古漢語通假字字典》 ||
幽—覺 21 例	覺—幽 6 例	幽—覺 8 例	覺—幽 4 例
蕭—肅		蕭—肅	
蕭—茜			
攸—儵			
報—復			
胄—逐			
孚—覆			
	宿—首		
	祝—州		
	畜—孝		
			奧—廮
			纛—翿

宵、藥部通假字字例

（1）宵—藥

招—的：《吕氏春秋·本生》："萬人操弓，共射其一招，招無不中。"○朱駿聲《説文通訓定聲》："招，假借爲的。"——《彙釋》P.498

挑—翟：《韓非子·外儲説右下》："延陵卓子乘蒼龍挑文之乘，鉤飾在前，錯錣在後。"俞樾《諸子評議》："挑，當讀爲翟。"——《彙釋》P.504

要—約：《論語·憲問》："見利思義，見危授命，久要不忘平生之言。"注："久要，舊約也。"——《彙釋》P.707

趙—掉：《荀子·賦》："長其尾而鋭其剽者邪？頭銛達而尾趙繚者邪？"注："趙，讀爲掉。掉繚，長貌。"——《彙釋》P.849

蹻—屩：《史記·孟嘗君列傳》："初，馮諼聞孟嘗君好客，躡屩而見之。"索隱曰："屩，音脚。字亦作'蹻'，又作'僑'"。——《彙釋》P.894

橈—燿：漢楊雄《法言·重黎》："仕無妄之國，食無妄之粟，分無妄之橈，自令之間而不違，可謂曲矣。"朱駿聲《説文通訓定聲》：

"橈，假借爲燿。"——《彙釋》P.369

眺—燿：馬王堆漢墓帛書乙本《老子・德篇》："是以（聖人）方而不割，兼而不刺，直而不絏，光而不眺。"王弼本作"燿"，傅奕本河上公本作"燿"。——《彙釋》P.643

（2）藥—宵

削—操：《山海經・海外東經》："大人國在其北，爲人大，坐而削船。"俞樾《平議》："削，讀爲操，猶言操舟也。"——《彙釋》P.139

杓—摽：《淮南子・道應》："孔子勁杓國門之關，而不肯以力聞。"朱駿聲《說文通訓定聲》："杓，假借爲摽。"——《彙釋》P.337

爚—熛：《淮南子・人間》"夫爚火在熛煙之中也，一指所能息也；唐漏若鼷穴，一墣之所能塞也。及至火之燔孟諸而炎雲台，水決九江而漸荆州，雖起三軍之衆，弗能救也。"《尸子・貴言》作"熛火。"——《彙釋》P.588

各類通假字字典中宵、藥部字諧聲組互通情況比較表

《通假字彙釋》		《古漢語通假字字典》	
宵—藥15例	藥—宵9例	宵—藥5例	藥—宵5例
眺—燿 挑—翟		挑—翟	
	樂—瘵		藥—瘵 樂—瘵
要—約	約—要		約—要
昭—的 招—約 招—的			
銷—削	削—宵	銷—削	削—鞘
橋—屬 蹻—屬		蹻—屬	
憿—激	激—曒	憿—激	
			燿—趯
	燿—哨		
	削—操		
	勺—趙		
	杓—摽		

續表

《通假字彙釋》		《古漢語通假字字典》	
宵—藥 15 例	藥—宵 9 例	宵—藥 5 例	藥—宵 5 例
	爚—燸		
要—闄			
趙—掉			
橈—燿			
弔—釣			
表—暴			
			藐—眇

侯、屋部通假字字例

（1）侯—屋

數—速：《周禮·考工記·冬官》："凡察車之道。欲其樸屬而微至。不樸屬。無以爲完久也。不微至。無以爲戚速也。"注："速，疾也，書或作數。"○朱駿聲《說文通訓定聲》："數，假借爲速。"——《彙釋》P.416

注—屬：《史記·春申君列傳》："王壹善楚，而關內兩萬乘之主注地于齊，齊右壤可拱手而取也。"注地，即屬地，將地歸屬於齊。○朱駿聲《說文通訓定聲》："注，假借爲屬。"——《彙釋》P.451

毆—曲：《春秋公羊傳·桓公十二年》"夏六月，壬寅，公會紀侯、莒子，盟於毆蛇。"釋文："《左氏》作'曲池'。"按《穀梁傳》亦作"曲池"，注云："曲池，魯地。"——《彙釋》P.567

趣—促：《墨子·非儒下》："知人不忠，趣之爲亂，非仁義之也。"畢沅校："趣讀促。"——《彙釋》P.849

趨—促：《禮記·樂記》："宋音燕女溺志。衛音趨數煩志。"注："趨數，讀爲促速，聲之誤也。"——《彙釋》P.851

（2）屋—侯

屬—注：《周禮·考工記·匠人》："凡溝逆地阞。謂之不行。水屬不理孫。謂之不行。"注："屬，讀爲注。"○朱駿聲《說文通訓定聲》："屬，假借爲注。"——《彙釋》P.299

族—奏：《荀子·非相》："是以文久而滅，節族久而絶。"宋魏了

翁《古今考》："晦翁云：舊有監本《荀子》，節奏字'奏'皆作'族'。"——《彙釋》P.574

屬—嬻：《書·梓材》："至于敬寡，至于屬婦。"清孫星衍疏："屬與嬻聲之緩急，假借字。"朱駿聲《説文通訓定聲》："屬，假借爲嬻。"——《彙釋》P.299

各類通假字字典中侯、屋部字諧聲組互通情況比較表

《通假字彙釋》		《古漢語通假字字典》	
侯—屋 6 例	屋—侯 6 例	侯—屋 2 例	屋—侯 4 例
注—屬	屬—注 矚—注		屬—注
	屬—嬻		
趣—促		趣—促	
勾—彀			
趨—促			
	欲—覷		
	族—奏		族—腠 族—奏
	縠—構		
殴—曲			
數—速			
		投—讀	
			樸—柎

魚、鐸部通假字字例

（1）魚—鐸

假—格：《禮記·禮器》："升中於天而鳳凰降，龜龍假。"釋文："假音格，至也。"——《彙釋》P.79

土—度：《周禮·地官·大司徒》："凡建邦國。以土圭土其地而制其域。"〇 又《考工記·玉人》："土圭尺有五寸以致日。以土地。"〇 朱駿聲《説文通訓定聲》："土，假借爲度。"——《彙釋》P.159

圖—度：《荀子·正論》："聖王在上，圖德而定次，量能而授官。"圖德，度德。〇朱駿聲《説文通訓定聲》："圖，假借爲度。"——《彙釋》P.235

布—鎛：《管子·國蓄》："以珠玉爲上幣，以黄金爲中幣，以刀、布爲下幣。"布，即鎛。——《彙釋》P.236

慮—絡：《莊子·逍遙遊》："今子有五石之瓠，何不慮以爲大樽而浮乎江湖，而憂其瓠落無所容？"釋文引司馬彪："慮，猶結綴也。"——《彙釋》P.619

舍—赦：《詩·小雅·雨無正》："舍彼有罪，既伏其辜。"釋文："舍音赦。"○《周禮·秋官·司圜》"能改者。上罪三年而舍。中罪二年而舍。下罪一年而舍。其不能改而出圜土者殺。"○朱駿聲《説文通訓定聲》："舍，假借爲赦。"——《彙釋》P.730

舍—釋：《周禮·春官·大祝》："大會同。造於廟。宜於社。過大山川則用事焉。反行舍奠。"○朱駿聲《説文通訓定聲》："舍，假借爲釋。"——《彙釋》P.730

蒲—亳："六月，辛丑，蒲社灾，蒲社者何？亡國之社也。"疏："《左氏》《穀梁》以爲亳社者，殷社也。"——《彙釋》P.793

遮—斥：《國語·晋語八》："是行也，以藩爲軍，攀輂即利而舍，候遮捍衛不行，楚人不敢謀，畏晋之信也。"候遮，即候斥，猶斥候。——《彙釋》P.925

（2）鐸—魚

伯—禡：《詩·小雅·吉日》："吉日維戊，既伯既禱。"○《爾雅·釋天》："既伯既禱，馬祭也。"注："伯，祭馬祖也。"○朱駿聲《説文通訓定聲》："伯，假借爲禡。"——《彙釋》P.52

澤—捨：《管子·小問》："語曰：'澤命不渝。'信也。"《詩·鄭風·羔裘》作"舍命不渝"。——《彙釋》P.480

惡—呼：《禮記·禮器》："晋人將有事於河，必先有事於惡池。"注："惡當爲呼，聲之誤也。"——《彙釋》P.604

惡—汙：《左傳·成公六年》："不如新田。土厚水深。居之不疾。有汾澮以流其惡。"注："惡，垢穢。"○朱駿聲《説文通訓定聲》："惡，假借爲汙。"——《彙釋》P.604

莫—謨：《詩·小雅·巧言》："秩秩大猷，聖人莫之。"傳："莫，謀也。"釋文："一本作謨。"朱駿聲《説文通訓定聲》："莫，假借爲謨。"——《彙釋》P.778

索—素：《荀子·王制》："脩火憲，養山林藪澤草木、魚鱉、百索，以時禁發，使國家足用，而財物不屈，虞師之事也。"梁啟雄簡釋："王引之曰：'索當爲素。百素即百蔬。'"——《彙釋》P.820

輅—訝：《左傳·僖公十五年》："輅秦伯，將止之。"注："輅，迎也。"○朱駿聲《說文通訓定聲》："輅，假借爲訝。"——《彙釋》P.856

各類通假字字典中脂、物部字諧聲組互通情況比較表

《通假字彙釋》		《古漢語通假字字典》	
魚—鐸 29 例	鐸—魚 19 例	魚—鐸 5 例	鐸—魚 7 例
假—格	格—嘏	假—格	格—嘏 格—椵
傅—縛 溥—薄 專—鎛 逋—膊	薄—溥 薄—敷 鎛—敷	簿—薄	薄—溥 鎛—敷
舍—釋	澤—捨 釋—舍	舍—釋	
	搏—扶		
	作—詛		作—詛
	伯—禡		
	夕—豫		
	輅—訝		
	貉—禡		
	惡—呼 惡—亞 惡—汙		
	若—如		
	莫—謨		莫—謨 莫—膜
素—索	索—素	素—索	
	涸—沍		
土—度 圖—度			
布—鎛			
戶—濩			
慮—絡			

续表

《通假字彙釋》		《古漢語通假字字典》	
魚—鐸 29 例	鐸—魚 19 例	魚—鐸 5 例	鐸—魚 7 例
舍—赦 捨—赦			
蒲—亳			
野—夜			
遮—庶 遮—斥			
布—膊			
晤—逜			
瀉—斥			
悟—逜 悟—愕			
據—摭			
膚—博			
懼—矍			
者—柘			
蘇—遡			
豫—斁			
		躇—辵	

支、錫部通假字字例

（1）支—錫

傒—繫：《淮南子·本經》："驅人之牛馬，傒人之子女，毀人之宗廟，遷人之重寶。"注：傒，繫囚之繫，讀若雞。——《彙釋》P.84

斯—皙：《詩·小雅·瓠葉》："有兔斯首，炮之燔之"。箋："斯，白也。"——《彙釋》P.535

遞—適：《周禮·地官·稍人》："若有會同師田行役之事。則以縣師之法。作其同徒輂輦。"鄭玄注："凡用役者，不必一時皆遍，以人數調之，使勞逸遞焉。"釋文："遞，本又作適，音釋。"——《彙釋》P.922

豸—解：《左傳·宣公十七年》："余將老。使郤子逞其志。庶有豸乎。"注："豸，解也。"朱駿聲《說文通訓定聲》："豸，假借爲

解。"——《彙釋》P.932

抵—擿：《後漢書·黃瓊傳》："所謂抵金玉於沙礫，碎圭璧於泥塗。"注："抵，投也，音紙。"○朱駿聲《説文通訓定聲》："抵，假借爲擿。"——《彙釋》P.494

捭—擘：《禮記·禮運》："其燔黍捭豚。汙尊而抔飲。蕢桴而土鼓。猶若可以致其敬於鬼神。"○朱駿聲《説文通訓定聲》："捭，假借爲擘。"——《彙釋》P.510

（2）錫—支

辟—弭：《禮記·郊特牲》："祭有祈焉。有報焉。有由辟焉。"注："由，用也。辟，讀爲弭，謂弭災兵遠罪疾也。"朱駿聲《説文通訓定聲》："辟，假借爲弭。"——《彙釋》P.967

漬—骴：《周禮·秋官·蜡氏》"蜡氏掌除骴。"漢鄭玄注："《曲禮》：'四足死者曰漬。'故書'漬'作'脊'。"○朱駿聲《説文通訓定聲》："漬，假借爲骴。"——《彙釋》P.476

諦—啼：《荀子·禮論》："歌謡、謷笑、哭泣、諦號，是吉凶憂愉之情發於聲音者也。"注："諦，讀爲啼。《管子》曰：'豕人立而諦。'古字通用。"按今本《管子》作"豕人立而啼。"——《彙釋》P.959

各類通假字字典中支、錫部字諧聲組互通情況比較表

《通假字彙釋》		《古漢語通假字字典》	
支—錫 11 例	錫—支 9 例	支—錫 4 例	錫—支 1 例
	諦—啼		
骴—瘠 訾—瘠	脊—骴 瘠—骴		
卑—譬 俾—譬 捭—擘		捭—擘	
	漬—骴 漬—胏		
提—擿		提—擿 鍉—鏑	
抵—擿			
豸—解			
遞—適			

續表

《通假字彙釋》		《古漢語通假字字典》	
支—錫 11 例	錫—支 9 例	支—錫 4 例	錫—支 1 例
斯—晳			
傒—繫			
	辟—弭		
	寔—是	是—寔	寔—是
	革—陣		
	賜—澌		